차베스와
베네수엘라
혁명

차베스와
베네수엘라
혁명

안태환 지음

이담
Books

"이 저서는 2008년 정부(교육과학기술부)의 재원으로 한국연구재단의
지원을 받아 수행된 연구임" (NRF-2008-362-A00003)

나의 스승 우덕룡 교수님에게 바친다.

　지금 우리는 세계적으로나 국내적으로 커다란 전환기에 처해 있음이 여러 지식인들에 의해 지적되고 있다. 단순한 위기가 아니라 거대한 문명사적 전환기로 보고 있기도 하다. 차베스가 주도하는 베네수엘라 혁명은 1999년에 시작되어 이미 10년이 지나가고 있다. 먼저 사회과학에 있어 두 가지 서로 다른 시각이 있다. 하나는 본질주의의 시각이고 다른 하나는 맥락주의의 시각이다. 필자는 후자를 지지한다. 전자에 따르면 선험적 정의를 중시하기 때문이다.

　예를 들어, 베네수엘라 혁명은 "21세기 사회주의혁명"이라고 한다. 그렇다면 20세기 현실사회주의 즉, 마르크스주의는 이러저러했으므로 21세기 사회주의도 사회주의가 본질인 이상 이런저런 경로(전면적 국유화 등)를 따라야 한다고 주장한다. 그러나 베네수엘라 혁명은 역사상 처음 있는 독창적인 혁명이다. 그러므로 세계적인 맥락과 '라틴' 아메리카적인 맥락을 이해하지 않으면 안 된다. 맥락의 차원을 중시한다면 베네수엘라 혁명을 이해하는 키워드는 사회주의가 아니라 '1989년의 카라카소'이다. 그동안 국내에서 베네수엘라의 현상적인 상황에 대한 보도와 분석과 비판이 있었지만 전체적인 흐름의 논쟁적 의미를 담아보고 싶었다. 왜냐하면 베네수엘라 혁명은 아주 다양한 성격의 변혁적 실험을 전개하고 있기 때문이다. 그리하여 우선 베네수엘라 혁명이 태동하게 된 역사적·정치적 배경과 맥락을 자세하게 정리하였다.

그리고 베네수엘라 혁명의 성격에 대한 우파적 시각의 비판 담론인 포퓰리즘에 대한 개념들의 소개와 함께 정통 좌파적 시각의 비판 담론인 사회주의혁명의 불철저함을 지적하는 담론을 코뮌주의의 시각에서 다시 비판하는 이야기를 전개해보았다. 이 부분에서 필자의 학문적 깊이가 너무 낮아 오류와 인식의 한계가 있을지도 모른다.

책의 전체 흐름에서 필자는 베네수엘라 혁명에서는 약 5백 년의 유럽에 의한 식민의 역사에서 오는 사회적 아비투스(집단적 무의식적 성향)를 대중의 일상적 삶의 방식에서부터 인식론적으로 변혁하고 단절하려는 것이 가장 중요한 의미라고 생각한다.

그리하여 1990년대 이후의 라틴아메리카 학자들의 인문, 사회과학을 넘나드는 범학제적 연구그룹이 에콰도르, 베네수엘라, 페루, 콜롬비아와 미국을 중심으로 형성되어 활발하게 근대성과 자본주의체제를 비판하는 거대담론을 생산하고 있음을 소개하려 했다. 그러므로 필자는 베네수엘라 혁명의 가장 중요한 성격은 탈식민성이라고 본다. 포스트식민주의와는 매우 다른 의미를 가진다. 19세기 말부터 제3세계 국가들에 대한 서구 제국주의의 침탈이 제2차 세계대전 후에 식민주의의 종식으로 정치적 제도적인 탈식민은 되었지만 문화적 식민상황은 계속됨을 비판하는 포스트식민주의의 흐름과는 자본주의체제 비판이라는 맥락에서 분석의 층위가 다르다. 다시 말해 국제적 헤게모니 차원에서 중심부 국가들과 주변부 국가들 사이의 위계서열적 차별성과 특히 신자유주의체제 이후 각국 내에서도 소수 기득권 세력에 의한 다수 대중의 사회경제적 배제가 극심해짐을 비판하고 극복하려는 것이 베네수엘라 혁명이라고 생각한다. 탈식민성의 의미가 미션사업과 ALBA로 대표되는 새로운 라틴아메리카 통합운동에 녹아 있다. 미래의 변혁적 비전은 "주민평의회"를 통해 코뮌주의로 드러난다. 다양한 외국학자들의 저서와 논문과 라틴아메리카 및 베네수엘라의 인터넷 매체들의 정보와 자료를 종합하고 필자가 전에 <레디앙>에 기고한 글들 및 학술지에 기고한 논문을 수정·보완하여 책을 내고자 결심했다.

마지막으로 필자에게 학술자료를 제공하고 의견교환을 해준 독일 아헨공과대학교의 철학교수인 포르네 베탕꾸르 교수와 베네수엘라 국립 중앙대학교의 정치철학 교수인 미겔 앙헬 꼰트레라스 교수와 국립 볼리바리안 대학교의 생태농업 전문학자인 올가 도메네 교수에게 감사한다. 그리고 책의 교정을 도와주신 부산외대 대학원 손현정에게 감사드린다.

안태환

목차

01.
들어가는 말

차베스와
베네수엘라
혁명

　라틴아메리카 여러 정부들이 최근 들어 갑자기 좌파 부상의 흐름을 보이는 것이 아니라 1980년대 이후 정치경제체제의 모순을 해결하려는 도시빈민운동단체, 농민단체, 노동운동단체, 인권단체, 원주민단체, 여성운동단체, 환경단체 등 사회운동단체들의 오랜 노력과 희생과 투쟁이 축적되어 나타난 결과이다. 가장 아래에 위치하여 마치 없는 것과 같이 '타자'화된 원주민, 흑인, 가난한 대중들이 1990년대 이후 라틴아메리카 전체에서 강력하게 자신들의 목소리를 내기 시작한다. 그러므로 사회운동과 베네수엘라 혁명은 아주 밀접한 관계를 가지고 있다. 여러 의미에서 베네수엘라 혁명은 현재 라틴아메리카 전체의 변혁을 견인하는 혁명이 되고 있다.

　이와 대조적으로 멕시코는 세계체제의 중심부 국가에 너무 지나치게 예속되어 사회경제적 침체와 폭력의 일상화를 통한 거의 아노미적 혼란에 빠져 있다. 물론 베네수엘라 혁명은 당연히 긍정적 성과와 부정적 부작용과 문제점을 가지고 있다. 그러나 지나치게 후자에 초점을 맞추어 베네수엘라 혁명의 이런 역사적 성과와 의미를 축소시키는 것은 바람직하지 못하다. 특히 중요한 것은 차베스는 라틴아메리카에서 선거로 합법적으로 선출된 대통령으로서 미국에 의해 지원 받은 군부쿠데타를 물리친 유일한 대통령이다. 쿠데타만이 아니다. 최대국영기업 석유공사의 공장폐쇄-경영자 사보타지를 패배시켰다. 왜 차베스체제가 중요한지는 여러 시각에서 지적할 수 있지만 이 하나의 사실만 보더라도 그 중요성을 우리가 인식할 수 있다.

또한 베네수엘라의 변혁은 에콰도르, 볼리비아, 아르헨티나에 이어 최근 페루에까지 영향을 미치고 있다. 2008년부터 시작된 세계적인 금융위기는 아직 진행형이다. 이에 따라 글로벌한 경제위기는 새로운 정치적 비전과 대안을 요구하고 있지만 아직까지 진보적 대안은 유럽에서도 제대로 나오고 있지 않다. 오히려 유럽에서는 사회민주주의를 핵심으로 하는 중도진보세력이 상대적으로 쇠퇴하고 극우세력이 더욱 그 목소리를 크게 하고 있는 국면이다. 최근 라틴아메리카의 정치지형은 온두라스의 쿠데타를 시작으로 아이티의 군사점령, 칠레의 세바스티앙 삐녜라로 상징되는 피노체트주의의 복귀, 콜롬비아의 미군기지의 신설 등을 고려하면 좌파 혁명의 열기가 조금 약해지고 있다. 여기에 차베스의 질병까지 찾아온다. 차베스의 건강이 베네수엘라 혁명의 관건이 되고 있는 셈이다.

그러나 한편 중동에서의 민주화 열풍, 그리스의 경제위기 등은 베네수엘라의 사회주의혁명에 긍정적인 요소들이다. 여러 가지 모순이 중첩되어 나타나는 라틴아메리카를 이해하기 위해서는 보다 복합적·중층적인 구조 분석이 필요하다. 하지만 그것보다 더 중요한 것은 라틴아메리카에서 최초로 전 지구적인 차원의 '세계화' 즉, '신자유주의' 전선에 균열을 일으키고 저항을 하는 대항 블록이 형성되고 있는 점을 인식하는 것이다.

최근 노르웨이의 극우적 신념의 청년 사업가에 의해 아무 죄 없는 청소년들이 무자비하게 학살된 사건으로 유럽 중에서도 민주주의와 사회복지가 최고로 발달했다는 북유럽에서도 다른 문화와 다른 가치관에 대한 불관용의 문화가 매우 큰 것을 알 수 있다. 이 사건은 그 배후에 대부분의 평범한 유럽인들이 아직도 유럽은 문명, 비유럽은 야만이라는 차별적 인식을 거의 무의식적으로 가지고 있음을 보여준다. 이때 '야만'을 대표하는 곳이 라틴아메리카이다. 왜냐하면 유럽 세력이 다른 어느 지역보다 총체적으로 오랫동안 착취한 곳이기 때문이다. 그런데 그 '야만'의 나라인 베네수엘라에서 1990년대 이후 세계 최초로 신자유주의체제에 반대하는 혁명이 진행되고 있다. 그런데 이 나라는 지정학적으로 매우 중요하다. 세계에서 다섯 번째 원유 생산국이기 때문이다.

지금 차베스 정부가 내세우고 있는 '21세기 사회주의' 혁명은 비전이다. 현재 완성돼 있는 것도 아니고, 20세기 사회주의와 같이 현실적으로 만들어졌다가 무너져버린 경우도 아니다. 앞으로 그 방향으로 나아가겠다고 하는 철학이다. 가장 중요한 의미는 약 25년 전부터 신자유주의체제가 지속되면서 대중이 냉소와 허무주의에 빠져 있을 때 민주주의의 의미에 대해 질문을 던지고 있다는 점이다. 신자유주의체제는 사회적 양극화의 심화로 가난한 사람들 즉, 대중이 마치 존재하지 않는 것처럼 배제되기 때문이다. 중남미 역사 속에 이미 존재했던 시몬 볼리바르와 그 밖의 사상가들의 이상과 사회주의 이념에 입각하여 '모든 사람이 인간적으로 잘살 수 있는 세상'을 만들겠다는 것이 비전의 핵심이다. 중남미의 독립영웅 시몬 볼리바르와 함께 라틴 아메리카의 가난한 대중의 관계를 따뜻한 부자관계로 바라보는 호세

| 시몬 볼리바르의 생가로 현재 그의 박물관이다. ⓒ안태환 2009

마르티의 시선이 중요하다.

　차베스는 흑인과 원주민의 피를 이어받은 베네수엘라의 평범한 메스티소를 닮았다. 그는 대중과의 소통에 뛰어나다. 유럽의 중심부가 라틴아메리카 국가들에 행하는 위계서열적 차별 그리고 라틴아메리카 각국 내에서의 백인 크리오요에 의한 대중의 차별 즉, 인종주의와 식민성에 대한 인식이 없으면 베네수엘라 혁명도 제대로 이해하기 힘들다. 왜냐하면 베네수엘라 혁명은 여러 의미에서 이 같은 차별성(식민성)을 뛰어넘는 탈식민성의 성격을 가지고 있기 때문이다. 다시 말해 차베스는 아옌데와 같은 마르크시스트도 아니고 페론과 같은 포퓰리스트도 아니다. 오히려 그의 비전은 쿠바의 카스트로의 그것과 가깝다. 다만 현재의 신자유주의체제에 대한 거부의 맥락에서 그렇다. 어쩌면 차베스는 대중과 연대성을 가지는 이 세 사람 모두를 합친 이미지를 가지고 있다. 그러므로 베네수엘라 혁명을 해석할 때는 좌·우의 이념적 시각보다 세계체제적 시각에서 출발해야 한다. 중심부 헤게모니 세력은 글로벌 자본주의를 축으로 전 세계를 단일하게 (이 말은 위계서열로 통합함을 의미함) 보편주의의 가치관으로 통합하려 한다. 이에 대해 베네수엘라 혁명은 인식론적으로 다양성을 대표하며 근대성과 자본주의에 대해 다른 가치관을 제시하는 급진적 단절과 전환을 상징한다.

러시아에서 10월 혁명이 일어났을 때 이는 유럽 안에서의 자본주의와 사회주의의 변증법으로 바라볼 수 있다. 20세기 초에 러시아에서는 레닌이 마르크스가 보여준 자본주의 이후의 역사적 진보의 단계인 사회주의를 위한 혁명을 현실적으로 실험했다. 그러나 그 현실 사회주의 실험은 쿠바를 제외하고 전 세계적으로 1991년을 기해 실패하고 말았다.

베네수엘라 혁명은 '21세기 사회주의' 혁명 즉, 새로운 사회주의혁명으로 불린다. 그 핵심적 이념은 탈식민성에 있다. 위계서열적 차별성을 없애려는 탈식민성은 동시에 두 가지 함의를 지닌다. 하나는 국내적으로 계급투쟁을 넘어 프롤레타리아트 독재를 통한 자본주의 극복의 경로가 아니라 당분간 사유재산제도와 자본주의를 지속시키면서 주민평의회와 조합운동 등을 통해 '사회경제' 모델을 증진시켜 점진적으로 자본주의를 넘어 극복하려는 경로를 지향한다. 다시 말해 사회의 갈등 축을 부르주아와 프롤레타리아트가 아니라 엘리트와 대중 사이의 위계질서의 차별성을 없애는 대중에 의한 '주인공적 참여 민주주의' 혁명을 지향하는 것이다. 그리고 다른 하나는 국제적으로 모든 제국주의에 저항하며 주변부 국가들 사이의 강한 연대와 통합을 지향한다. 우선적으로 라틴아메리카의 '라틴' 이후의 라틴아메리카 통합을 통해 국민국가의 경계를 넘어 원주민 등 기층대중의 정치적 통합을 지향한다. 바로 여기에 급진적 민주주의의 실험이 개입되는 것이다. 그러므로 베네수엘라 혁명을 자본주의 대 사회주의의 변혁관계로만 해석한다면 중요한 부분을 놓치게 된다.

현재의 세계체제는 15세기부터 '대항해 시대'를 통해 형성되기 시작한다. 라틴아메리카에 대한 중심부 국가는 현재 미국이다. 그 미국에 대해 가장 가깝게 다가갔던 베네수엘라가 차베스혁명 이후 중심부·주변부 관계가 아닌 라틴아메리카 전체가 세계체제상의 대등한 하나의 새로운 축이 될 가능성을 유토피아로 제시하고 있다.

지금으로부터 약 200년 전에 시몬 볼리바르는 미국은 '신의 섭리에 의해 자유의 이름으로 라틴아메리카를 가난으로 가득 채우도록 운명 지어진 것 같다'고 하였다. 알다시피 세계에서 가장 사회적·경제적 불평등이 심한 지역이 중남미이다. 현재의 차베스혁명은 미국에의 예속적 영향권에서 벗어나려는 것과 함께 사회적·경제적 불평등 구조를 타파하려고 한다. 그러므로 차베스혁명의 중요한 포인트의 하나는 라틴아메리카의 새로운 통합이다. 또는 '라틴' 이후의 라틴아메리카를 추구하는 것이기도 하다. 왜냐하면 베네수엘라 혁명은 무엇보다도 라틴아메리카의 '라틴'성의 탈각을 중요시하기 때문이다. 라틴아메리카라는 이름 자체가 19세기 후반부터 불린 것이다. 이전에는 라틴아메리카를 단순히 '새로운 인도'로 불렀다. 결국 라틴성이란 19세기 후반부 이후 유럽의 백인 후손들(크리오요)이 오랫동안 지배계급으로 있으면서 원주민, 흑인 등에 대한 인종적 차별성이 사회 계급적으로 이전되어 가난한 사람들이 철저하게 배제되는 내부 식민적 사회 경제체제를 만들어온 것을 말한다. 이 체제에서는 식민성이 당연히 지배계급의 삶의 아비투스가 된다.

그런데 흥미로운 것은 대중이 이 식민성에 쉽게 물들지 않는다는 점이다. 다시 말해 폭력에 희생되면서도 이들 대중은 억압과 배제를 인정하지 않고 순응하지 않는 것이다. 왜냐하면 흥미롭게도 대중은 지배계급과는 다른 문화(구어문화)를 가지고 그들 나름의 고유한 삶의 방식을 유지하고 있기 때문이다. 그러므로 이들 대중은 그들의 유토피아를 잃은 적이 없다. 지배계급의 문화를 선망하고 모방하기 위해 애를 쓰는 게 아니다. 구조적으로 일직선적 사회가 아니라고 할 수 있다. 그러므로 라틴아메리카의 정치, 경제, 사회, 문화를 이해하는 키워드는 문화의 혼종성이다. 대중이 가지는 문화적 저항의 공유로 인해 또는 다른 말로 표현하면 구어문화와 삶의 결(onda)의 부드러움으로 인해 '대중'이 중요한 사회적 행위자로 출현하게 만든 것이다. 아주 독특한 문화적 아비투스(집단적·일상적 무의식의 성향)가 있다고 할 수 있다.

이런 라틴아메리카 대중의 문화적 아비투스를 이해하기 위해 라틴아메리카인들의 일상생활에 대해 살펴보자. 우선 첫 번째로 음악 없이는 일상적 삶이 없다. 예를 들어, 멕시코의 많은 가난한 육체노동자들은 휴식시간에 몇몇이 둘러앉아 콜라를 마시며 핸드폰을 가운데 틀어놓고 음악을 같이 듣는다. 다이어트를 중시하는 부유한 계층은 콜라를 마시지 않고 물을 마신다. 대중이 콜라를 많이 마시는 것은 수돗물의 질이 안 좋아서인 것 같다. 라틴아메리카 사회의 특징이 상수도, 하수도가 제대로 되어 있지 못하기 때문이다. 정부가 제대로 인프라 투자를 하지 않는다. 콜라 이야기가 나와서 하는 이야긴데 멕시코와 달리 콜롬비아, 베네수엘라 등에서는 열대과일 음료를 잘 마시고 아르헨티나, 파라과이 등 메르코수르 국가들은 '마떼'를 즐겨 마신다. 우리 사회에서도 다이어트에 좋다고 인기가 있다.

음악을 어느 정도 좋아하냐 하면 필자가 대학원에서 유학 생활을 하던 콜롬비아의 경우 아무리 가난해도 전축이 있는 것을 볼 수 있었다. 그리고 일부의 경우 장례식 후 입관 예절에서도 기타와 아코디언으로 음악을 연주하기도 한다. 그런데 라틴아메리카인들이 좋아하는 음악은 "대중의 노래(Canciones populares)"로 노동자들의 애환이 담겨 있는, 우리로 치면 정태춘, 안치환과 같은 노래를 대중이 좋아한다. 오래전이나 지금이나 같다. 그런데 우리와 달리 신나는 음악을 좋아한다. 대부분 카리브 음악을 좋아한다. 쿠바, 푸에르토리코, 도미니카, 콜롬비아, 베네수엘라 등이 카리브 음악의 고향이다. 살사, 바예나또(카를로스 비베스가 대표적인 가수임), 꿈비아, 메렝게로 불리는 장르적 다양성이 있는 아주 리듬감이 강한 음악을 말한다. 카리브 음악과 관련하여 강조하고 싶은 것은 필자가 전문가는 아니지만 아마 이 음악이 '음악치료'의 효과로 청소년과 성인의 우울증 치료에 좋지 않을까 생각한다. 쿠바와 베네수엘라의 사회주의만 하더라도 소위 "트로피칼 또는 사반나 사회주의"로 불리는데 이는 신나고 유쾌한 일상문화의 특성을 가리킨다. 한번 독자 여러분께서 직접 여행을 가셔서 체험하면 좋을 것이다. 주로 악기는 타악기와 아코디언이 주류를 이룬다. 물론 다양성이 특징이라 쿠바의 부에나 비스타 소시얼 클럽의 조용한 볼레로 음악도 많이 있다. 쿠바의 라틴 재즈음악의 대가는 추초 발데스이다.

그리고 영성적인 분위기의 음악도 많다. 예를 들어, 도미니카의 환 루이스 게라를 들 수 있다. 유투브에서 동영상을 쉽게 즐길 수 있다. 우리의 경우 아코디언 음악의 추억은 예전에 아련하게 동네에 찾아 오던 약장수 기억밖에 없다. 우리 사회의 경우 이상하게 일상 문화가 오래 지속되지 않는 것 같다. 라틴아메리카는 어떤 고유한 장소가 오래 그대로 보존되는 경우가 많다. 그리하여 세대를 넘어 공통의 시간 의 흐름을 느끼고 함께 기억할 수 있다. 이것이 사회의 문화적 연대 와 응집력을 강하게 하는지도 모른다. 그래서 그런지 사회적으로 배 제된 사람들의 공동체적 연대를 노래하는 정치적 성향도 강하다. 예 를 들어, 칠레의 피노체트 독재정권에 의해 스타디움에서 고문, 학살 당한 빅토르 하라 외에, 아르헨티나의 메르세데스 소사 등을 들 수 있다. 특히 빅토르 하라는 세계적으로 남미 군부독재에 저항한 인권 운동의 상징이 되어 있다. 이들을 노래하는 음유시인(Cantautor)으로 부른다.

칠레의 원주민 문화를 표현하는 인티 일리마니의 음악도 아주 좋 다. 두 번째로 진정이건 건성이건 일상대화에 '하느님'의 이야기를 자 주 한다. 주말에 다음 주에 다시 보자는 인사말을 "하느님이 원하신 다면" 하고 또는 거지에게 돈을 주면 거지가 "하느님이 복을 내리시 기를"이라고 인사한다. 세 번째로 동료들 중에서 누가 갑자기 불행해 지거나 어려움에 처하면 모두 연대하여 잘 도와준다. 이런 경험은 필 자가 멕시코에 오래 살면서 체험한 바 있다. 멕시코의 경우 가난한 사람이 곤경에 처했을 때 기도하면 잘 들어준다고 믿는 특별한 성인

(성 유다 따데오)도 있다. 멕시코에서 판초 비야는 민간신앙의 대상이 되기도 할 정도로 대중의 숭배를 받는다. 대중식당, 공장에도 흔하게 그의 사진이 걸려 있다. 엘리트들이 자주 가는 고급식당에는 없다. 베네수엘라의 저명한 사회학자 마리클렌 스텔링에 의하면, 현재 차베스의 경우에도 일부 내중은 그를 주술적으로 숭배한다. 이런 문화는 오래전의 삶의 방식이 그대로 유지되는 것과 관련이 있는 것 같다. 예를 들어, 아직도 라틴아메리카에서는 동네에서 돈을 안 받고 해산을 도와주는 산파 또는 죽은 사람이 있을 때 염습하는 관습이 살아 있다. 이런 연대를 바탕으로 위기에 처했을 때 자발적으로 <동네평의회>가 형성되는지도 모른다. 예를 들어, 1980년대 경제적 상황이 어려울 때 페루와 칠레에서 가난한 동네 여성들이 중심이 되어 자발적 조합운동이 발생했다. 또한 2001년 아르헨티나 경제위기, 2002년 베네수엘라의 반차베스 쿠데타 당시에도 <동네평의회>의 기제가 작동했다.

이 같은 작은 규모의 동네 모임이 중요시되는 맥락은 우리나라 천주교에서 시행하는 <소공동체 모임>의 원류가 라틴아메리카인 것을 보아도 알 수 있다. 또한 작은 규모의 보잘것없는 모임 또는 움직임이 시간이 지나면서 아주 큰 조직이나 중요한 체계로 발전하는 경우도 볼 수 있다. 예를 들어, 베네수엘라에서 지금부터 35년 전에 아레우라고 하는 음악가에 의해 가난한 동네의 약 7명의 아이들에게 음악을 무료로 가르치는 일이 지속되어 현재는 국제적 명성을 가지는 <엘 시스테마>가 탄생했다. 베네수엘라 유소년, 청소년 오케스트라를 말한다. 이 교육체계는 무료로 음악을 가난한 아이들에게 가르치고 악기는 대출하여 자기 것으로 소유하고 나중에 성인이 되어 갚게 한다. 이런 방식을 취하여 음악을 통해 범죄를 줄이고 가난한 이들의 자존감을 높이는 아주 중요한 사회문화정책이다. 우리나라에서도 이들이 공연을 한 바 있다.

우리 사회에서도 이를 본뜬 활동을 시행하는 것으로 아는데 중요한 차이점이 있는 것 같다. 우리는 교육청 등에서 주관하여 학생 선발 등 모든 일을 행정적·관료적으로 접근하는 데 비해 베네수엘라는 그렇지 않고 자유롭고 '허술하게(?)' 시작하고 현재 이 조직이 세계적으로 유명해졌음에도 불구하고 재단 총재의 사무실이 있는 둥 없는 둥 소박하다. 네 번째로 위에서 잠깐 언급했지만 대중의 일상문화가 쉽게 변하지 않는다(멕시코의 프로 레슬링, 서커스 등이 건재하고 멕시코의 마리아치 악단의 애수어린 연주 등). 콜롬비아에서 가난한 사람들이 원두커피를 보리차처럼 끓여놓고 대접하던 일, 비누같이 생긴 사탕수수 찌꺼기를 녹여 먹고 초콜릿을 나무 주걱으로 저어가면서 끓여먹던 모습 등이 생각난다. 멕시코는 콩, 콜롬비아는 감자, 베네수엘라, 브라질, 파라과이 등은 유까(만디오까)를 즐겨 먹는다. 유기농업과 소농도 매우 중요시된다. 다섯 번째로 주말(금요일, 또는 토요일)에 파티를 자주 한다. 즉, 친구들, 가족들(대가족), 동네 사람들이 모여 맥주와 음료수, 고기 또는 과자, 음악과 춤을 즐긴다. 또는 텔레비전으로 축구중계 등을 보면서 담소를 즐긴다. 여섯 번째로 소박한 애국주의가 강하다. 라틴아메리카 도시나 시골이나 어느 곳이나 독립 영웅 시몬 볼리바르의 동상이 있다. 그리고 대부분의 라틴아메리카 국가들이 농경문화의 전통에서 온 것인지 새벽 일찍부터 일과가 시작되고(공장, 학교가 7시에 시작), 오후 일찍 퇴근한다. 라틴아메리카인들이 게으르다는 이야기는 틀린 이야기다. 우리는 근대화 또는 선진화(?)가 진행되면서 소위 전통적인 것을 무시하고 부정하는 데 비해 이들은 근대화를 추진하면서도 전통적인 가치를 버리지 않는 것 같다. 여섯 번째로 라틴아메리카인들은 죽음을 친숙하게(?) 생각하는 것 같다. 태초의 원주민 문화의 창조신화에서도 죽음은 별것이 아니라는 말이 나온다. 어느 멕시코의 도시에서 필자가 특이하게 본 모습은 고급식당 바로 맞은편에 공동묘지가 있어 묘지를 바라보며 더 맛있게 식사를 즐긴다고 하는 점이다. 우리로서는 쉽게 이해가 가지 않는다. 멕시코의 중부지방의 유명한 관광도시 과나화또 시에는 시체를 관람하게 하는 "미라 박물관"이 있어 어린애까지 포함한 가족들이 나들이 삼아 구경을 한다. 11월 초에는 "죽은 자의 날"이라고 해서 중요한 축제를 지낸다. 이날 자신의 돌아가신 부모를 위해 제사상 같이 음식을 차리고 그들을 기억한다. 이렇게 죽은 사람을 기억하는 문화가 강해서 그런지 아르헨티나의 도시인 로사리오 시에는 70년대 후반부의 군부독재 시기에 희생된 사람을 기억하는 추모비가 있다. 그리고 독재시대의 유해 발굴 작업이 아직도 중단되지 않고 지속된다. 일곱 번째로 원주민 문화의 공동소유의 전통에서부터 온 것인지 지적재산권에 대해서도 서구적 인식과는 다른 인식을 한다. 예를 들어, 라틴아메리카 여러 대학원의 연구소들이 연구논문을 무료로 온라인에 게시하여 놓은 경우가 많다. 이런 문화적 흐름을 살펴보면, 신자유주의 전략은 분리와 파편화인데(네그리 2006, 99) 그게 잘 안 되는 곳이 라틴아메리카라는 것을 알 수 있다. 항상 불평등한 체제를 극복하고 '모든 사람들이 인간다운 삶을 살 수 있도록' 만들겠다는 오랜 꿈과 유토피아를 라틴아메리카 대중이 가져온 것이다. 현재의 베네수엘라 혁명도 이를 지향하고 있다. 그러므로 베네수엘라 혁명을 용감하게 미국에 "맞짱 뜨는" 혁명 정도로 인식하는 것은 잘못이다.

1492년에 콜럼버스가 라틴아메리카를 발견(?)했다. 그러나 발견이 아니라 모험적으로 정복한 이래 지속된 약 5백년의 체제를 흔들어놓고 있는 매우 큰 울림이 있는 혁명이 베네수엘라 혁명이다. 베네수엘라의 1989년의 '카라카소' 시위는 세계 최초의 신자유주의 반대 시위였다. 이미 80년대 초부터 라틴아메리카 곳곳에서는 이름 없는 기층 대중에 의한 사회운동의 저항이 조직화되고 있었다. 이 점을 충분히 인식하지 못하면 라틴아메리카 좌파의 부상과 베네수엘라 혁명을 제대로 이해할 수 없게 된다. 예를 들어, 차베스 집권 직후인 2000년에는 에콰도르에서 원주민들과 젊은 장교들이 연대하여 화폐를 달러화한 신자유주의 정부를 전복시킨다.

| 참고문헌

Mignolo, Walter D.(2005), The Idea of Latin America, Oxford: Blackwell.

Quijano, Anibal(2000), "Colonialidad del poder, eurocentrismo y America Latina", La colonialidad del saber: eurocentrismo y ciencias sociales. Perspectivas Latinoamericanas. Edgardo Lander (comp.), Buenos Aires :CLACSO, pp. 201-246.

02.
신자유주의체제에
대한 라틴아메리카의
탈식민적 대응

차베스와
베네수엘라
혁명

　오랫동안 난공불락이었던 라틴아메리카 과두지배체제의 기득권층의 헤게모니 전선이 80년대 초부터 불기 시작한 신자유주의의 광풍 앞에서 균열이 생기고 붕괴되기 시작하였다. 이 점에서는 신자유주의가 라틴아메리카에서 긍정적으로 작동한 면이 있음을 알 수 있다. 전통적으로 존재해왔던 양극화가 신자유주의로 인해 견딜 수 없을 정도로 극심해지자 수사적 포퓰리즘 담론과 일부 시혜적인 사회 정책만으로는 도시대중들의 요구를 달랠 수가 없게 되었고 이들은 거리로 뛰쳐나왔다.

　다시 말해 일반대중이 비록 경제적으로는 가난하지만 정치적으로는 집단적 인식 수준이 높아진 것이다. 이를 단지 노동계급의 존재와 의식이 일치되는 과정으로 평가할 수는 없다.

　우리 사회와 같이 경제성장에 계속 성공해오다가 신자유주의가 만들어내는 양극화의 벽 앞에서 당황하면서 정치·경제체제의 방향을 사회민주주의 쪽으로 틀어보는 것을 대안적으로 검토해보는 수준과는 그 맥락이 다르다. 첫째 '거리의 정치'의 대표적인 예인 베네수엘라의 1989년의 '카라카소 대시위'는 신자유주의 경제정책에 거부감을 가진 도시빈민과 학생 등, 즉 정당이나 노조 등의 조직화된 세력의 추동이 아니라 일반대중이 중심이 되어 거리시위와 슈퍼마켓의 강탈을 통해 생존권을 요구한 사건이었다.

1994년의 멕시코의 마르코스 부사령관이 일으킨 사빠티스타 반군의 봉기도 그해부터 발효된 니프타에 저항하여 단순히 반정부 시위에 그치는 것이 아니라, 신자유주의에 기초한 정치체제를 바꾸는 대안적 실험을 시작한 것이다. 원주민의 공동체 철학에 기반하고 현대적 헤게모니 투쟁 전략인 담론 투쟁을 중심으로 했다는 점에서 중남미 좌파의 새로운 부상을 상징하는 사건이었다. 둘째, 중남미의 지식인과 예술가들은 50년대부터 중남미의 정체성을 탐구하는 것이 주된 미학적 이데올로기적 과제였다. 우리의 경우 아직도 지식인들이 정체성 탐구의 중요성을 소홀히 하고 있다고 본다. 정체성을 탐구하는 것은 단지 과거를 돌아보는 것에 그치는 것이 아니라 '지금, 여기'를 중시하고 미래의 유토피아를 꿈꾼다는 점에서 강한 정치성을 가진다. 라틴아메리카의 지식인들은 대부분 좌파적 상상력과 소위 '아래로의 하방'을 실천한다. 이와 같은 흐름을 증폭시킨 것이 1959년에 수립된 쿠바 사회주의체제다. 쿠바는 특히 중남미에 대해 문화적 연대와 통합을 불러오는 데 큰 영향력을 발휘하였다. 셋째 인권과 원주민 권리와 생태, 여성 등 소수자의 권리를 중시하는 사회운동단체들이 90년대 중반부터 중남미 전체의 연대를 시작하였다는 점이다. 이 같은 사회운동단체들의 국제연대의 대표적인 예로서 반신자유주의 포럼으로 유명한 브라질의 뽀르토 알레그레 시에서 2001년부터 시작된 '세계 사회포럼'을 들 수 있다. 이 포럼을 통해 중남미 각국의 진보세력 특히 여성, 생태, 건강, 교육, 원주민 운동 세력이 자리를 같이한 것은 매우 의미가 크다.

　지금으로부터 오래전 아르헨티나에는 도밍고 사르미엔토(1811년생)라는 저명한 작가, 언론인, 대통령이 있었다. 그는 유럽과 미국의 문명에 심취하여 1845년 『문명과 야만: 환 화꾼도 끼로가의 삶』이란 소설을 발표한다. 그는 독재정권에 맞서 싸우면서 계몽적 시각에서 근대적 교육과 자유민주주의 이념 전파에 헌신한 것으로 높이 평가받고 있다. 그는 특히 1880년대 초까지 근대화의 상징인 철도 확장에도 공을 세웠다. 그러나 그는 근대적 도시를 '문명·민주주의'로 전통적 시골을 '야만·독재'로 보는 이분법을 보였다. 무엇보다도 사르미엔토는 원주민 문화와 아르헨티나의 문화적 상징이라고 할 수 있는 목동(가우초)을 경멸하면서 없어져야 할 존재로 인식했다. 그리고 집권과정에서 폭력을 휘두르고 약자를 무시하는 파시즘적 정치 행태를 보여주었다. 실제로 아르헨티나의 상층 기득권층에는 이런 사르미엔토 식 유럽 편향의 의식이 알게 모르게 계속되어 왔는데, 2001년 경 제위기 이후에야 제대로 된 현실인식을 갖기 시작한다.

　그러나 1960년대부터 중남미 현실의 문제를 깊이 분석해 들어간 현대소설 작가들로부터 위의 이분법적 시각은 강한 비판을 받는다. 예를 들어, 1967년에 출판된 중남미 현대 소설을 대표하는 가르시아 마르께스의 『백년의 고독』의 경우, 마꼰도(가상의 땅으로 콜롬비아와 중남미 혹은 보편적 인류를 상징할 수 있음)에서의 철도 부설을 둘러싸고 재미있는 이야기를 하고 있다. 철도는 근대화의 상징이다. 진보적 혁명군 사령관이었던 아우렐리아노 부엔디아 대령의 한 아들인 아우렐리아노 트리스테는 철도를 들여온다. 그런데 아무 죄도 없는 '노란 기차'가 마꼰도에 수많은 '불안, 불행, 격변, 불운, 아부, 향수'

등을 가져왔다고 표현한다. 트리스테는 스페인어로 '슬픔'을 의미하는 단어이기도 하다. 이 소설이 근대성에 대해 호의적이 아님을 알 수 있다. 소설의 서사구조가 순환적인 구조를 가지고 있어 일직선적 진보의 서사구조(근대성)를 거부하고 있다. 마르께스의 소설은 근대 문명의 지나친 발전 앞에서 우리가 살아남기 위해 필요한 새로운 대안이 사회적 연대임을 강조하는 소설이다.

우연인지 필연인지 이 소설이 세상에 나온 지 약 40년이 지난 현재, 사회적 연대를 강조하는 혁명이 베네수엘라를 기점으로 중남미에서 일어나고 있다. 중남미의 현대소설가들은 중남미 문화의 참 모습은 유럽 문명과 원주민 문명 중 어느 한쪽이 지배적 우위에 서는 것이 아니라 서로 병렬하면서 긴장관계를 유지하는 경계(혼종)문화라고 인식하고 있다. 그러나 근대성이 가지는 야만적 차별성, 폭력성에 대한 인식이 뚜렷해지면서 탈식민적 대응이 인식론적, 실천적으로 강하게 대두한 것은 신자유주의체제 때문이다. 신자유주의시대에, 벌거벗은 임금님 우화처럼 이 시대가 문제가 있다고 처음 항의한 것은 1990년대 들어 중남미 대중이었다. 그리고 그들이 처음 한 것은 '거리의 민주주의'였고 여럿이 모여 이야기를 나누는 포럼에서부터 신자유주의에 대한 비판이 시작되었다. 우리나라뿐 아니라 유럽의 사민주의자들을 포함한 지식인과 중산층은 신자유주의의 문제를 알면서도 현실적 대안이 없다는 이유로 문제에 적극적으로 대응하기를 회피하였고 대중은 그냥 순응하면서 견디고 산다. 그런데 그들(중남미 대중)은 '말'을 하기 시작했던 것이다. "다른 세상을 만들 수 있다"고.

그 후 약 10여 년이 지나 문제도 많지만 베네수엘라에서는 '21세기 사회주의혁명'이라는 새로운 정치실험을 만들어내고 있다. 그리고 볼리비아의 경우 거의 기적과도 같이 원주민이 대통령이 되는 모습을 보여주기도 하였다. 볼리비아, 에콰도르 이들 두 나라는 공통점이 있다. 무지하게 가난하다는 점과 국내 인구분포에서 원주민의 비율이 매우 높다는 점이다. 가난한 사람들이 차베스혁명의 주역임은 익히 알려져 있다. 그러나 이들을 선동해 소위 프롤레타리아 독재를 추진하려는 것이 아니라 이들에 대한 과감한 무상교육, 무상진료의 사회적 연대정책을 수행하고 있다. 강조해서 지적하고 싶은 것은 차베스의 21세기 사회주의 모델 안에 남미 통합의 전략이 들어 있다는 점이다. 그리고 이 새로운 모델이 정착하기 위해서도 남미 통합을 통해 세계 정치경제체제에서 라틴아메리카가 독립적인 진지를 확보해야 한다. 따라서 차베스가 궤도 수정을 해서 '사회주의에 앞서 라틴아메리카 경제통합'에 우선하기로 한 것 같다는 식의 지적은 별 의미가 없다.

21세기 사회주의의 가장 중요한 목표는 신자유주의의 영향권에서 벗어나 새로운 대안적 정치경제체제를 모색하여 사회연대, 사회적 공공성의 확보가 단순한 수사가 아니라 현실이 되도록 하겠다는 것이기 때문이다. 지식인들은 포스트모더니즘이란 말을 하길 좋아한다. 포스트 모더니즘적 시각에서 중요한 것 중의 하나는 가상이 현실을 압도한다는 점이다. 여기서 가상을 상상이란 단어로 바꿔놓으면 상상이 현실을 압도한다는 이야기이다. 상상적인 말을 뱉어놓기 시작하면 그 담론이 정치적 힘을 가지게 되고 서서히 진지의 배치 자체가 달라지기 시작한다. 진보에 유리한 어떤 사회, 경제적 구조가 하늘에서부터 갑자기 현실화되지 않는다. 진보적 또는 유토피아적 상상력의 담론을 표현하는 게 중요하다. 왜냐하면 담론 생산을 전문으로 하는 지식인들이 만든 게 신자유주의이기 때문이다.

신자유주의체제는 대처, 레이건이 만든 것으로 알고 있지만 실은 하이에크, 프리드먼 같은 경제학자 즉, 지식인이 1947년부터 기획한 것이다. 『가디언』지의 조지 몬비어트에 의하면 하이에크가 주도하여 1947년에 스위스의 어느 별장에서 새로운 정치, 경제 철학을 논의하는 "몽 뻴레린 소사이어티"가 모임을 가졌다. 하이에크는 그들의 구상이 승리하는 데는 약 한 세대의 시간이 걸릴 거라고 했다. 지식인들과 아주 큰 부자들이 지지할 거라고 믿었다. 이 체제 실험을 세계에서 최초로 실행에 옮긴 것은 1973년에 쿠데타로 집권한 칠레의 피노체트 정권이었다. 이 정권의 경제 담당 고위관료들은 '시카고 보이스'란 말로 유명해졌다.

그리고 1980년대 들어 미국에서도 레이건 체제가 본격화되었고 중남미 전체의 실험으로 번져나갔다. 신자유주의의 '시장 만능' 이데올로기와 경제정책이 도입되던 1980년대의 라틴아메리카에게 그 시대는 '잃어버린 10년'이었다. 그러나 완전히 잃어버린 10년은 아니었다. 바로 그 시기에 신자유주의에 저항하는 엘리트가 아닌 대중이 주체가 된 대안적 사회운동이 활발히 일어났고 민주주의를 심화시키는 실험이 1980년대부터 시작되었기 때문이다. 대안적 사회운동의 시각에서는 1980년대가 결코 "잃어버린 10년"이 아니었다. 이 당시 라틴아메리카의 대중은 가난하고 억압받고 착취당하지만 그 체제를 순응하지 않고 탈주하면서 공동의 조직을 통해 대안적 활동을 전개하거나 직접적으로 저항한다.

헨리 벨트마이어와 제임스 페트라스에 의하면, 첫 번째는 공동체에 기초한 자율적인 협동과 비자본주의적 조합운동이고 두 번째는 거리의 시위로 표현되는 적극적인 저항이다. 첫 번째 경우의 예를 들면, 라틴아메리카 여러 나라에서 다양한 성격의 "동네평의회"적 운동의 출현이 있게 된다. 다양한 대중적 조합 성격의 조직이 전국적으로 빈민가를 중심으로 형성된다. 예를 들어, 빵, 의복, 세탁, 목공 등의 소공장의 설립과 실업자위원회, 홈리스위원회, 주택위원회 등을 조직한다. 어느 나라나 쉽게 기층대중의 사회적 연대가 잘 이루어지는 것은 라틴아메리카 대중의 구어문화 때문인 것 같다.

19세기 후반부까지 라틴아메리카 대중의 80% 이상이 문맹이었다. 1979년 초부터 페루의 리마에서는 저소득층의 약 50명의 여성들이 협동조합을 만들어 몇몇의 대중식당을 열었다. 1982년에는 이미 이런 공동 조직이 약 1천5백 개 이상 생겨났다. 그리고 많은 가난한 사람들에게 봉사하는 약 6천5백 개 이상의 "우유 잔" 위원회(조합)가 생겨났다. 칠레의 산티아고에서는 80년대 초 34개의 "국그릇 공동체"가 생겼다. 또한 가난한 동네에 여성들에 의한 공동체부엌이 생겨났다. 칠레에서는 피노체트 체제 이후 신자유주의 시장개혁과 경제위기가 커지면서 오히려 공동체 운동이 더욱 늘어났다.

1988년에는 이미 232개의 "국그릇 공동체"가 생겼다. 가난한 대중이 스스로 자신들의 생존을 위해 연대조직을 만든 것이다. 신자유주의정책 추진으로 빈곤보다 더한 '비참함'이 급증하자, 일반대중 특히 기층민중의 저항이 사회운동세력의 조직화를 불러온다. 두 번째 경우의 이로 인한 '거리시위'의 사례는 매우 많다. 1980~1990년대 이후 라틴아메리카의 새로운 사회운동은 이름 없는 평범한 시민, 농민, 원주민, 실업자, 가난한 사람들, 학생, 주부 등 한마디로 '대중'이 주도했다. 대의민주주의의 한계를 뚫고 '거리의 민주주의'를 통한 사회적 약자들의 외침이었다. 다만 나라에 따라 그 방식이 다양하게 나타났을 뿐이다.

최초로 1976년 페루에서 거리시위가 벌어졌다. 1982년에서 1983년 사이에 아르헨티나, 볼리비아, 브라질, 칠레, 에콰도르, 파나마에서 거리시위가 있었다. 1989년의 베네수엘라 시위는 유명하다. 2000년부터는 볼리비아에서 원주민들에 의해 격렬한 시위가 일어난다. 그리고 2001년 1월의 에콰도르 시위에 이어 12월 아르헨티나에서 피케테로스로 불리는 도시 실업자들에 의한 심각한 규모의 반신자유주의체제의 시위가 벌어진다. 그리하여 이들 대부분의 나라에서는 신자유주의 정책들을 대폭 후퇴시키게 된다. 대표적인 예가 1990년대 아르헨티나의 소위 '피켓을 든 사람들', 즉 실업자들이 주요 도로를 점거하는 저항이다. 2001년 12월 주부들이 5월 광장에 모여 아주 평화로운 방식으로 냄비를 두드리는 시위가 나타났다. 아르헨티나가 극단적인 경제위기를 겪은 이유는 1990년대에 집권한 메넴 정부가 공기업 민영화 등 소위 '워싱턴 컨센서스'의 구조개혁 모델에 집착하였기 때문이다. 그 결과는 빈곤의 일반화였다.

페데리꼬 마르띤 마글리오에 의하면 2001년 하반기에는 매일 약 2천 명이 빈곤선 이하로 떨어졌다고 한다. 2003년에 지금은 작고한 키치너 대통령이 집권하면서 위기를 넘기게 되는 아르헨티나에서 경제회복도 중요했지만 무엇보다 그 과정이 '자존심의 회복'이었다. 칠레의 경우 2006년 6월 공사립간의 신자유주의적 차별적 교육정책에 항의하여 고등학생들이 무려 약 1백만 명이나 거리시위를 벌인 적이 있고 최근 2011년 7월에도 대규모 학생들의 시위가 있었다. 신자유주의를 추종하는 칠레의 기득권계급이 중산층의 이기심을 자극하는 방향으로 교육정책을 변화시켜 고급사립학교와 대중적 공립학교의 수준 차를 현저하게 만들겠다는 정책방향에 학생들이 격렬하게 반대한 것이다. 라틴아메리카가 오늘의 라틴아메리카와 같이 사회적 양극화가 극심하고 문제투성이인 나라들이 된 가장 큰 구조적 이유가 바로 교육의 양극화였다.

그러므로 사회적 공공성을 중시하는 베네수엘라 정부가 펼치는 무상교육의 질적·양적 확대는 그동안의 라틴아메리카의 내부적 식민성을 깨트리려는 시도이다. 이런 의미에서 칠레의 나이 어린 학생들이 이런 탈식민적 변혁의 저항을 보여준 것은 매우 중요하다. 물론 미국과의 FTA 체결로 상징되듯이 신자유주의체제 안으로 깊숙이 포획된 칠레의 경우 이들 시위로 인해 체제 변화까지 이루어진 것은 아니다.

하지만 정부의 신자유주의정책 추진에 상당히 제동이 걸릴 것이다. 이들 라틴아메리카의 대중은 기존의 어느 좌파 엘리트 정당, 또는 계급이념에 따라 정치세력화된 노동운동의 주도하에 움직인 것이 아니다. 중요한 동력은 소위 단일한 정체성의 '민중'이 아니라 다양한 일반대중이 그들의 생존권을 지키기 위함이었다. 그리고 이들의 생존권이 위기에 처하게 된 구조적인 이유는 신자유주의 경제, 사회정책 때문이었다. 그 결과 세 가지 점에서 새로운 정치, 문화 지형의 변화가 남미에서 나타나고 있다. 첫 번째는 이전과는 다른 차원에서 대중의 실질적인 '인간다운 삶의 확보'라는 사회경제적 이익을 지키기 위한 정치경제체제의 변혁 또는 정부의 정책 변화가 일어나고 있다. 예를 들어, "유엔 라틴아메리카위원회(CEPAL)"에 의하면, 2000년대가 진행되면서 라틴아메리카 각국의 빈곤과 극빈이 줄어들고 있음을 알 수 있다.

| 2002, 2004, 2006년의 라틴아메리카의 빈곤율과 극빈율(%)

국가 · 연도	2000~2002	2003~2004	2006	비고
아르헨티나	45.4, 20.9	26.0, 9.1	21.0, 7.2	
볼리비아	62.4, 37.1	63.9, 34.1	—	
브라질	37.5, 13.2	36.3, 10.6	33.3, 9.0	
칠레	20.2, 5.6	18.7, 4.7	13.7, 3.2	
콜롬비아	51.1, 24.6	46.8, 20.2	—	
에콰도르	49.0, 19.4	45.2, 17.1	39.9, 12.8	
멕시코	39.4, 12.6	37.0, 11.7	31.7, 8.7	
페루	54.8, 24.4	48.7, 17.4	44.5, 16.1	
베네수엘라	48.6, 22.2	37.1, 15.9	30.2, 9.9	

(출처: CEPAL 2007).

두 번째는 문화적·인문학적 시각에서 남미의 정체성이라고 할 수 있는 다양성, 복수성의 자산이 90년대 이후 남미의 새로운 사회운동 즉, '대중운동'을 통해 표출됨으로써, 이 다양성이 앞으로 남미의 자산이 됨을 인식하게 되었다. 대중은 예전의 '민중'에 비해 하나의 의미로 환원시킬 수 없는 다양성을 함축하고 있기 때문이다. 세 번째는 새로운 성격의 느슨하면서도 유연한 그러면서도 아주 강한 네트워크와 연대의 라틴아메리카 통합이 전략적으로 구체화되고 있다.

한편, 대의민주주의의 한계를 극복하려는 민주주의의 심화의 예를 들어보면, 유명한 브라질의 포르토 알레그레 시의 '참여 예산제'가 있다. 직접민주주의 강화를 통한 주택, 위생, 교육 등 사회적 공공성 확보의 시도는 80년대 후반부터 이미 시작되었다. 그런데 신자유주의에 대한 대응에서 라틴아메리카가 우리와 달리 순응하지 않고 효율적인 저항을 할 수 있었던 우선적 이유는 신자유주의 경제체제의 진행과 지방화가 동시에 이뤄진 점을 지적하고 싶다.

알레한드로 사엔스에 의하면, 라틴아메리카도 오랫동안 지역 균형 발전과 경제 통합을 위해 중앙정부에 의한 '국가발전계획'이 있어 왔다. 그러나 이런 프로그램들은 모두 '위에서부터' 내려오는 성격을 가진다. 그러므로 진정한 지역의 발전보다는 국가의 거시적 경제성장이 목적이었다. 그러나 신자유주의가 진행되면서 '국가기능의 변혁과 위기'가 진행되고 국영기업의 민영화가 추진되면서 중앙정부의 권능이 축소되면서 영토적, 정치적 기능이 '지방화'되었다. 1990년대 들어 라틴아메리카의 정치지형은 커다란 변화를 겪으면서 1990년대는 여러 라틴아메리카 국가들에게 '민주주의의 재정의 시대'였다. 통상적으로 이해하듯이 신자유주의체제가 민주주의를 일방적으로 위축시킨 것이 아니라 '국가기능의 축소', '지방화'와 맞물려 시민사회가 다양한 방식으로 정치적 권능을 축적, 표현, 강화시킬 수 있었다. 이로써 시민사회의 저변으로부터 정책제안이 지방정부에 영향을 끼치고 일반 주민, 대중들의 구체적인 활동공간인 지역의 문제와 요구들이 그 정치적 경로를 찾게 된 것이다. 그리고 정부에 의해 다루어지지 않는 공간을 시민단체, 사회운동단체들이 활발하게 점유하게 된다.

베네수엘라의 경우, '국가의 정치, 행정기능의 지방화'를 주 내용으로 하는 정치개혁은 이미 1984년에 특별위원회를 구성하면서 시작된다. 1989년의 '카라카소' 시위 이후 대통령인 까를로스 안드레스 뻬레스는 전임정부하의 상기 위원회의 건의를 받아들여 1989년에 '주지사 직선을 위한 법률', '시 정부에 관한 법률', '공권력의 분권화, 경계 및 이전에 관한 법률' 등을 제정한다. 이로써 새롭게 주지사, 시장의 직선이 이루어져 여태까지 제도권에 진입하지 못했던 진보성향의 정치 행위자들이 대거 등장하게 되고 건강, 교육, 문화 등의 행정이 중앙정부에서 지방정부로 이전되어 경제위기에도 불구하고 베네수엘라 민주주의에 활력을 주게 된다. 이전에는 시장, 주지사를 대통령이 임명하는 제도를 가지고 있었다. 필자가 생각하기에 이 지점('지방화')이 라틴아메리카와 우리 사회를 가르는 분기점이 아닌가 한다. 우리는 김영삼·김대중 정부가 신자유주의정책을 거칠게 추진하면서도 지방분권화는 제대로 이루어지지 않고 중앙정부의 권능은 오히려 커져왔다. 이것이 '민주주의의 재정의'는 고사하고 오히려 민주주의의 후퇴를 불러오는 지점이 되었다고 본다. 시민·사회운동단체의 상대적 무기력과 진보세력의 침체도 이 지점에서 바라보면 어느 정도 이해되는 점이 있다. 그런데도 불구하고 민주화를 이룬 공적이 있는 문민정부와 참여정부에 이르기까지의 실질적·사회경제적 민주주의의 후퇴를 단순히 진보세력의 '무능'으로 해석하는 지식인들의 담론 생산은 문제가 많다고 생각한다.

다시 말해 1970년대의 군부독재를 겪고 난 라틴아메리카는 80년대에 경제적으로 민영화 등 신자유주의정책을 수행하면서 자연스럽게 정치적으로 국가기능의 축소와 지방화를 밀고 나가 그것이 1990년대에 들어와 다양한 사회운동단체, 인권단체, 원주민단체 등이 지방화된 거점으로부터 민주주의를 '재정의'하는 활력을 보이게 되었다. 이 점에서 라틴아메리카의 신자유주의는 역설적으로 민주주의를 반쯤은 담보하는 기능을 보인 것이 아닌가 한다. 1980~1990년대에 신자유주의정책을 추진한 라틴아메리카 정부들에서 사회민주주의적 성격이 강한 온건좌파정당들이 집권하고 있었다. 이들 정부들은 국가기능의 축소의 추세를 받아들이고 있었다. 물론 여기에는 오랜 역사적 전통도 가세하고 있다. 다시 말해 정치적·문화적 맥락에서 라틴아메리카는 식민지시대부터 시작해서 지금까지도 국가기능이 전반적으로 약한 것이 특징이다. 이에 비해 우리는 군부독재가 정치적·문화적으로 청산되지 않은 채 '중앙통제적 신자유주의' 정치문화를 더욱 지속시킨 것이 아닌가 한다. 노무현 정부와 이명박 정부의 일방적 FTA 체결 움직임을 보면 분명하게 드러나는 것 같다. 거꾸로 군부독재시절은 민족주의적 이데올로기가 강해 시장의 개방화를 추구하는 미국을 비롯한 선진국들의 신자유주의적 압력에 강하게 대처한 반면 소위 민주화를 이룬 김대중·노무현 정부들은 민주주의와 개방화를 '개혁'이란 담론에 묶어 같은 가치를 두고 신자유주의적 흐름에 우리의 대문을 활짝 열었다. 무엇보다도 오늘날까지 가장 후유증이 큰 비정규직의 양산을 법제화시킨다. 단순하게 이야기하면 우리의 시민사회는 민주화에 큰 관심이 있는 반면 '사회적 파시즘(Sousa Santos 2001)'적 조치에 대해서는 관대했다고 할 수 있다. 왜냐하면 중산층과 시민은 어느 정도 경제적 안정을 누리고 있고 비정규직으로 상징되는 경제사회적 소외계층처럼 배제되는 것은 아니기 때문이다.

보아벤투라 데 소우사 산토스는 극단적인 사회적 배제를 일으키는 글로벌 신자유주의 헤게모니 과정을 '사회적 파시즘'이라 부른다. 그러나 라틴아메리카의 경우는 우리와 너무 다르다. 라틴아메리카에 신자유주의체제가 처음 도입된 것은 1982년의 멕시코에서부터이다. 이후 라틴아메리카의 80년대는 외형적으로는 민주화의 시대임에도 불구하고 고율의 인플레와 엄청난 규모의 외채위기로 상징되는 "잃어버린 10년"의 위기시대였다.

라틴아메리카의 1980년대를 이해하기 위해서는 잠깐이라도 1950년대에서 70년대까지의 정치·경제·사회적 지형의 변화를 살펴보지 않으면 안 된다. 약 30년 동안 1950년대부터 1970년대 말까지, 라틴아메리카는 역사적으로 겪어보지 못한 총량으로 대략 5% 정도 그리고 일인당 소득 기준으로 2.5%의 높은 경제성장률을 경험했다. 이같은 성장은 경제에 대한 정부의 개입으로 특징지어지는 국가주도 발전모델에 기초하였다. 사기업활동의 규제와 외국인투자에 대한 제한을 포함한다. 세계시장보다 국내시장을 위해 생산을 하는 대내지향적 모델이다. 수입을 대체하고 국내산업의 성장을 보호장려하고 생산수단(토지, 자본, 기술)의 소규모 생산자의 진입을 쉽게 하기 위한 사회개혁과 국가수입의 노동자계급의 몫을 증진하는 형평성 있는 발전을 지향하였다(Veltmeyer & Petras 2011, 117).

이 시기의 라틴아메리카 정치를 가리키는 핵심어는 '포퓰리즘'이다. 경제정책의 모델로는 '수입대체 산업화' 모델이다. 이 체제를 깨트리고 지배계급의 이익을 지키려는 것이 극우 군부독재정권의 출현이다. 첫 신호탄은 칠레에서의 1973년의 피노체트 군부쿠데타이고 곧이어 1976년의 아르헨티나 군부쿠데타이다. 이들은 진보세력을 문자 그대로 제거함은 물론 노동자계급의 정치적 힘을 억누르는 것을 정치적 목표로 삼는다. 경제 운용의 접근방식은 외채의 방만한 수용으로 IMF에의 항상적 의존 체질로 만든 것이다. 80년대 중반부터 귀환한 민주정부는 경제위기에 대한 해결책을 자유시장자본주의 즉, 워싱턴 컨센서스에 맞추어 외국투자 개방과 인플레 억제에 주력하게 된다. 그리고 사회적 양극화는 심해지고 비공식 노동(거리 행상 등)은 많아진다. 그런데 신자유주의체제하의 양극화는 단순한 불평등이 아니다. 1960~1970년대의 경제사회문제의 핵심은 부르주아와 프롤레타리아트 사이의 불평등이라면 1980년대 이후에는 아예 가난한 사람들과 소외그룹(원주민 등)이 철저하게 배제되는 데 있다. 생존 자체가 위협받는 것이다. 그러므로 신자유주의시대에 차별과 배제(식민성)의 거부가 중요하게 된 것은 신자유주의체제가 1970년대 이전의 경제사회적 국면과 달리 마르크스적 문제의식의 불평등보다 푸코적 문제의식의 배제가 더 심각하게 되었기 때문이다.

그런데 라틴아메리카에서 우리가 생각하는 이상으로 차별과 배제가 심각하고 거기에 대한 저항이 강한 것은 1492년의 라틴아메리카 출발의 역사 자체가 차별과 배제에서 시작되었기 때문이다. 바로 원주민에 대한 육체적·인식론적 학살로부터 유럽에 의한 라틴아메리카 정복이 시작되었다는 의미이다. 그러나 원주민을 거의 100% 학살한 것은 아니고 노동력의 필요 때문에 많은 원주민들이 살아남았다. 그리고 백인과의 혼혈에 의한 메스티소도 그 삶의 방식의 뿌리가 구어문화인 원주민 문화에 기대어 있다.

그렇기 때문에 5백년이 지난 오늘까지도 공동체적 연대에 기초한 원주민 문화의 힘은 라틴아메리카에서 막강하다. 메스티소의 혼혈, 혼종성의 문화는 라틴아메리카의 사회운동이 아래로부터 견인되는 자주적이고 수평적 연대의 힘을 가지게 한 것이다. 이 사회문화적 힘이 노동계급의 정치세력화를 통한 정치경제적 진보를 지향하는 전통적 좌파의 전략보다 더 힘을 발휘한 것이 1980년대 이후의 신자유주의체제하의 라틴아메리카에서였다. 왜냐하면 신자유주의체제는 항상 대중의 파편화, 개인화를 유도하여 저항 에너지의 소멸을 겨냥하는데 이런 전략이 사회적 연대가 강한 라틴아메리카에서는 잘 먹혀들지 않는다. 라틴아메리카의 사회적 저항은 우리가 생각하듯이 엘리트가 이끄는 정당과 노조의 지도부에 의해서가 아니다. 기층대중 스스로

특히 이중적 타자로서 억압받아온 가난한 여성들이 자발적으로 주도
한 것이다.

| 참고문헌

Sousa Santos, Boaventura De(2001), "Nuestra América. Reinventando un paradigma subalterno de reconocimiento y redistribución", http://sala.clacso.edu.ar/gsd1252/cgi-bin/library?e=q-000-00....0busca%2csec re pp.1-27.

Veltmeyer, Henry & Petras, James(2011), "Social structure and change in Latin America", in Knippers Black, Jan(ed.)(2011), Latin America Its problem and its promise: A multidisciplinary introduction, Westview press, pp.117-137.

<인터넷 매체>

http://aporrea.org
http://www.rebelion.org
http://venezuelanalysis.com

03.

베네수엘라 혁명:
반신자유주의 혁명

차베스와
베네수엘라
혁명

차베스가 가난한 베네수엘라 대중의 지지를 받고 희망의 상징이
된 것은 체제 안에 안주하면서 개혁을 시도한 것이 아니기 때문이다.
1998년의 선거에서 승리하기 전에 1992년의 쿠데타 기도가 실패했지
만 당시 워낙 많은 대중이 그를 지지하는 소위 "차베스 현상"이 일어
나게 된다. 차베스의 사관학교 동기인 호르헤 루이스 가르시아 까르
네이로는 1971년에 차베스를 입학식에서부터 알게 된다. 그에 의하면
차베스는 매우 성적이 뛰어나고 머리가 좋은 동료로 기억된다. 그리
고 뛰어난 웅변가였다. 차베스는 통신분과 특기를 공부했다. 그 후 차
베스는 장갑부대에 배속된다. 1992년 쿠데타 실패 후, 차베스가 자신
의 잘못을 책임지겠다고 말하는 것을 보고 자랑스러웠다고 한다.

호르헤 루이스는 2002년 반차베스 쿠데타 당시 카라카소 주둔 사
단장으로서 쿠데타 세력을 제압하는 데 중요한 역할을 담당한다. 여
기서 우리가 주목해야 할 것은 차베스혁명이 노동자의 정치세력화를
통해 이루어진 것이 아니라는 점이다. 과거나 지금이나 베네수엘라
최대노조조직인 CTV의 지도부는 반차베스 진영의 선봉에 서 있다.
차베스를 지지하여 체제변혁에 나선 사회세력은 베네수엘라 사회에

서 소외되어 배제되어온 프롤레타리아트 대중이다. 이렇게 '혁명'은 현존하는 가치와 규범으로부터 단절하고 새로운 삶을 생산하는 움직임이다. 그렇기에 규범에서 자유로운 이들만이 체제의 규범에 균열을 내고 혁명을 달성할 수 있다. 마르크스가 『헤겔 법철학 비판』 '서문' 에서 프롤레타리아트란 시민사회를 구성하지만 시민사회의 계급이 아닌 계급이며 그러므로 사회 자체를 변혁해야 생존할 수 있는 계급 자체를 무너뜨리는 계급이라 묘사한 것은 이 때문이다(조원광 in 이진경 2008, 166).

차베스는 비록 쿠데타 기도가 있기 전에는 알려지지 않은 정치인이었지만, 쿠데타 실패 직후 그가 대중 앞에서 한 TV연설이 그의 정치적 성공을 보장하였다. 이 연설에서 신자유주의정책으로 고통을 받는 가난한 대중을 위한 정치를 약속하면서 "지금으로써는" 쿠데타 실패의 모든 책임을 자신이 맡아지겠다는 이야기를 했다. 이리하여 이들 대중으로부터 영웅이 된 것이다.

차베스 이전 대통령인 라파엘 깔데라는 베네수엘라 범좌파의 지지를 받아 1994년에 대통령이 된 인물이다. 그는 차베스보다 진보의 이념에 대한 인식이 부족한 사람은 아니다. 그러나 그는 신자유주의체제 안에서 좌파적 개혁을 하려고 했으나 실패할 수밖에 없었다. 오직 차베스처럼 신자유주의체제의 외부를 향한 체제 자체의 급진적 변혁만이 문제를 해결할 수 있었다. 깔데라 대통령이 신자유주의체제의 온존과 함께하는 좌파적 개혁이 불가능하다는 인식을 못한 가장 큰 이유는 신자유주의체제 자체가 가지는 유토피아적 힘 때문이다. 원래 유토피아는 비판적 사유의 지식인들, 억압받는 사람들의 사회운동세력의 몫이다. 그 대신 현실주의는 보수적 기득권 세력의 몫이다. 그런데 80년대 후반부터 언론인을 포함한 일군의 지식인들이 신자유주의 유토피아를 퍼트린 것이다. 이 유토피아는 정치와 이데올로기를 벗어난 '탈정치화'가 핵심이다. 또한 '현재'의 불평등을 바꿀 수 있는 대안을 외면하고 제국적-식민적 글로벌 질서를 추구한다. 그리고 이 '시장만능'의 유토피아는 미래를 중시한다. 이 유토피아는 자원의 배분을 시장에 맡겼을 때 주민의 복지를 최대화할 수 있고 그러므로 정치를 포함한 모든 인간 활동을 시장을 중심으로 재구성해야 한다는 상상력이며 이데올로기이다.

이를 다른 말로 하면 '세계화'이다. 단순한 시장경제 모델이 아니라 합리성(효율성, 경쟁력, 생산성 등)을 인간의 모든 활동부문에 적용하는 것이다. 다시 말해 모든 사회관계를 경제체제에 종속시키는 것이다. 여기서 신자유주의체제는 약 200년 전부터 또는 5백년 전부터의 근대성의 기본전제를 왜곡, 변형시키고 있다. 다시 말해 칸트, 막스 베버, 위르겐 하버마스 등이 주장한 도구적 이성, 윤리적 이성, 미학적 이성 사이의 구별을 무시하고 오직 하나의 이성 또는 자본의 효율성의 논리로 재구성한 것이다. 즉, 우리 사회에서 '민주주의가 밥 먹여주느냐?'는 언술이 이렇게 해서 나온 것이다. 그런데 '유토피아'는 불가능한 것을 추구하는 것이다. 그런 의미에서 "시장만능주의 또는 신자유주의 유토피아"는 불가능한 것이 아니라 실현 가능하다. 이미 미국을 비롯한 전 세계 곳곳에서 상당부분 구체적으로 실현되고 있기 때문이다. 물론 그 부작용과 문제점은 한둘이 아니지만. 이에 비하면 차베스와 현재 라틴아메리카 좌파의 '다른' 유토피아는 거의 '불가능'에 가깝다. 그러므로 유토피아라고 할 수 있다. 아무튼 차베스는 '다른' 유토피아를 가지고 있다. 그런 힘은 필자가 생각하기에 라틴아메리카의 현대의 예술가들, 지식인들이 오래전부터 가져온 보편적 진보에 대한 비판적 담론의 생산 때문이라고 본다.

차베스는 1999년 집권한 뒤에, 가장 중요한 경제정책의 최우선 순위를 반신자유주의에 둔다. 이를 '사회경제' 모델로 부를 수 있다. 생산수단의 전면적 국유화는 일단 배제한다. 구체적으로 이야기한다면 국영석유공사의 경영에 있어 외국투자기업에 특혜를 주지 않고 전반적 농촌 발전을 위한 전략산업으로 내수용 농업을 적극 육성하여 식량주권을 달성하고 중소기업과 조합운동과 대중에 의한 소기업을 적극 지원하기 위해 정부가 재정적·기술적 지원을 하고 내수용 관광업을 진흥시키고 있다. 그리고 가장 중요한 정책은 원유수출로 인한 재정수입을 실질적 생산투자와 교육과 건강에 지출한다. 여기서 실질적 생산투자란 과거에 원유로 인한 이윤의 상당부분이 외국 다국적 기업에 돌아가므로 국부가 국외로 유출되던 일을 끊겠다는 것을 의미한다.

베네수엘라는 19세기 초 스페인 식민지들이 즉, 현재의 라틴아메리카 국가들이 독립하는 데 결정적 역할을 한 시몬 볼리바르 장군의 고향이다. 현재 차베스가 주도하는 베네수엘라 혁명의 아이콘은 볼리바르이다. 따라서 같은 군인으로서 라틴아메리카의 대중에게 쉽게 혁명의 의미가 전달되는 구어적 아이콘이라고 할 수 있다. 베네수엘라 혁명이 볼리바르를 혁명의 아이콘으로 삼은 것은 신자유주의체제에 반대하는 대안적 모델의 비전을 아주 쉽게 대중에게 심을 수 있는 전략이었다. 신자유주의체제에서 가난한 대중은 파편화되어 힘든 일상에 순응할 수밖에 없는데 볼리바르를 베네수엘라 대중이 그의 사상과 이념에 대해 잘 모르더라도 거의 초자연적 존재 또는 가톨릭교회의 성인과 같은 수준으로 숭배하기 때문에 그가 보인 저항과 독립의 이미지는 상징적으로 강하게 전달될 수 있기 때문이다.

지금 존재하는 신자유주의를 그대로 따라가겠다는 게 우리 정부라면, 차베스 정부는 미국 유일의 단극적 국제정치경제체제를 바꿔 다극적 체제로 만들고 중남미도 그중의 하나가 되겠다는 꿈을 가지고 있다. 꿈만 꾸고 있다면 몽상가일 것이다. 그러나 그들은 이를 이루기 위한 구체적인 움직임을 보여주고 있다. 물론 현재 진행형이기에 애매함도 많다. 시몬 볼리바르는 프랑스 혁명을 모델로 한 자유민주주의는 물론이고, 사회민주주의적 신념을 가지고 있었다. 그는 1819년

| 대중이 많이 모이는 카라카스 시내 중심부 거리 모습 ⓒ안태환 2009

에 "가장 완전한 정부 체제는, 가능한 가장 큰 행복과 사회보장과 정치적 안정을 만들어내는 데 있다"고 말했다. 엘리트만이 아니라 광범한 대중의 요구를 중시하는 점에서 그는 라틴아메리카 역사상 최초의 포퓰리스트라고 할 수 있다.

그는 강력한 미국에 대한 견제를 위한 중남미 국가 간 연합을 이상으로 가졌다. 1990년대 초까지만 해도 이 같은 중남미 통합의 이상은 하나의 꿈에 지나지 않았다. 그러나 이제는 그 꿈이 가시화되고 있다. 베네수엘라 정부는 자유무역협정(FTA) 체결을 거부한다. 왜냐하면 대중의 삶의 질을 낮출 가능성 때문이다. 원주민, 여성, 농민, 사회운동단체 대표들이 전부 모이는 세계사회포럼과 함께 베네수엘라 정부는 라틴아메리카의 국가들이 미국과 'FTA'를 맺는 것을 반대한다.

볼리바르의 상징은 체계적 이념을 전달하는 것이 아니라 은유적 수사를 전달하기 때문에 구체적 국면에 따라 볼리바르 외에 대중의 다른 영웅 예를 들어, 에세키엘 사모라, 시몬 로드리게스 등을 활용하고 있다. 특히 에세키엘 사모라 장군은 매우 중요하다. 그는 19세기 중반 특권적 보수주의자들과 싸운 자유주의자이고 연방주의자였다. 그는 베네수엘라인들에게 가난한 대중을 지킨 영웅으로 존경받고 있기 때문이다. 즉, 베네수엘라 혁명이 소수기득권의 보수주의자들을 적으로 하고 있음을 분명히 하는 것이다. 여기서 베네수엘라 혁명이 내세우는 은유적 수사의 내용은 애국주의, 공화주의, 평등주의, 근면성, 정직성, 관용성, 헌신성 그리고 라틴아메리카적 정체성이다. 이런 가치들은 바로 주민평의회로 상징되는 "주인공적 참여민주주의"의 성공을 위해 필요하다. 또한 "미션"사업에도 강조되고 있다. 자유민주주의적 선거를 통해 당선된 차베스가 사회주의를 하겠다는 것은 국민을 속이는 포퓰리즘이거나 사회민주주의자가 아니냐고 생각할 수도 있다.

1970년에 칠레의 아옌데정부는 합법적 선거를 통해 사회주의체제를 수립하고 있었다. 그러나 기득권층의 사보타지와 미국의 지원 하에 일어난 1973년 피노체트의 군사 쿠데타가 이 정부를 무너뜨렸다. 중남미 정치인, 지식인들이 이런 역사를 어떻게 잊고 살 수 있겠는가. 베네수엘라 혁명은 베네수엘라 역사상 처음으로 도시와 농촌의 가난한 대중과 노동자계급과 하부 중간계급에게 이익을 주는 사회적·문화적으로 전례가 없는 변화를 보여주었다.

그런데 베네수엘라는 1958년 이후 1998년 차베스 등장 전까지 미국이 라틴아메리카 전체에서 가장 걱정(?)하지 않던 대표적인 친미국가였고 그리하여 '예외적으로 민주주의(?)'국가였다. 미국은 차베스가 등장하고서도 그런 급속한 변혁에 대해 제대로 인지하지 못하고 있었다. 아주 강한 민족주의자 정도로 인식하고 있었다. 그러나 이런 인식이 무너지고 미국정부가 차베스에 대해 강한 대립각을 세우게 된 것은 2001년 9·11테러 이후 차베스가 취한 "테러와의 전쟁"에 대한 반대 때문이다.

2000년 이후 라틴아메리카의 정치지형은 예를 들어, 아르헨티나, 에콰도르, 볼리비아 등에서 일어난 강한 사회운동으로 미국에 종속적인 대통령이 연속해서 물러나는 상황에 있었다.

이 같은 정치지형의 변화의 성격을 충분히 이해하고 있던 차베스정부도 이 당시 매우 신중하고 온건한 정치적 자세와 친중간계급적 전략을 보인다. 그리고 2002년 4월 반차베스 쿠데타가 시도된다. 쿠데타 주동 세력이 3일 만에 실패하게 되는 쿠데타를 시도한 것은 기득권계급 외에 상층부 중간계급에도 강하게 축적된 미국의 문화적 헤게모니를 믿었기 때문일 것이다. 그 후 차베스 정부의 지배체제가 안정화 단계로 접어들었어도 미국과 베네수엘라의 극우기득권계급은 차베스의 실각을 강하게 원한다. 예를 들어, 2005년 8월 미국의 복음주의 목사인 팻 로버트슨은 텔레비전 쇼에 나와 차베스를 암살할 것을 주장했다. 베네수엘라 혁명의 가장 뛰어난 업적은 신자유주의로 인한 사회적 양극화와 빈곤문제를 아주 빠른 속도로 완화시킨 것이다. 이렇게 빠른 변혁의 성과를 보일 수 있었던 것은 집권초기인 2002년에 반차베스 세력의 공격을 이겨냄으로써 여기에 가담한 친자본적 노동운동세력들을 전면적으로 새로운 급진적 노동운동 세력으로 교체할 수 있어 빠른 헤게모니 변화를 이룩했기 때문일 것이다.

베네수엘라 혁명은 대규모의 사회복지 정책과 급진적인 글로벌 신자유주의체제는 서로 양립하지 못함을 보여준다. 신자유주의를 거부하지만 베네수엘라 정부는 세계시장과의 긴밀한 연계는 강화하고 있다. 다시 말해 베네수엘라 정부는 혼합경제체제를 유지하고 있다. 차베스 정부의 2008년 기획개발부의 자료에 의하면 집권기간 동안의 사회경제적 성과는 다음과 같다.

소득의 불평등도를 가리키는 지니계수의 경우, 1998년의 0.487에서 2007년 0.420, 2010년 0.39로 개선되었다. Kingsbury(2010)에 의하면 빈곤률이 2003년의 54%에서 2007년 27.5%로 감소한 것으로 나타난다. 그리고 절대 빈곤률은 25%에서 7.6%로 감소한 것으로 나타난다. 전 세계 어느 국가도 몇 년 사이에 이렇게 빈곤을 줄인 나라는 없다. 실업률은 1999년의 16.6%에서 2008년 7.1%로 감소했다. 그리고 베네수엘라 정부는 가난한 사람들을 위한 조립식 주택사업도 지원하고 있다. 중요한 통계로서 중앙정부와 지방정부의 공공지출 총예산에서 건강, 교육, 주택, 직업교육 등 사회복지와 사회보호를 위한 지출률은 1998년의 47.9%에서 2007년 59.5%로 증가했다. 2010년에는 세계적인 수준의 경제위기를 겪으면서도 45.7%가 된다. 또한 취학률도 급격히 상승했다. 예를 들어, 대학, 즉 고등교육은 1999년부터 86%가 상승했으며 중등교육은 54%, 초등교육은 10% 상승했다. 이미 1999년에 초등교육 취학률은 91%에 달했다.

사회정책에의 정부지출이 늘었어도 외환보유고는 차베스 이전 정부보다 더 늘어났다. 또한 통념적으로 차베스 정부와 같이 분배와 재분배에 노력을 기울이면 성장이 저해된다고 하나 실제로 베네수엘라는 지속적으로 GDP 성장을 보였다. 예를 들어, 2004년에 17.9%의 성장률을 보였고 2005년 9.4%, 2006년 10.3%, 2007년 8.4%의 성장률을 보인다. 2008년 4.7%이었고 2008년 세계의 금융위기와 석유가격의 하락으로 2009년 -3.3%를 보인다. 2010년에는 -1.4%를 기록한다. 베네수엘라의 공공 외채규모는 GDP의 약 11%를 차지하는 데 그친다. 베네수엘라의 화폐인 볼리바르는 지나치게 과대평가되어 있다. 수출에 불리하고 수입에 유리하다. 그리하여 불필요한 수입을 억제하기 위해 평가절하된 고환율을 적용하고 반면에 전략적인 상품과 서비스 수입을 위해서는 저환율을 적용하는 이중환율제를 유지하고 있다.

그러나 그 부작용으로 인플레를 부르고 있다. 2009년의 인플레는 25.1%이다. 2004년에 높은 경제성장률을 보인 것은 그전에 있었던 정치, 경제적 위기 때문이다. 2002년 12월부터 2003년 2월까지 지속된 석유공사의 경영자 파업은 약 100억 달러의 경제적 손실을 입힌다. 차베스를 물러나게 하기 위해 기득권계급은 일종의 자살공격을 감행한 것이다. 카라카스의 크리오요 엘리트 부르주아 계급은 베네수엘라 주민 전체의 이익과는 상반되는 행태를 과거에도 흔히 보여주곤 했다. 베네수엘라는 세계 최대의 원유매장량(5천억 배럴)을 가지고 있어 상당기간 경제운용이 안정적으로 전망된다. 현재 전체 인구의 약 40%가 식품 보조를 받고 있다. 빈곤퇴치와 관련하여 베네수엘라 정부는 우유, 고기, 야채, 계란 등과 같은 기초식품의 충분한 공급을 위한 정책들을 추진하였다. 교육에 있어서는 문맹퇴치도 중요하지만 전통적으로 가난한 계층이 라틴아메리카에서는 고등교육을 받지 못했는데 고등학교와 대학교육을 받는 빈곤계층이 크게 증가했다. 예를 들어, 무료 교육의 볼리바리안 대학교(UBV)가 9곳 생겼으며 기술전문대학도 많이 설립되어 약 2십만 명 이상의 학생들이 다니고 있다. 정부의 재정지원을 받는 새로운 출판사들이 소설, 기술서적, 역사, 사회과학, 자연과학에 대한 책을 약 2백5십만 권 이상 출판하였다. 그리고 빈곤계층이 사는 동네에서 음악, 연극, 무용 등의 공연이 자주 이루어지고 있다. 또한 스포츠 강국인 쿠바의 도움으로 체육 인프라 건설 및 가난한 사람들의 동네에 많은 스포츠 프로그램이 지원되고 있다. 원주민 문화에 대한 지원도 적극적으로 이루어지고 있다. 이런 많은 문화적 정체성의 변혁을 찾는 프로젝트에 대해 기득권층과 의사, 변호사, 엔지니어와 국립대학교인 센트럴 대학교(UCV)의 학생 등 중산층은 미국식 문화적 헤게모니를 잃지 않을까 두려워하고 있다.

차베스는 볼리바리안 대학교(UBV)의 졸업식 축사에서 국가의 지원을 받는 국립대학교인 센트럴 대학교(UCV)의 94%가 상류계급과 중간계급 출신이라는 논문 내용을 밝혔다. 그리하여 센트럴 대학교 학생의 10% 미만이 친차베스 전국 학생운동 조직의 회원이다. 그러나 대부분의 센트럴 대학교의 학생들과 교수들은 탈정치적이고 개인의 능력 향상에만 신경을 쓴다. 사회적 연대성과 공공성을 높이는 문화적 변혁은 빈곤계층에 대한 문화정책만으로는 한계가 있다. 왜냐면 이들은 전통적으로 '후원자-고객'의 연고주의적 관계에 묶이는 경우가 많기 때문이다. 그러므로 문화적 다양성을 중시하는 중간계급과 중산층에 대한 문화정책의 영향력 확대가 중요하다. 정부의 교육과 문화기관 내의 사회주의적 인식을 가지고 있는 소수의 중간계급이 우파적이고 자유주의적인 다수의 중간계급을 어떻게 설득 또는 제압하는 일이 중요하다. 여기에는 노동자계급의 지원이 있어야만 문화의 대중권력의 반헤게모니를 만들어낼 수 있을 것이다. 오랫동안 베네수엘라는 미국과 긴밀한 관계를 맺으면서 석유에서부터 소비주의, 라이프스타일에 이르기까지 기득권층과 중간계급은 미국의 압도적 헤게모니 하에서 살아왔기 때문이다. 구체적으로는 마이애미의 모습을 떠올리면 될 것이다.

혁명이 진행된 같은 기간 동안 고용 창출률은 미국의 세 배에 이른다고 제임스 페트라스는 지적하고 있다. 그리고 산업의 고부가가치화를 위해 단지 석유채굴과 원유수출에 그치는 것이 아니라 석유제품의 가공산업 즉, 비료와 플라스틱 산업의 진흥을 추진하고 있다. 비록 그 진행속도는 느리더라도. 그리고 도시공해 배출감소와 교통원활을 위해 차베스 정부는 카라카스의 지하철을 완공하였다.

그러나 현재 베네수엘라 경제의 문제점은 수입식품 등의 인플레로 인한 물가상승이다. 베네수엘라 정부의 과감한 사회정책 투자가 가져온 부작용이란 점도 일리가 있다. 유통업자들은 매점매석도 하고 있고 정부관료가 인플레 가격통제를 하지만 그 효과는 제한적이다. 식품 부족의 가장 큰 원인은 시장의 생산자들이 생산을 줄이고 이익이 더 많은 투기사업에 치중하기 때문이다. 그리하여 그 대안으로 전략적으로 농업, 그중에서도 유기농업 발전을 위해 많은 투자를 하고 있다. 그러나 당장 수요와 공급의 차질이 생겨 식품부족의 문제가 일어나고 있다. 하지만 가장 큰 원인은 이들 식품생산자들이 차베스 정부에 대한 정치적 이유로 인해 생산을 줄이기 때문이다. 비슷한 상황은 예전에 칠레의 아옌데정부 시절에도 있었다. 식품부족의 문제와 인플레 문제가 2007년 12월의 차베스의 무기한 재선에 대한 국민투표에서 많은 시민들이 기권하여 차베스 정부가 패한 이유이고 오늘날도 많은 중간계급의 큰 불만이다. 이 같은 국면을 극우파와 극좌파가 이용하고 있음은 물론이다(Petras & Veltmeyer 2009, 335). 이런 식품부족의 문제가 터져 나온 것은 차베스 정부가 계획한 것만큼 농업개발의 프로젝트가 성공하지 못했다는 것을 반증한다.

2007년 국민투표 실패 때까지 약 9년 동안 농업행정 담당부서가 농업생산량 증대와 생산성 향상과 농산물 유통의 문제를 개혁하지 못한 것이다. 무엇보다 정부의 농업지원금을 받은 농장주들이 자금을 유효한 농업생산에 사용하지 않고 부동산매입 또는 채권매입 또는 금융투자와 국내외 투기에 사용했기 때문이다. 그리하여 차베스 정부는 2008년 4월 약 27개의 농장을 국유화시킨 것이다. 이제 문제는 국영화된 농장조합이 효율적으로 운영되도록 능력 있는 관리자와 성실한 농부들을 고용해야 할 것이다.

인플레의 문제가 정치적으로 베네수엘라만이 아니라 라틴아메리카 전체에서 매우 예민한 것은 1980년대 이후 라틴아메리카의 대부분의 노동자들이 자가노동 즉, 길거리에서의 행상과 같은 비공식노동으로 이들은 직위 상승도 없고 노동조직에 가입되어 있지 않아 물가 상승률만큼 임금 상승 등의 보호를 받을 수 없는 경우가 많기 때문이다. 베네수엘라에서도 석유, 철강, 알루미늄 등의 주요 산업분야에서 노동자들을 비정규직으로 채용하여 노동교섭권이 없는 경우가 많다. 베네수엘라 정부에 의한 산업생산성 증대를 위한 투자가 노동자들의 임금상승으로 돌아가지 않는 것이다. 이렇게 소비재 생산이 부족한 가운데 인플레 위험이 커짐으로 인해 일부 산업의 국유화로 생산을 증대시키기로 한다. 그리하여 2008년 정부는 철강과 시멘트 산업을 국유화한다. 그리고 2008년 4월 차베스 정부는 인플레 문제를 해결하고 노동자계급의 이익을 확보하기 위해 27곳의 사탕수수 농장과 식품 유통회사와 냉동회사를 국유화한다.

차베스 정부가 2008년 이후 그동안의 자본가계급에 대한 신뢰를 버리고 더욱 전략적 국유화 정책을 추진하게 된 것이다. 예를 들어, 차베스 정부는 일부 은행과 식품생산, 유통회사를 더 국유화할 계획이다. 그리고 "에제키엘 사모라" 전국농민연맹은 농업개혁을 추진하기 위한 정치적 이데올로기적 교육을 위한 농민학교를 운영 중에 있다. 그러나 이들에 대한 장애물은 지방에서 주로 활동하는 국방경비대의 반혁명적 행동이다. 이들은 농민학교를 습격하여 교사와 학생들에게 폭력을 휘둘렀다. 그리고 중요한 과제는 석유, 철강, 알루미늄, 기타 산업에 아직도 많은 비정규직 노동자들이 존재한다는 점이다. 또한 아직도 노조가 제대로 조직되지 못한 공장들이 많다. 이는 혁명을 지지하는 노동자 정치세력화가 충분하지 못한 결과를 낳고 있다.

베네수엘라 혁명은 신자유주의체제를 거부하는 혁명으로 차베스 정부는 자유주의와 자본주의에 대해 비판적이고 미국의 중동국가와의 전쟁을 제국주의 전쟁으로 공개적으로 비판하고 있다. 그러면서 중미와 카리브 지역의 가난한 소국들에 대해서는 원유가를 파격적으로 인하 공급하여 이들 국가들의 국제수지를 개선시키고 있다. 그렇지만 이들 국가들에 어떤 조건을 달지도 않고 문자 그대로 '선물주기'를 실천하고 있다. 그리고 이라크, 아프가니스탄, 콜롬비아 등의 나라들에서 이루어지고 있는 인권침해 사례에 대해 강력하게 비판하고 있다. 그러나 과거의 현실사회주의 또는 마르크스주의의 '국유화'를 중심으로 하는 정책방향으로 회귀하는 것도 아니다. 일부에서는 차베스에 대해 "이상한 독재자"라는 표현도 하고 있다.

하지만 어떻게 보면 그는 가장 강력한 자유주의자인지도 모른다. 왜냐하면 그는 미국이 지원하는 야당과 대규모 민간 미디어의 공세 앞에서 12번의 직접선거를 승리했기 때문이다. 그것도 국제적인 수준에서 차베스를 반대하는 세력까지도 참관한 선거에서 공정하게 승리했다. 따라서 독재자라는 표현이 설득력이 없다. 그러므로 반대자들에게는 더욱더 짜증나는 독재자일 수 있다. 그리고 독재자라는 표현과 관련하여 차베스는 1992년의 쿠데타 기도로 말미암아 3년의 징역을 살았다면 2002년 4월의 반차베스 진영의 쿠데타는 아무도 처벌받지 않았다. 2002년 쿠데타에는 군부의 최고위급 사령관들도 연루되었는데 처벌받은 사람이 없다는 것이 잘 이해가 되지 않는다. 2009년 2월 차베스 및 모든 선출직 공무원의 무기한 재선을 위한 개헌안 국민투표가 통과된다. 이는 몇 년 전, 한 번 부결된 것을 다시 국민투표에 붙여 통과시킨 것이다. 이는 자유주의의 프레임에서 보면 이해할 수 없는 사회주의로의 변혁에 국민이 찬성을 표했다는 의미이다. 비록 전면적 국유화가 없는 사회주의이지만, 이렇게 국민투표를 통해 자유주의 체제에서 사회주의체제로의 변혁에 성공한 정치는 라틴아메리카 역사상 최초이다.

베네수엘라는 알다시피 노동자, 농민의 비율이 30%에 미만인 나라이다. 이런 시각에서 볼 때 자유주의 세력이 독재자로 차베스를 호명하는 것은 당연한 일이다. 우선 1999년 차베스가 대통령에 취임하기 전후의 정치적 맥락을 살펴본다.

1989년 2월 '카라카소' 대규모 시위(최초의 반신자유주의 시위)

1992년 2월 차베스 중령 쿠데타 시도, 실패

1994년 사면됨

1999년 1월 대통령 취임, 4월 제헌의회 소집을 위한 국민투표 실시, 12월 새로운 헌법 통과

2002년 4월 반차베스 쿠데타 실패

2002년 12월 석유공사(PDVSA)의 재국유화

2002년 12월부터 2003년 2월까지 반차베스 진영의 국영석유회사 (경영자파업)

2003년 4월 '공동경영'의 사회적 생산기업 시작

2003년 중반 사회공공성 '미션' 프로젝트 시작

2003년 11월 국영 '비베 티브이(Vive TV)' 설립

2004년 8월 국민소환 국민투표에서 승리

2004년 12월 쿠바-베네수엘라 ALBA협정 체결

2005년 5월 1일 '21세기 사회주의' 선언

2005년 유네스코, 베네수엘라 문맹퇴치 선언

2005년 7월 시사전문 위성TV 방송 '텔레수르(TeleSur)' 방영 시작

2005년 말 미주정상회의에서 미국 주도의 라틴아메리카 자유무역협정(ALCA) 시도를 무산

2006년 1월 "새로운 사회주의만이 지구를 살릴 수 있다"고 선언

2006년 4월 베네수엘라-쿠바-볼리비아와 ALBA 본격화

2006년 4월 '주민평의회' 법 제정

2006년 베네수엘라, 메르코수르 가입

2006년 '파울로 프레이레' 라틴아메리카 생태농업대학 설립

2006년 12월 남미정상회의에서 라틴아메리카 통합에 원칙적 합의, 남미은행 설립 제안

2006년 12월 차베스 재선

2007년 9월 2007-2013 국가경제·사회발전계획 발표

2007년 12월 차베스의 무기한 재선을 위한 개헌안 국민투표 부결

2009년 2월 차베스 및 모든 선출직 공무원의 무기한 재선을 위한 개헌안 국민투표 통과

2010년 9월 총선에서 차베스 세력은 작은 차이로 이겼음

2012년 12월 대선 예정

차베스는 취임 전부터 치밀하고 대담한 로드맵을 가지고 정치지형을 새롭게 변혁시킨 것을 알 수 있다. 그러나 새로운 사회주의 사회를 만들어가는 변혁을 전혀 서두르지 않고 지루할 정도로 천천히 단계적으로 추진하고 있다. 예를 들어, 사회주의 건설의 핵심적 사회적·정치적 행위자는 노동자이고 노동의 정치세력화만큼 중요한 것이 없다. 그러나 차베스는 집권초기의 위기를 극복한 뒤에 2003년 중반부터 정치의 중심을 노동자 대신에 가난한 대중의 인간다운 삶의 보장에

두고 전력을 기울인다. 최근 2011년 7월 차베스의 암 투병을 통해 반차베스 세력의 기대가 무척 상승 고무된 국면이다.

이런 상황에서 2011년 7월 26일 약 2천 명의 노동자들이 "사회주의 노동자평의회"를 위한 법률과 "새롭고 혁명적인" 노동법 제정을 청원하는 대규모 시위행진을 하였다. 전자는 공장에서 노조와 별도로 노동자 공동경영이 더욱 급진화되는 계기를 가지게 될 것이고 친차베스 진영의 헤게모니 강화를 도모할 것이다. 후자는 노동자들의 고용안정을 더욱 보장할 것이다. 이는 2012년의 대선 승리를 위한 포석임은 물론이다. 조직화되기 어려운 일반대중은 '주민평의회'와 '미션'을 통해 지지세력을 확보하고 노동자들은 새로운 제도적 개혁을 통해 노동자들의 지위를 높임으로써 헤게모니 확보가 가능해질 것이다.

베네수엘라 혁명의 가장 큰 흐름은 "사회는 존재하지 않고 사회적인 장은 항상 중심적인 적대관계가 가로지르는 구조적인 불가능성 주위로 구축된 비 일관적인 장"이라는 라끌라우와 무페의 주장을 확인시켜준다. 고전적 마르크시즘의 적대관계 외에 신자유주의체제의 새로운 성격의 사회적 배제에 대해 민감하게 대응하고 대안을 새롭게 만들어내는 점이 기존의 여러 계급 투쟁적 혁명들과 다른 점이다. 위의 언급에서 '구조적인 불가능성'이란 의미는 양쪽의 적대관계에서 어느 한쪽이 절대적으로 승리하는 것은 불가능하며 끊임없이 불안정하고 일직선적이지 않은 전개를 보인다는 뜻이다.

3.1. "예외적 민주주의"의 몰락

베네수엘라의 "예외적 민주주의"의 몰락은 정당민주주의의 실패를 의미한다. 베네수엘라의 첫 번째 경제적·사회적 구조의 특징은 1920년대부터 본격화 된 '석유국가'이다. 국가가 기업의 이익을 지키는 데 몰두하는 어떤 국가와 달리 베네수엘라 혁명은 사회적으로 배제된 가난한 대중의 공공성을 지키는 것을 매우 높게 평가한다.

일부 국내의 환경운동가들은 베네수엘라가 석유국가의 프레임에서 벗어나기가 쉽지 않음을 지적하며 진정한 의미의 미래지향적·생태적 혁명이 될 수 없음을 비판한다. 일부 학자들은 현재의 베네수엘라의 사회주의혁명도 그 재정적 기반이 석유에 있어 구조적으로 취약하다고 비판한다. 물론 일리가 없지 않다.

하지만 그런 구조적 한계를 가지고도 장기적으로 생태사회가 되려는 그들의 노력을 폄하할 필요는 없다고 본다. 석유국가라는 의미가 외세의 간섭, 내정의 분열, 권위주의 정치, 부정부패, 불평등의 강화 등 좋은 일보다 안 좋은 일이 더 많다는 의미에서 전직 베네수엘라 석유장관이며 OPEC의 공동설립자인 환 파블로 페레스 알폰소는 석유를 "악마의 배설물"이라고 불렀다. 베네수엘라의 인류학자인 페르난도 꼬로닐은 "석유가 발견된 1920년대부터 석유로 인한 부는 베네수엘라에서 국가와 사회 사이의 관계를 특이한 후견인 관계로 만들었다. 베네수엘라에서 민주주의의 의미는 형식적 제도적 절차를 의미하는 것이 아니라 석유수입을 통한 집단적 대중의 복지를 증진하는 능력을 의미한다. 민족주의가 단지 국가의 독립을 의미하는 것이 아니라 경제발전과 집단적 번영을 획득하는 것이 가장 중요한 정치적 과제가 되었다"고 한다. 이런 맥락을 이해하면 베네수엘라가 어떤 의미에서 라틴아메리카에서 가장 혁명이 일어나기 쉬운 정치지형을 가지고 있었다고 할 수 있다.

1980년대에 들어와 집단적 대중의 삶의 질이 하락하였을 때 정치적 정당성을 유지하기 힘들어진 것이다. 물론 이는 반대로 석유수입이 높아서 경제적 번영이 대중을 만족시키는 지형에서는 민주주의가 예외적으로 작동이 잘 되고 있었음을 의미한다.

2001년 11월의 차베스 정부의 유명한 49개의 대통령 수권법 중에는 석유에 관한 법률이 포함된다. 이 법률과 1999년의 또 다른 수권법률을 통해 그전의 베네수엘라 석유산업의 개발, 시추, 채굴, 정제, 운송, 저장, 수출 등 모든 부분의 예전의 법률체계는 폐지되었다. 가장 중요한 점은 석유산업에 대한 국가의 통제권을 회복한 점이다. 특히 외국 투자기업에 대한 로열티를 올린다. '석유국가'의 독특한 정치경제적 구조는 과두지배계급이 다른 라틴아메리카 대부분의 나라에 비해 상대적으로 약하고 적음을 의미한다. 식민지시기와 독립 후의 19세기를 주도한 과두지배계급이 다른 라틴아메리카 국가들에 비해 그 현재적 영향력이 약화된 것은 스페인의 식민시기 동안 베네수엘라는 중요한 광물이 없는 등의 이유로 별로 중요하지 않게 취급된 주변부였고 1920년대부터 시작된 석유국가가 베네수엘라라는 국가의 현대적 재구성을 가져왔기 때문이다.

그리고 주민의 문화적 인식을 주조하는 데 큰 영향을 끼치는 가톨릭교회의 존재도 다른 나라 예를 들어 멕시코 등에 비해 상대적으로 약했으며 카라카소 등 수도에 집중되었다. 그러므로 국가가 급진적 변혁을 추동할 때 그것을 거부하는 보수적인 정치세력이 약한 구조를 가지게 된다. 그리고 실제로 다른 라틴아메리카 나라들에 비해 식민지시대의 지배계급의 역사적 영향력이 상대적으로 적은 국가가 베네수엘라이다. 이는 옆 나라인 콜롬비아가 식민지시대에 중요한 역할

| 과거의 국영석유공사(PDVSA)의 건물로 현재는 국립 볼리바리안 대학(UBV)이 되었다. ⓒ안태환 2009.

과 무게를 가졌던 것에 비해서도 다른 점이다.

그리고 특이한 것은 19세기 초 독립운동 시기에 독립투쟁의 현장이 주로 베네수엘라였고 베네수엘라 민중이 큰 역할을 함과 동시에 큰 고통을 겪었다는 점이다. 그 한가운데 시몬 볼리바르가 있다. 그리고 격렬한 전투는 그나마 남아 있는 식민지시대부터의 귀족 계급의 부를 초토화시켰다. 반면에 격렬한 전투를 통해 평범한 시골대중(야네로라고 불림)이 자존감이 있는 사회적 주체의 대중으로 출현한다. 그리고 지금까지도 평민 대중출신의 장교그룹이 형성되게 만들기도 한다. 그러므로 베네수엘라는 다른 나라들보다 현대성에 의해 사회관계, 권력관계가 형성된 것으로 볼 수 있다.

1920년대 석유국가가 구성되면서 중앙집권제의 정치지형이 시작된다. 석유국가는 전통적 엘리트 계층이 아닌 새로운 사회관계와 계급구성을 보여준다. 특히 중요한 사회적 주체는 20년대부터 출현한 대학생들과 노동운동세력이다. 이 같은 현대적 정치지형과 사회관계는 독재자 고메스의 죽음과 함께 지속적으로 민주주의의 발전을 가져온 요인이다. 1958년 이후에는 더욱 안정된 양당민주주의체제가 지속된다. 대부분의 라틴아메리카 국가들이 농업의 비중을 중요하게 가지고 도시에 비해 상당한 농촌 인구를 가지고 있다면 베네수엘라는 농업이 보잘 것 없고 도시화 비율이 아주 높은 국가이다. 풍부한 석유수입은 여유 있는 도시 중산계급을 형성한다. 그리고 제2차 세계대전 이후 남부유럽, 즉 스페인, 이탈리아, 포르투갈 등으로부터 유럽 이민을 많이 받는다. 이들은 대부분 도시에 거주한다. 물론 농촌으로부터 도시로 이주해온 사람들도 많다.

이런 몇 가지 역사적 특징은 마치 아르헨티나의 축소판 같기도 하다. 아르헨티나가 유명한 포퓰리즘 체제를 낳았다면 베네수엘라도 급진적 포퓰리즘과 노동자대중을 중시하는 체제가 형성되기 쉬운 삶의 방식 또는 문화적·사회적 조건을 가졌는지 모르겠다. 최근 2011년 8월에 영국의 런던에서 열린 강연회에서 베네수엘라의 외무차관은 2012년 대선을 앞두고 "베네수엘라는 현재 갈림길에 있다. 전통적 엘리트의 오랜 특권을 용인하는 체제를 다시 선택할 것인가? 또는 실질적 민주주의를 택할 것인가? 베네수엘라 민중은 역사상 처음으로 오일머니가 사회적 공공성에 투자되는 것으로 인해 혜택을 받고 있고 동시에 경제성장도 경험하고 있다"고 언급했다.

두 번째 정치구조적 특징은 베네수엘라의 예외주의이다. 베네수엘라가 라틴아메리카 전체에서 가장 예외적으로 모범적인 '민주주의'(?)국가라는 것이다. 의회, 대의, 정당 민주주의에서 가장 모범이 되는 국가라는 말이다. 대중에게 널리 뿌리를 내린 정당정치가 제대로 작동하고 있었기 때문이다. 모든 것이 조화롭고 잘될 것이라는 이런 환상은 라틴아메리카의 주류 문화에서 우파의 이데올로기로서 항상 중요한 몫을 가져왔다.

베네수엘라는 다른 라틴아메리카 국가들과 달리 1935년부터 정당정치와 민주정치가 시작되고 1958년 이후 양당정치는 더욱 강력한 제도적 착근을 하게 된다. 환 고메스 군부 독재정권(1908~1935)에 대항한 민주주의의 지도자들은 사회민주주의 성향의 정당인 '민주행동당'(AD)을 세웠고 '가톨릭사회당'(COPEI)과 사이에 1958년부터 평화적 정권교체의 타협체제를 세우는데 이를 "푼토 휘호" 협약체제로 부른다. 이런 나라에서 98년부터 라틴아메리카에서 양당정치의 온건한 타협적 민주주의 시스템을 넘어서서 가장 급진적인 좌파정부가 집권한 사실이 믿어지지 않는다. 대부분의 라틴아메리카 국가들과 달리 베네수엘라의 자유주의적 정당들은 개인의 자유보다 사회의 평등성을 더 중시하는 사회민주주의적 인식을 가지고 있었다. 즉, 자유주의적 정당들이 흔히 선호하던 자유방임적 체제가 아니라 국가개입을 선호하여 경제발전에 상당부분 성공하며 사회경제적 모순을 관리하는 체제였다.

또한 이 당시 맥락은 이미 20세기 초에 "자유당"은 해산되었고 1950년대 후반이 냉전시기였음을 주목해야 한다. 상층부와 중간계급의 엘리트들은 엄청난 수의 대중이 역사 유물론 즉, 현실사회주의에 포섭되면 정치지형이 급진적으로 바뀌게 될 것을 두려워하여 양 세력은 타협을 하게 된다. 다시 말해 베네수엘라의 엘리트들은 극우 군사주의자들의 모험과 공산당, 극좌 게릴라들의 모험을 거부했다. 그리하여 코노 수르 국가들(아르헨티나, 칠레, 우루과이 등)의 군부의 억압적 통치도 먼 옛날 일이고 옆 나라 콜롬비아와 같은 극좌혁명운동도 곧 시들었다. 여기서 처음부터 공산당과 급진세력을 배제했다는 것이 중요하다.

특히 1950년대 후반에는 쿠바에서 사회주의혁명이 성공하여 더욱 그러했다. 이 협약체제는 미국의 쿠바 추방 또는 봉쇄전략에 적극 협조한다. 그러다가 1970년대 초에 석유가격의 급등으로 엄청난 부를 누렸고 이 같은 경제적 안정은 1980년대 초까지 지속된다. 1973년 한 해에 원유가격이 무려 5배 상승했다. 경제적 여유 때문에 소득분배의 개선 등 사회 전반적으로 긴장이 줄어들고 사회적 계층이동도 어느 정도 가능했고 취학인구의 증가, 평균수명의 연장 등 평균적으로 삶의 질을 표현하는 사회경제 지표의 수준도 높아졌기 때문이다. 엄청난 낙관주의가 헤게모니를 가지고 있었다. 경제적으로 강한 화폐의 안정, 낮은 인플레, 성장 그리고 정치적으로 중앙정부의 강력함, 정치를 독점한 거대 양당의 중도파의 지배력이 사회운동과 조직노조를 탄탄하게 통제하고 있고 민간의 군부통제 그리고 아주 큰 사회적 계층이동과 농촌에서 도시로의 대이동, 대중교육, 문화적 삶의 방식의 점진적 동질화 등, 체제의 안정을 담보하는 요인들이 많았다. 이 같은 시각만 유지하고 있으면 1980년대 초부터 터진 체제의 위기를 이해할 수 없다. 이런 맥락에서 베네수엘라의 "예외주의"가 확고하게 담론으로서 성립된 것이다. 분명히 사회적 경제적 불평등은 존재했지만

1970년대 말까지 이런 불평등은 감수되었다.

그러나 1980년대 이후 하위계급이 사회적으로 배제된다. 이들이 자신의 목소리를 낼 수 있는 부르주아 시민사회의 일원이 아니었기 때문이다. 그러나 민주주의를 정치제도적 형식이 아니라 끊임없이 재발명해야 하는 채워지지 않는 무엇인가 부족한 것으로 싱징하는 시각에서 볼 때 안정된 예외적 민주주의라는 담론 자체가 왠지 의심스럽다. 이런 진실 반 허구 반의 과장된 평가는 미국이 베네수엘라를 라틴아메리카에서 자신의 헤게모니 구축의 직할 국가로 삼고 베네수엘라에 "쇼 케이스 민주주의"를 심고 있었다는 것을 반증한다. 미국은 전통적으로 양대 복수정당이 주축이 되는 국가로 의회, 대의, 정당 민주주의를 민주주의의 요체로 여긴다. 대표적인 학자가 미국의 로버트 달이고 우리나라에서는 최장집을 들 수 있다. 즉, 타협체제 성립 이후 베네수엘라의 정치에서 계급갈등의 문제가 부각되지 않게 정치 지형이 조성된 것이다. 노조의 지배그룹도 양당 사이에 균등하게 배분되어 있었다. 그러나 노조지도부가 지배계급과 너무 밀착되어 노동운동의 계급투쟁의 정체성을 서서히 잃어가고 있었다. 다시 말해, 미국식의 공화, 민주 양당의 정권교체와 같은 모범적인 양당체제가 장기적으로 약 사십 년 동안 작동되어 왔다. 이 말은 베네수엘라의 기득권층과 중간계급은 미국식 스포츠와 라이프스타일과 소비주의 문화에 익숙해왔음을 의미한다. 구체적으로는 마이애미를 떠올리면 된다. 60년대 초만 해도 베네수엘라에서 석유산업부문을 제외하고 국내 총생산에서 농업이 절반을 차지할 정도로 농업이 발달해 있었다. 그러나 1974년부터 이 상황이 반전된다. 특히 일상문화에서 식생활이 중요한데 외국으로부터 농수산식품 수입이 급증한다. 국내생산가격보다 수입가격이 낮았기 때문이고 대부분의 석유생산국가들이 그러하듯이 농업이 위축되는 경제구조를 보였기 때문이다. 이 당시 가장 큰 혜택을 받은 것은 다국적 농산물식품 기업이다. 농업생산의 위축은 농지의 축소를 가져오고 많은 농지가 유휴지가 되어갔다.

1980년대 중반부터 경제위기를 거친 후 90년대에는 철저한 신자유주의 논리에 의해 경제가 운용된다. 예를 들어, 외국인 직접투자를 장려하고 기업의 구조조정과 민영화가 추진된다. 그리고 농업예산의 축소 등 농업 정책이 거의 없다시피 된다. 비료 값의 상승과 농업금융의 제한 등 농업은 포기된다. 그리고 농업개방은 더욱 이루어져 카길, 유니레버 등 농업부문 다국적기업에 의한 직접투자가 늘어난다. 이로 인해 인플레는 높아지고 가난한 사람들의 영양부족 등 삶의 질은 더욱 악화된다.

1994년부터 농업을 위한 긴급정책이 취해지지만 신자유주의정책 기조에 의해 제대로 효과를 보지 못하고 1999년 차베스 취임 이후 본격적인 농업진흥정책이 집행된다. Boudin(et al. 2006, 123)에 의하면 1997년 현재 상위 5%의 부자가 하위 5%의 사람들보다 약 53배의 소득을 가지고 있다. 그리고 85%가 빈곤하고 67%가 극빈의 조건에 살고 있다. 노동자의 절반 이상이 비공식 노동에 종사한다.

반면에 베네수엘라의 국부의 원천인 석유공사(PDVSA)의 경영간부들과 노조간부들은 상호적 부패와 엄청난 부를 즐길 수 있는 특권적 구조를 만들었다. 그리하여 이들 노조간부들은 2002년 4월의 반차베스 쿠데타에도 주동적으로 참여하는 계급모순이 일어난다. 전문직 중심의 상층부 중간계급도 여유 있는 삶을 가지게 된다. 이들은 예금도 미국의 마이애미의 은행에 예치하고 미국에 증권투자를 한다. 이들은 현재의 차베스체제를 시대착오적 체제로 인식하고 있다. 과거에 이미 역사적 유물로 퇴장한 '제3세계'적 위치로 돌아가려는 것으로 글로벌 세계화체제에 역행하는 것으로 본다.

그러나 1983년에 갑작스런 원유가의 하락과 누적된 외채위기로 인해 회폐의 급격한 평가절하가 일어나며 "검은 금요일"로 불리는 경제위기가 터진다. 수입물품을 결제할 외환이 없어진 것이다. 개인소비에만 영향을 주는 것이 아니라 산업전반이 마비되었다. 이후 지속적으로 차베스가 등장하는 1998년 말까지 평가절하가 이루어진다. 노동자와 중간계급의 임금수준이 정체되고 실질소득 즉, 구매력이 감소하고 공공서비스의 질도 부정부패, 비효율, 지나치게 정치화된 관료제도 등에 의해 떨어지게 된다. 석유국가로서의 성격 때문에 국가의 개입이 일상화된 체제였으므로 자연히 부패한 관료들이 개입할 수 있는 여지가 많았기 때문이다. 거기에다 80년대 이후의 장기 불황은 지배계급이 대중에게 작용할 연고주의의 경제적 자원도 고갈하게 만들었기 때문에 더 이상의 대중의 지지를 받을 수 없게 되고 기존 정당이 권위를 상당히 잃게 된다. 무엇보다 상대빈곤과 절대빈곤의 비율이 증가한다. 이 시기 라틴아메리카의 다른 나라들도 국민소득의 감소를 베네수엘라와 비슷하게 아니면 더 경험했지만, 가난이 베네수엘라처럼 증가하지는 않았다. 일인당 GDP는 1977년까지 지속적으로 증가하다가 1983년에는 1967년 수준보다도 낮아졌다. 인플레도 베네수엘라에서 1980년대 후반까지 별로 없다가 1980년대 후반부터 90년대 중반까지 급상승한다. 물가는 오르고 소득은 줄어드는 상황이 전개된 것이다. 이런 상황에서 양대정당의 지도부는 갈등을 해결하고 노동조직을 통제하고 표를 조직하는 능력을 잃게 된다. 자본주의체제의 모순을 더 이상 감출 수 없게 된 것이다. 문제의 핵심은 소득의 불평등이 증가하면서 사회적 양극화가 시작된 것이다.

국제통화기금을 격렬하게 포퓰리즘적 수사로 비난하던 카를로스 안드레스 페레스 대통령이 1989년 2월 28일 취임하자마자 국제통화기금(IMF)과 신자유주의적 구조조정 협약의향서를 체결한다. 그리고 동시에 갑작스런 휘발유 값 인상과 버스 요금인상 및 생필품의 인상을 가져온다. 대중의 생존권이 위협받자 2월 27일, 카라카소 교외에 살던 가난한 학생들과 노동자들이 대거 거리로 뛰쳐나온다. 석유로만 일원화된 경제구조에서 경제적 불안정은 곧바로 강한 정치적 불안정으로 연결될 수밖에 없었다. 식품점의 유리창을 깨고 난입하여 생필품을 탈취하고 도로를 점거하고 차량을 방화하는 등 불법적·폭력적 시위가 일어난다. 그리고 거의 모든 베네수엘라의 도시들에서 시민들의 격렬한 시위가 일어난다. 이를 "카라카소"로 부른다. 이 폭력 시위의 원인은 페레스 대통령이 본격화시킨 신자유주의 구조조정정책의 쇼크요법에 대한 대중의 항의였다.

당시 집권한 페레스 정부로서는 낮은 원유가로 인한 경제적 취약성, 사회적 불안의 증대의 위기상황에 대해 신자유주의적 경제사회정책을 통해 대중의 불만을 누르려고 한 것이다. 그러나 사회적 양극화가 진행되면서 가난이 증대하여 전체 국민의 약 60%에 이르게 된다. 석유산업 외에는 변변한 대기업과 중소기업의 다양한 산업화 구조를 가지지 못한 상황에서 급격한 신자유주의정책은 기대하는 경제적 효과는 얻지 못하고 사회적 불안만 급격히 상승시키게 된다. 이 대규모 시위는 기득권계급과 중간계급을 두렵게 만들었다. 특히 이 사건 이후의 체제변화를 민간인과 군부가 함께 진행하는 방식으로 진행한 것이 헤게모니 쟁취에 결정적이었다.

　이 "카라카소" 시위가 현재까지 베네수엘라 혁명을 견인하는 원동력이다. 이를 통해 인공적으로 중간계급을 중심으로 지배문화(과거에는 스페인문화, 1920년대 석유 발견 이후에는 미국문화)에 통합된 것으로 인식되었던 문화적 틀을 기층대중이 중심이 되어 깨트렸기 때문이다. 이 같은 변화를 기층대중이 인식하고 행동했다기보다는 무의식적으로 그들 고유의 강한 연대의 문화를 내세우게 된 것이다. 이 기층대중은 전체 인구의 약 40%를 차지하지만 사회적으로 소수자로 취급받는다. 이들은 자본축적과 발전의 문화가 아니라 생존을 위한 경제를 영위하며 문화적으로 과거와 현재가 동시에 존재하는 독특한 현상을 보여주며 고유한 문화를 보존하는 원주민문화와도 상호 연결되는 맥락을 가진다(Muller Rojas 2001, 13). 원주민 문화는 평등적인 연대가 강한 사회를 구성하며 "카시케(족장)"에 대한 숭배와 존경심이 아주 강하다. 그러므로 베네수엘라 혁명이 대중의 초자연적 숭배를 받는 시몬 볼리바르를 혁명의 아이콘으로 내세운 것은 혁명지지 세력의 확보를 위해 매우 전략적인 선택이라고 본다. 그러므로 차베스의 대중연설이 아주 쉬운 구어체이지만 강력한 상징적 은유로 가득한 맥락을 이해할 수 있다. 지식인들이 즐겨하는 복잡한 개념들의 담론보다 더 대중에게 가슴에 와 닿는 소통방식이 되는 것이다. 급진적 참여의 직접민주주의와 신자유주의 이데올로기에 맞서는 유토피아적 사회주의의 이념을 아주 손쉽게 대중에게 전달하게 된다.

　여기 베네수엘라 혁명을 이해하는 핵심어가 등장한다. 기층대중이 평상시에는 기득권계급과 중간계급의 문화와 유리된 채 생활하나 만약 그들의 생존 자체가 위협받을 때는 체제의 급진적 변혁 또는 혁명을 수행한다는 생각이다. 특히 이들의 문화는 포용적 문화로서 90년대에 가속화된 신자유주의의 파편화와 배제의 문화를 견디기가 무척 힘들었을 것이다. 하나의 국가 안에 서로 다른 철학과 가치관을 가진 두 개의 문화가 존재함으로써 오히려 사회의 급진적 변혁이 가능할 수 있다는 가설을 생각해볼 수 있다.

그러나 무조건 두 개의 이중문화가 있으면 변혁에 유리하다는 것은 아니다. 콜롬비아의 예를 들어보면 사회문화적으로 베네수엘라와 비슷하나 매우 보수적이고 급진적 변혁은 계속해서 실패하고 있다. 중요한 것은 이중문화를 이루는 지배계급의 문화가 유·무형의 지배력 즉, 헤게모니가 너무 강한 콜롬비아는 변혁이 쉽지 않고 이 헤게모니가 전통적으로 약한 베네수엘라는 변혁이 가능하다는 것이다. 물론 이 주장은 아직 단순한 가설로써 앞으로 진지한 연구가 뒤따라야 할 것이다. 우리 사회를 분석하는 모 지식인의 언술에서 우리 사회는 너무 동질적인 문화를 가진 사회로서 "쾌락의 평등주의"를 가지고 있으므로 중간계급의 시민들이 성공한 사람들에 대해 "부러움과 질시"의 문화와 함께 경쟁에서 패배하여 완전히 사회적으로 배제되는 그룹으로 탈락할지 모른다는 "두려움과 불안"을 가진다는 지적이 필자에게 라틴아메리카의 사회운동과 비교할 때 매우 동감된다. 이런 맥락에서 일부 지식인이 베네수엘라 혁명을 민족주의의 부상으로 인식하는 것은 괴리가 있다고 본다. 베네수엘라 또는 상당수 라틴아메리카 국가들은 국가 안에 하나의 상상의 공동체가 존재하는 것이 아니다. 서로 다른 복수의 실존의 공동체가 존재하는 것이다.

1993년에 집권한 깔데라 정부도 말로는 강력한 국가개입정책을 통해 경제를 안정시키려고 했지만 실제로는 신자유주의정책을 지속한다. 노동자의 퇴직금 체계를 신자유주의적 방식으로 개혁하고 사회보장제도를 민영화시킨다. 이런 조치는 노동자의 이익을 침해하는 것으로 인식되어 대중의 강한 반발을 불러온다. 결국 배신의 정치에 대중이 환멸하게 되고 혐오감을 가지게 된다. 차베스체제가 십여 년 이상 지속되면서 잘못하는 것도 많지만 정치 체제의 일관성을 지킨다는 면에서 대중의 지지가 확고한 것이다.

그런데 '카라카소' 사건 당시 페레스 대통령과 정부의 고위관리들은 대중의 강한 불만의 깊이를 잘 이해하지 못했고 기존의 정당과 노조조직을 통해 충분히 통제할 수 있으리라고 오판했다. 경찰과 군부의 진압에 의한 희생자의 정확한 숫자는 아직도 모른다. 엄청난 폭력은 베네수엘라 국민들에게 아주 큰 상처를 준다. 이후 지속적으로 거리시위가 이어진다. 그리고 젊은 장교들을 중심으로 자신들이 정통성 없는 정부에 의해 폭력 진압에 이용되었다는 생각에 차베스를 중심으로 1992년의 쿠데타 시도에 가담한다. 이 실패한 쿠데타 시도는 베네수엘라 역사상 약 30년 만에 처음 일어난 사건이었다. 아르헨티나와 달리 거의 군부쿠데타가 없었다. 결국, 차베스체제의 등장은 1958년에 시작된 거대 양당의 대의민주주의의 타협적 체제인 푼토 휘호 협약 체제의 한계에서부터 온 것이다. 이 한계는 신자유주의로 인한 경제위기 극복의 실패를 의미한다.

가장 중요한 터닝 포인트는 1990년대 들어 더욱 강화된 신자유주의정책(정보통신, 철강 산업, 국영 항공사의 민영화 등)으로 인해 그동안 체제의 기본적 합의 노선이었던 국가개입 전략을 정부가 포기한 것이다. 중요한 정치적 결정에 대중이 정당을 통해 나름대로 영향을 끼치던 방식이 사라진 것이다. 정당이 정당으로서의 교과서적 기능을 못하게 되자 차베스혁명의 가장 중요한 개혁은 정당체제를 약화시키고 분노한 대중의 요구가 직접 정치과정에 투입되는 급진적 참여민주주의를 실험하는 것이다.

21세기에 들어와 새로운 급진적 포퓰리즘 체제가 성립된 것으로 해석할 수 있다. 결국 페레스 대통령은 임기를 남겨두고 1993년 강제 퇴임된다. 차베스가 집권하게 된 가장 큰 배경이 경제위기의 악화 때문이었다. 예를 들어, 1999년 당시 베네수엘라 경제위기의 심각성을 드러내는 지표를 보면, 국내총생산(GDP)은 -7.2%를 기록했고 재정적자는 GDP의 3.1%, 실업률은 사십 년 이래 최대로 15.4%에 이르렀고 비공식 노동은 51.7%에 달했다. 다시 말해 1998년 말에 차베스가 대선에 나왔을 때에 차베스 외에 이미 다른 대안은 전부 고갈되어 있었고 차베스는 노동자계급뿐이 아니라 광범한 중간계급의 지지도 받았다(Latouche 2004, 14). 이로써 대의민주주의체제의 최소한의 유지가 불가능해졌다. 라틴아메리카 기층대중의 사회적 저항의 격렬함은 보수적 스페인문화의 가치관에 물들은 기득권계급과는 다른 형식과 내용의 문화를 가지고 있음을 보여준다. 즉, 구어문화의 진정성과 강한 사회적 연대를 가지고 있다. 가난한 기층대중은 전체 인구의 약 40%를 차지하고 있으며 겨우 생존을 유지하는 수준으로 살고 있으며 일직선적 진보의 지배문화와 달리 혼종적이고 복합적 문화를 가지고 있다. 이렇게 복합적 정체성을 가지는 대중을 간단히 노동자계급으로 호명하는 것은 현실적합성이 떨어진다.

그리고 베네수엘라의 혼종적 대중문화는 볼리비아나 에콰도르와 달리 원주민 문화가 강력하지 않지만 원주민문화의 고유성을 가지는 이 두 나라의 사회운동의 현실적 체험이 1989년에 베네수엘라에서 동시적으로 재생산된 것이다. 베네수엘라의 원주민들은 스페인어의 공식문화를 거부하고 스스로 자신을 격리하여 자신들의 고유한 문화를 지키고 있다. 40여 년의 "푼토 휘호"체제에서 가난한 대중도 고도로 민주화된 정당민주주의에 의해 주류사회에의 통합이 이루어져 왔다고 믿어온 기득권계급에게 대규모 대중의 저항은 충격이었을 것이다. 하지만 대중교통요금 인상 정도의 조치는 사실 우리 사회의 지나친 비정규직 양산에 비해 보면 그리 대수로운 조치도 아니다. 의회민주주의의 통로를 통해 그들의 요구를 전달할 수 없는 대중은 거리에서 그들의 의사를 표현하게 된다. 베네수엘라만이 아니라 대부분의 라틴아메리카 대도시들이 그러하다.

라틴아메리카의 경우, 1950~1960년대에 도시화가 이루어지는데 초기부터 빈자와 부자가 나뉘는 거주지 분할방식의 공간화가 형성된다. 사회계급의 분리가 공간화된 것이다. 현재 카라카스도 차비스타와 반차비스타의 공간 분할이 뚜렷하다. 차비스타들은 주로 카라카스의 서부지역에 거주한다. 부유한 반차비스타들은 주로 동부에 거주한다. 주요 도심의 거리는 가난한 대중의 비공식 노동(행상)에 의해 점유되어 있다. 그러므로 정치적 핫이슈가 있을 때 쉽게 거리에서 충돌이 재연될 수 있다. 그러나 차베스 통치기간 중 그런 물리적 충돌은 흔하지 않다.

멕시코를 비롯한 대부분의 라틴아메리카 국가들에서도 1980년대에 외채위기와 평가절하의 인플레 문제가 일어나지만 베네수엘라에서의 정치사회적 충격은 더 컸다. 왜냐하면 그 전에 워낙 낙관주의가 컸기 때문이다. 여기서 중요한 것이 담론이 가지는 예언적 기능이다. 즉, 푼토 휘호 체제의 "예외적 민주주의" 담론은 베네수엘라 대중에게 미래의 현실이 실제로 예외적으로 좋을 것이라는 선험적 규정을 한 것이다. 그러므로 실제 현실이 다를 때 충격이 클 수밖에 없다. 경제적 위기상황은 매우 지속적이었다. 예를 들어, 1997년의 일인당 소득은 1970년의 그것보다 8% 더 적었다. 노동자들의 소득도 이 기간 동안 거의 반 토막이 났다. 그리고 노동소득의 분배율도 악화되었다. 전체 빈곤율도 1984년과 1991년 사이에 36%에서 68%로 증가했다. 특히 공공적 건강의 지표가 급격히 악화되었다.

예를 들어, 오랫동안 없었던 말라리아, 결핵, 콜레라 등이 나타났다. 그리고 오랫동안 잠복했던 기득권계급의 부정부패가 널리 확산되었다. 이런 맥락에서 대중의 투표기권은 늘어났다. 그리고 중요한 것은 대중의 불만과 요구가 커지면서 시위와 항의 등이 늘어났고 기층대중과 중간계급을 아우르는 인권운동 등의 사회운동이 1980년대부터 확산되기 시작한다. 이렇게 1980년대부터 베네수엘라의 고상한 "예외주의"는 금이 가고 있었다. 1980년대 중반부터 1990년대 중반까지 다른 라틴아메리카 국가들과 비슷해져 간 것이다. 사회적 양극화의 심화는 사회적 불안정과 범죄의 증가를 가져온다. 1986년에서 1996년 사이에 인구 만 명당 살인사건이 13.4명에서 56명으로 증가했다. 희생자들은 대부분 젊은 남성들이다. 중산층과 기득권층이 사는 동네는 통행이 막히고 사설경비업체가 통제하게 되었다. 이런 상황은 인종주의적 편견과 맞물려 더욱 더 사회적 배제가 심해져 갔다. 그리고 가정, 학교, 직장이 전부 안정감을 잃고 사회적 통합력이 약해지면서 사회경제적 지표는 위축되기 시작했다. 특히 기층대중에게 건강, 교육, 주택, 안정된 고용, 사회적 신분상승 이 모든 것들이 장래에 보장되기 어려운 것으로 다가온 것이 문제의 핵심이다. 가난과 배제가,

경제가 지속적으로 성장하는 사회에서의 일시적 현상이 아니고 개인의 노력으로 해결할 수 없는 문제로 다가온 것이다. 이는 결국 대중에게 "긴급함의 문화"를 낳았다. 행상 등 비공식노동, 불법행위, 폭력, 공식사회에 대한 불신 등의 실용적 투쟁이 성행하게 된다. 이 같은 '긴급함'의 사회 심리적 상태는 가장 가난한 계급만이 그런 것이 아니라 중간계급을 포함한 대다수의 대중에게 항상적으로 진행된다. 이 점이 중요하다. 즉, 눈에 보이지 않는 헤게모니 이동이 일어난 것이다.

드디어 1992년 차베스는 <MBR200>이라는 운동단체를 만들어 쿠데타를 시도한다. 쿠데타 기도는 실패한다. 그러나 대중에 대한 TV연설에서 "지금으로서는" 모든 책임을 자신이 지겠지만 가난한 대중으로부터 신자유주의체제의 족쇄를 벗겨내겠다고 약속하여 대중의 영웅이 된다. 이를 "차베스 현상"으로 부른다.

이 같은 대중지지의 헤게모니 구축은 1998년의 대선 승리로 이어진다. 대중은 쿠데타 실패 직후 계엄하에서도 "냄비시위"등을 벌이며 안드레스 페레스 대통령의 사임을 요구한다. 지방소도시의 공공건물의 벽에도 차베스 지지의 그라피티 낙서가 나타나게 된다. 결국 1993년 12월 "민주행동당(AD)"의 카를로스 안드레스 페레스 대통령은 공금횡령혐의로 가택 연금된다. 이로써 1958년 이후의 양당민주주의체제는 분명히 몰락한다.

다만 체제 몰락 직후 생긴 정치적 공백을 차베스가 채우기 전에 막간극에 해당하는 대통령이 라파엘 깔데라 대통령이라고 할 수 있다. 그는 가톨릭사회당(COPEI)의 지도자로 사회주의운동당(MAS) 등 좌파 세력과 연대하여 새로운 좌파연합정당을 만들어 대선에서 승리하여 1994년에 집권한다. 그는 대중의 강한 지지를 받는 차베스를 사면

석방시켜 대중에게 영합한다. 그리고 대선공약으로 신자유주의 어젠다 거부를 공약으로 내걸었다. 그러나 일 년 뒤인 1995년 금융위기를 맞자 대선공약을 버리고 IMF의 구조조정을 받아들여 "베네수엘라 어젠다" 즉, 규제완화와 민영화 프로젝트를 추진한다. 이에 대중은 곧바로 시위와 파업 등으로 항의를 한다.

한편, 감옥에서 더욱 정치적 계획을 준비한 차베스 세력은 출소 후 "제5공화국 운동당(MVR)"을 창당한다. 그리고 차베스는 쿠바를 찾아 역사적인 카스트로와의 만남을 실행한다. 차베스는 외채 재협상과 세제개혁을 요구하고 멕시코에서 대선출마를 선언한다. 왠지 쿠바의 카스트로가 혁명 직전 멕시코에서 출발한 것을 연상시킨다. 1998년의 대선지지로 대중의 요구가 표현된다.

그리고 차베스 집권 후 베네수엘라 혁명으로 대중의 요구의 수용으로 긴급함이 단절을 맞는다. 이런 대중문화는 개별적 주체가 강조되는 자유주의적이고 시민사회적인 유럽의 그것과는 다른 성격을 드러내는 '타자'이다. 한마디로 시간, 일, 공동체에 대해 다른 인식을 가지고 있다. 연대가 강한 모계 사회적 특징을 드러낸다. 유럽사회의 개인 중심적 합리성과 다른 관계적·공동체 지향적 합리성을 보인다. 관계적 합리성이란 유럽 중심부 또는 '북'의 추상적·존재적 합리성과 다른 맥락을 보인다. 다시 말해 주어진 객관적 현실을 혁명적으로 바꾼다고 해서 베네수엘라 혁명이 완전히 다른 존재적 현실을 만들어내는 것은 아니다.

그러나 주어진 현실의 사회관계, 권력관계를 바꾸는 것이다. 그것이 바로 혁명 아니겠는가? 엘리트와 대중의 위계서열적 관계를 바꾸는 것이다. 이 같은 흐름은 유럽 중심적 근대성에 기초하고 시민을 중심으로 하는 양당민주주의 또는 자유주의의 체제와는 양립할 수 없어 1980년대 초부터 서서히 후자의 몰락을 가속화시킨 것이다. 이에 대한 기득권 엘리트층의 대답은 부패하고 비효율적인 중앙집권제를 개혁하여 지방자치를 활성화시키는 데 머문다. 제도적 개혁 이상을 보지 못하고 보다 더 아래의 기층대중의 요구에까지 이르는 급진적 민주주의는 상상하지도 못한다. 대중의 경제사회적 삶이 계속 피폐해지고 파편화되는 것은 제대로 보지 못한 것이다. 지방정부의 주지사, 시장의 직선제 및 지방분권화의 민주주의 기여는 물론 중요하지만 심각한 사회경제적 배제가 있는 가운데 그것만의 개혁은 일부분의 민주주의 진전에 그치고 만다.

베네수엘라의 당시 정치지형에서 그동안 배제된 대중을 대표하는 새로운 정치세력의 제도권 편입이 필요했다. 물론 기성정당에 일부 새로운 피의 '수혈'은 있었다. 그러나 사회경제적 배제의 구조는 온존했다. 구조의 변혁에는 엘리트계급이 무관심했다. 왜냐하면 워낙 오랫동안 뿌리내린 민주주의에 대한 인식 때문이다. 민주주의 자체 그리고 국가 자체를 변혁시키는 데까지는 좌파세력도 생각이 미치지 못했던 것이다.

1970년대 이전과 달리 1990년대 이후 사회민주주의 세력도 신자유주의와 신보수주의 이데올로기에 포섭되어 양당의 정치적 이데올로기적 차별성이 없어진 것도 이렇게 정치적으로 지리멸렬해진 원인 중의 하나이다. 국가와 미디어를 포함한 시민사회를 나누는 이분법적 인식은 전자는 부정부패와 비효율의 상징이 되는 반면에 후자는 모든 정치적 덕과 선순환이 이뤄지는 것으로 주류담론이 형성되면서 사회적으로 탈정치·반정당적 담론이 유포되었다. 이런 '시민민주주의'의 인식 틀은 도시 상층계급과 중간계급의 이익과 경험을 반영함으로써 가난한 대중의 사회적 배제는 더욱 심화되었다. 과거와 달리 90년대 이후는 가난한 대중의 요구는 의회민주주의의 틀에서 대표되지 않게 된다. 왜냐하면 여유 있는 '시민'들은 사회적으로 배제된 기층대중으로부터 자신들의 재산의 방어가 주목적이기 때문이다. 다시 말해, 차베스 등장 이전에 90년대에 베네수엘라에서는 이미 양당정치의 정치적 정당성은 약화되어 있었다. 신자유주의체제에 의해 양당정치의 틀이 약화되고 있었고 사회공공성 정책은 위축되어 있었다. 당연히 이들 '시민'들은 포퓰리스트 정치를 혐오한다.

이 같은 차베스 등장 이전의 베네수엘라체제를 본필 바타야의 표현에 의하면 상당수 대중의 일상생활을 표현하는 "깊은 베네수엘라"와 연결이 끊긴 "상상의 베네수엘라"로 부를 수 있다. 이 둘 사이의 간극이 폭발적으로 표현된 것이 바로 1989년의 "카라카소"이다.

그러나 미국은 베네수엘라에서 대중의 불만과 고통이 커져가고 있어도 자국과 비슷한 모범적인 양당민주주의의 안정적인 정착으로 인해 비자유주의적이고 급진적인 정치지도자가 선거를 통해 등장하리라고는 예상하지 못했다. 또한 베네수엘라의 기득권계급과 상층부 중간계급도 대중의 요구의 심각성에 대해 인식을 할 수 없었다. 정당민주주의만 안정되면 자본주의체제를 급진적으로 변혁시키려는 정치세력이 결코 등장하지 못하리라 생각한 것이다. 즉, 자유주의와 자본주의의 친연성이 라틴아메리카에서는 그리 가깝지 않은 것을 날카롭게 인식하지 못했다. 이는 거꾸로 조금이라도 자본주의체제에 변혁적인 실험을 가하면 곧 비민주주의적 권위주의 체제로 인식하게 만든다. 이와 같은 좁은 민주주의에 대한 인식으로 인해 미국은 반차베스 세력에 대한 다양한 방식의 지원과 개입을 "민주주의의 장려"로 인식한다.

이런 의미에서 현재 베네수엘라, 볼리비아, 에콰도르 등의 좌파정부들이 사회공공성을 대폭 확대하는 것을 민주주의를 급진화시키는 것으로 인식하며 새로운 헌법제정을 통한 변혁을 진행하는 것은 매우 중요한 의미를 가진다.

그런데 같은 시기에 사회민주주의적 양당체제의 위축과는 반대로 다음 장에서 다룰 급진적 신생정당(LCR)은 대중을 파고드는 현장투쟁을 통해 급속한 발전을 이룬다. 이런 맥락은 우리에게 베네수엘라의 대중문화가 소위 말하는 "예외주의"와 양립하지 않음을 보여준다. 그러나 베네수엘라의 전통적 양대정당의 엘리트들은 대중의 요구를 민감하게 받아들여 사회적 공공성을 강화하는 대신 신자유주의의 방향으로 정치이념을 이끌면서 외부 패권주의 세력의 도움을 받아 베네수엘라의 정치지형을 '탈정치화'와 소비주의의 방향으로 변화시키려고 했다.

그러나 베네수엘라에서 소비주의 문화에 포획되지 않은 사회적 그룹이 가난한 대중과 군부였다는 것에 주목해야 한다. 특히 기층대중은 아메리칸 라이프스타일과 상관없었다. 어떻게 보면 이렇게 40여 년 유지되어온 베네수엘라의 체제가 하루아침에 바뀌어 급진적 성격의 사회주의혁명에 몰입된 것은 원래 베네수엘라의 사회문화적 성격에 기존의 체제 즉, "푼토 휘호" 체제가 맞지 않았음을 의미한다.

알베르토 뮐러 로하스는 그동안의 40여 년의 체제는 억지로 베네수엘라 시민을 그들의 종족적·문화적 뿌리에서부터 떼어내어 실제로 존재하지 않는 관념적인 유럽 중심적 가치관과 보편주의에 편입시키기 위한 체계적 노력이었다고 지적하고 있는데 아주 예리한 지적이라고 생각한다. 예를 들어, 1910년에서 1920년까지 약 10년에 걸쳐 내전이 지속된 멕시코 혁명도 사회경제체제를 변혁하려는 토지개혁 등을 추진하는 급진파가 장기독재를 거부하는 수준의 자유주의적 온건파에 패배한다. 물론 멕시코의 농민, 노동자들은 판초 빌라와 에밀리아노 사파타가 주도하는 급진파를 지지했다. 그 후 지금까지도 멕시코 혁명의 영웅 판초 빌라는 대중으로부터 초자연적, 마치 가톨릭의 성인숭배와 같은 존경을 받고 있다. 이와 같이 1992년의 실패한 쿠데타 이후 차베스에 대한 베네수엘라의 가난한 대중의 일부는 차베스를 이런 성격의 영웅으로 숭배한다. 이를 합리주의적 효율성 위주의 근대성의 시각으로는 이해할 수 없다. 원주민 문화의 족장에 대한 오랜 존경과 궤를 같이하는 것이다. 베네수엘라의 "예외적 민주주의" 담론도 이를 위해 인공적으로 만들어진 것이다. 다시 말해 19세기에 라틴아메리카에서 극단적인 폭력적 배제를 일으킨 이분법적 사고 즉, 문명·야만의 틀에 의해 베네수엘라를 성공적으로 야만에서 문명의 세계로 옮겨왔다고 자부했던 환상이 무너진 것이다.

베네수엘라는 석유국가라는 특수한 구조와 양당 정치의 지배계급의 헤게모니가 탄탄하여 상당히 중앙집권적 국가였다. 1990년대에 들어 경제적·정치적 위기 속에서 두 거대 양당은 '지방자치 분권화'를 통해 정치적·제도적 민주화를 더욱 가속시킨다. 그러나 사회경제적 민주주의의 현실을 외면한 제도적 민주주의에 대한 평가는 현실을 왜곡할 수 있음을 우리에게 가르쳐준다. 다시 말해 정치적·제도적 근대성과 경제발전과 도시 인프라 발전과 같은 경제적 근대화 과정은 매우 발달한 반면 그에 비례하여 미국이란 중심국에의 사회경제적 종속 즉, 식민성은 같이 발달한 것이다. 결국 이 같은 근대성과 식민성의 체제는 1998년에 차베스가 등장하면서 완전히 몰락한다.

그 후의 베네수엘라 정치체제는 차베스에 의해 양당제가 아니라 "민주주의 재구성"의 새로운 혁명적 단계로 넘어간다. 물론 반차베스 진영의 시각으로는 민주주의를 파괴하는 권위주의 체제로 여기고 있지만. 한편 뒤집어서 생각하면 현재의 차베스체제가 상당히 합리적이고 온건한 민주주의의 기본 룰을 지키고 대중의 정치참여문화가 높은 것은 오랫동안 지속된 양당민주주의의 발전 때문이라고 생각할 수 있다. 왜 오래 지속된 양당체제가 몰락했는지 살펴보자. '양당민주주의', 즉 "예외적 민주주의" 체제는 1970년대 후반부터 위기 상황에 빠져든다. 중요한 협력적 정치행위자인 노조의 간부들은 석유수입의 호황으로 인한 쉽고도 풍부한 돈과 권력의 맥락에서 노동자들을 대표하는 동력을 이미 잃어가고 있었다. 노조만이 아니라 정부와 양대 정당의 간부들도 권위주의와 부정부패에 물들어 있었다. 그리하여 베네수엘라에서 자본주의체제의 모순을 더 이상 감출 수 없게 된 것은, 다시 말해 다수의 대중이 가난에 빠지기 시작한 것은 1980년대 초부터였다. 이때부터 1970년대 호황과 달리 노동자계급 외에 중간계급도 그들의 상대적 빈곤화가 시작된 것이다. 이들의 광범한 불만은 기득권계급과 상층부 중간계급의 '부정부패'에 대한 분노로 표출되고 이 분노의 에너지가 차베스를 부상시킨 것이다. 그리고 민주주의를 한층 급진화시킨 99년의 새로운 헌법을 지지하게 된다. 그러나 어떻게 보면 상당수 베네수엘라 중간계급은 차베스 정부의 정치적 이데올로기와 사회문화적 가치관의 변혁에는 관심이 없고 그들의 떨어진 삶의 질을 높이고 다시 '마이애미식의' 라이프스타일의 소비주의 문화를 즐길 수 있는 발판으로 차베스를 지지한 것이라고 할 수 있다. 1983년에 베네수엘라 경제는 침체되면서 외채 부담은 가중되어 갔다. 베네수엘라 정부는 볼리바르화의 급격한 평가절하를 단행한다. 이때의 위기를 <검은 금요일>이라고 부른다. 이미 국제정치, 경제체제는 80년대 초부터 신자유주의체제로 돌입하게 되면서 아주 커다란 구조적 변혁을 경험하게 된다.

미국의 다큐 영화감독 마이클 무어에 의하면 로널드 레이건 대통령에 의해 1981년 8월 미국 공항 관제사 노조의 파업에 대해 이들 노조원들을 전부 해고시킨 일을 신자유주의정책의 시작으로 보고 있다. 오늘날까지 지속되는 신자유주의체제의 가장 큰 특징이 노동자들의 구조조정 또는 정리해고에 있음을 알 수 있다.

멕시코의 경제위기와 신자유주의체제의 시작도 1982년으로 보고 있다. 그러나 베네수엘라의 집권층은 외채위기에서 벗어나기 위해서도 긴축재정을 실시해야 하는데 정치적 인기를 유지하기 위해 정부의 재정지출을 방만하게 지속한다. 그리하여 1983년의 경제위기에 이어 1989년에 다시 외환보유의 고갈, 재정, 무역적자와 급증하는 외채로 경제가 극도의 위기에 처하게 되어 정부는 IMF에 도움을 요청한다. 즉, 1989년 1월 외채 지불유예를 선언하기에 이른다. 이 위기 국면에서 대통령 선거가 있고 카를로스 안드레스 페레스가 대통령에 당선된다.

이 같은 상황은 라틴아메리카 정부들이 워싱턴 컨센서스에 의한 신자유주의 구조조정을 받아들이는 패턴과 동일하다. 이 패턴은 거의 모든 라틴아메리카 국가들이 80년대에 겪게 되는 패턴이다. 그런데 베네수엘라에서는 신자유주의 구조조정의 핵심인 민영화작업이 국영석유공사에 있었고 국가는 석유부문의 통제력을 잃게 된다. 국영석유공사는 다국적 금융기관의 개방화 어젠다에 맞춰 하나의 초국적기업이 되는 길을 걷고 있었다.

아무튼 1989년의 '카라카소'를 통해 베네수엘라 기층대중이 이에 대해 즉각적이고 폭력적인 거부를 표현한 것이라면 이르헨디니에서는 거의 같은 시기에 신자유주의 구조조정이 시행되면서 대중의 거부가 없는 차이를 보인다. 물론 그 후 아르헨티나도 1990년대 말에 격렬한 저항을 했지만. 그리하여 항상적 경제위기에 있었다는 의미로 라틴아메리카에서는 1980년대를 "잃어버린 10년"으로 부른다. 페레스가 취임했을 때 베네수엘라의 인플레는 거의 30%에 달하고 있었다. 정부의 재정적자는 GDP의 약 15%에 달하고 있었다. 정치적 시각에서 보았을 때 이 시기의 문제의 핵심은 가난한 대중이 증가하고 있지만 이들 대중의 생생한 요구를 기존의 엘리트 위주의 의회민주주의 체제가 수렴하고 있지 못하다는 데 있었다. 보다 더 적극적으로 대중의 요구가 정치체제에 전달되는 직접민주주의 또는 고강도 민주주의가 필요했다. 그러나 미국은 라틴아메리카의 국가들 상당수가 '약한 민주주의' 또는 '저강도 민주주의' 체제를 가지기를 선호했다. 그 예로 멕시코, 칠레, 콜롬비아를 들 수 있다. 베네수엘라의 1970년대는 석유수입으로 인해 베네수엘라 역사상 최고의 호황이었다. 그러나 1980년대에 들어서면서 자본주의체제의 모순을 더 이상 감출 수 없게 되었다. 결국 차베스체제의 등장은 1958년에 시작된 거대복수 양당의 대의민주주의의 타협적 체제인 "푼토 휘호" 협약 체제의 한계로부터 온 것이다. 대부분의 대중의 생존권이 위협받고 있었음을 의미한다. 신자유주의적 정책들로 인해 경제사회적 배제가 크게 강화되었지만 이에 대해 정치 엘리트들은 문제 삼지 않았다. 정치 기득권계급의 화려한 수사와 달리 대중은 크게 절망하기 시작한 것이다.

오직 차베스만이 1998년의 대통령선거에서 당선되기 전인 1996년에 이미 대중의 요구에 응답할 사회정책의 중요성을 인식하고 있었다. 이런 맥락에서 차베스가 행하는 연설에서 가장 빈번히 등장하는 단어는 '대중'이었다. 신자유주의 기획은 좋은 경제정책이 가장 좋은 사회정책이라는 비인간적인 가설에 기초하고 있다.

그 반면, 볼리바리안 대안 어젠다는 가장 좋은 사회정책은 대중의 요구에 응답하는 것이라는 원칙을 가지고 있다. 그리고 '대중'과 '주권자'를 동의어로 활용했다. 과거에 진보적 엘리트가 노동자 정치세력화를 실천하면서 이들을 계몽적으로 지도하면서 사용하는 관념적이고 동질적인 '민중'의 시대는 지나갔다. 신자유주의체제는 다양한 요구를 속성으로 가지는 '대중'을 구성했다. 민주주의와 민족주의의 열정을 대중에게 강조하기 위해 시몬 볼리바르를 지속적인 아이콘으로 쓰는 것이다. 기득권계급과 중간계급의 지식인들은 대중과 엘리트를 너무 나누는 차베스의 화법이 민주적 안정을 해친다고 비판한다. 그러나 많은 대중에게는 강력한 정치적 통합력의 작용을 한다. 이는 차베스 집권 초기에 경제적으로 실질적으로 대중의 지위가 높아지지 않았어도 대중의 차베스지지에 흔들림이 없었던 맥락을 이해하게 해준다. 상징적 담론이 주는 귀속감의 효과는 그동안의 사회적 배제를 보상할 수 있었던 것이다. 그리고 예전의 독립영웅에 대한 강조는 시대착오적 연설이 아니라 대중의 사회적 정체성을 강화시키는 효과가 있어 오히려 사회적 관계를 변혁적으로 재구성하려는 반헤게모니 전선구축에 아주 효율적이었다. 단순한 상징적 효과 이상의 의미가 있는 것이다. 가난한 대중이 한 번도 경험해보지 않은 자주적 참여와 정치적 조직의 경험은 그들 가운데에서 커다란 문화적 변화 즉, 탈식민화가 이루어지고 있는 것을 비록 개념적으로 인지하지 못하더라도 충분히 인식할 수 있게 한 것이다. 이것이야말로 차베스혁명이 이룩한 가장 중요한 변화이다. 차베스가 등장하기 직전의 라파엘 깔데라 정부도 좌파이념을 가진 정부였다. 위의 인용문에 나타난 차베스의 사회경제적 민주주의의 정치적 비전에 대해 같은 해인 1996년에 깔데라 정부가 내세운 "베네수엘라 어젠다"는 지방자치의 활성화 등 제도적 민주주의의 개혁에 국한되었다. 다시 말해 신자유주의체제를 유지하느라 경제위기 극복에 실패하면서도 그 체제를 뛰어넘어 민주주의를 급진화시킬 수 있는 비전을 가지지 못했다. 이로써 대의민주주의 체제의 최소한의 유지가 불가능해졌고 대안이 체제 안에서는 없었다. 그리하여 차베스체제가 가난한 대중만이 아니라 광범한 중간계급의 지지를 받으며 등장할 수 있었다. 그런데 여기서 흥미를 끄는 것은 모든 기존의 정치엘리트들이 가난한 대중의 생존권적 요구를 수용하는 데 실패했는데 하필 중견군부세력이 이 요구를 받아들이게 된 맥락이 궁금해진다. 이는 오직 군부만이 베네수엘라의 기득권층에 흡수되지 않았음을 말해준다. 그렇게 된 맥락은 대부분의 라틴아메리카 국가들과 달리 1958년부터 지속적으로 문민우위의 민주주의가 제도적으로 뿌리를 내리고 있었기 때문이다. 즉, 군부가 직접적으로 권력을 잡는 군부통치가 1958년 이후 없었기 때문이다. 또한 베네수엘라 군부는 다른 라틴아메리카 국가들의 군부와 달리 사회의 계급적 구분이 명확하게 재현되지 않고 다양한 계급구성을 가지는 유연성이 있었다. 즉, 다른 라틴아메리카 국가들의 군부의 상층부는 그대로 그

사회의 소수지배계급과 긴밀한 연계를 가지고 있었고 일반병사들은 원주민과 흑인 등 소수인종에 집중되어 있었다.

그러나 베네수엘라의 경우는 달랐다. 볼리바르가 지휘하던 때부터 백인 크리오요 출신의 장교들이 부족하여 혼혈의 중간계급 중에서도 간부들을 많이 충원했었다. 19세기의 내전상황에서는 더욱 이런 경향이 가속되어 농민계급에서도 간부들이 충원된다. 20세기에 들어와서도 다른 라틴아메리카 국가들의 군부는 현상유지를 원하는 보수적 성격을 가지는 데 비해 베네수엘라 군부는 중간계급 엘리트에 의해 지휘되는 평등주의적 민주주의의 성향과 변화를 주도하는 중요한 사회적 행위자가 된 것이다. 또한 베네수엘라가 제도적 민주주의의 안정을 오랫동안 가져올 수 있었던 것은 1970년대 이후 활발한 활동을 펼쳐온 시민사회의 사회운동 덕분이다. 1980년대 중반 이후의 정치의 분권화와 민주화를 강화시킨 개혁도 이들 시민사회의 역할이 컸다. 그리고 이 같은 자유주의적 개혁이 진행되면서 새로운 정치행위자의 등장에 유리한 정치지형이 조성됨으로써 급진적 차베스 세력이 적절한 정치적 공간을 확보하는 데 도움을 준 것이다.

1999년의 차베스 정부의 새 헌법도 급진적 사회운동세력의 많은 요구를 수용한 것이다. 그런데 중도보수적 자유주의적 시각에서는 시민사회를 국가와 반대되고 상호독립적인 존재로 상정한다. 그리고 시민사회는 민주주의의 기본적 체계의 논리를 거부하지 않는 것으로 상정한다. 그리고 이들 학자들은 충분한 근거 없이 시민사회는 다계급적이고 모든 계급의 이익을 국가에 맞서 대변한다고 주장한다. 그러나 시민사회가 특정계급이 아니라 사회의 총체적 집단이익을 위한다는 선험적인 주장은 잘못된 것이다. 여기서 중요한 것은 사회운동이 동질적인 것이 아니라 시민사회의 집단적 이익과 기층대중의 이익을 구별해야 한다는 점이다. 왜냐하면 라틴아메리카에서 1980년대 이후 시작된 신자유주의체제는 시장만능주의를 말하는데 시장은 사회적 불평등과 사회적 배제를 강화시켜 배제된 타자들을 기존체제의 제도적 프레임의 바깥에 위치시키기 때문이다. 그러므로 시민사회가 사회의 집단적 이익을 대표한다는 주장 속에 이들, 사회적으로 배제된 타자들(가난한 기층대중)은 존재하지 않는다. 그리고 사회적 배제가 심한 사회에서는 시민사회는 중간계급과 상층부계급의 이익을 대변한다. 흥미롭게도 차베스체제 등장 이후 시민사회는 반차베스 진영의 계급이익을 대표하고 있다.

랑시에르가 지적하듯이 민주주의는 타자들, 즉 "몫 없는 사람들"의 요구를 들어주어 기존의 체제를 흔드는 것을 의미한다면 1958년 이후 지속되어온 "푼토 휘호" 체제의 몰락은 민주주의의 몰락이 아니라 민주주의의 심화로 인식해야 한다. 그러나 동시에 40년간이나 지속된 이 체제가 가져온 국가 체계의 안정성과 제도적 정치지형의 평화적 변화의 성과가 가지는 긍정적인 요소를 무시해서는 안 될 것이다.

3.2. "급진적 동기당(LCR)"의 출현

베네수엘라의 예외적 민주주의의 몰락과 차베스의 등장 사이의 정치지형의 변화에서 반드시 언급하고 넘어가야 할 역사적 사건이 있다. 바로 1970~1980년대에 양당에 의한 대의민주주의 체제에서 제대로 대의되지 못하고 배제되어온 가난한 노동자대중을 위한 좌파정당이 있었음을 인식해야 한다. 즉, "급진적 동기(La Causa R)"로 불리는 미니 정당이다. 1960년대 초에 베네수엘라에서는 다른 라틴아메리카 국가들과 같이 소수의 좌파가 무장투쟁을 혁명에 이르는 길로 선호했지만 패퇴되고 만다. 가장 큰 이유는 노동자대중이 좌파의 무장반란 노선을 지지하지 않았고 오히려 반대했기 때문이다. 1940년대 이후 베네수엘라 공산당은 투쟁동력을 잃고 약하고 위축된 정치세력이었다. 정부는 사회민주주의와 가톨릭민주주의이념을 내세운 58년 이후의 '푼토 휘호' 체제의 노조조직운동을 통해 대중을 완벽하게 통제하고 있었다. 이 양당민주주의 체제가 오랫동안 지속되었다는 것은 좌파의 헤게모니 블록이 전반적으로 취약했음을 의미한다. 또한 베네수엘라 공산당은 1968년의 소련의 체코 침공을 통해 현실사회주의에 회의하게 된다. 좌파와의 투쟁에서 승리한 정부는 이전 게릴라들에게 사면을 제공하며 "정치적 평화정착"의 전략을 추진한다. 그리하여 당연하게도 좌파정당 내부에서는 분열이 일어나게 된다.

이 '급진적 동기당(LCR)'은 1970년에 베네수엘라 공산당(PCV)에서 일부가 탈당하여 1971년에 MAS라는 당을 새로이 만들 때 여기에도 참여하지 않은 극소수의 비주류들이 1973년에 다시 탈당하여 만든 정당이라기보다는 노동자대중 속으로 묵묵히 들어가 가시밭길을 걸은 소수의 운동이었다. 나중에 지방자치선거에 나오기 위해 정당으로 변신한다. 오늘날 반차베스 진영에 속한 소수정당인 "모든 사람을 위한 조국(PPT)당"도 베네수엘라 공산당(PCV)으로부터 갈라진 당이다. 현재 소수정당인 베네수엘라 공산당은 반차베스 진영에 속한다. 1970년대 초부터 좌파의 정치지형은 이들 MAS당과 LCR당이 주도하게 된다. 베네수엘라 공산당이 1970년대에 들어와 핵분열을 일으킨 것이다.

1971년에 창당한 MAS는 유럽의 68학생운동의 영향으로 유럽에서

일어난 '신좌파'의 경향을 띤다. 민주주의와 사회주의가 수렴되는 중
도적 사회민주주의 성향을 가지게 된다. 그리고 MAS당은 처음부터
대중통합의 이념을 내세웠다. 그리고 당 내부에 다양한 이데올로기적
분파를 허용했다. 그러나 이런 다양성의 허용은 당을 항상적 논쟁과
긴장으로 이끌었다. 이런 경향은 유럽의 사회발전의 국면과는 어울리
는 요인이 있지만 제3세계 국가인 베네수엘라의 경우에는 엘리트 중
간계급의 이익을 지향하는 결과를 가지게 된다. 그리고 1990년대 들
어 선거전에서 이룩한 보잘것없는 결과에 실망하여 지도부가 너무
자주 사퇴하는 모습을 보이며 좌파정당으로서의 정체성에 회의가 생
기기도 했다. 그런데 더 이해할 수 없는 것은 차베스 집권 전의 라파
엘 깔데라 정부에서 MAS는 여당이었는데 1996년부터 신자유주의적
구조조정정책을 지지하게 된다.

　1971년의 MAS창당대회에서 알프레도 마네이로는 정치적 견해의
차이로 탈당하게 된다. 마네이로는 과거에 무장투쟁 지도자들 중의
하나였다. 가장 큰 견해 차이는 MAS가 베네수엘라 공산당(PCV)의
가장 보수적인 계열과 테오도르 뻬꼽이란 정치가를 흡수하려 했기
때문이다. 뻬꼽은 MAS의 지도자가 되지만 MAS가 1998년 대선에서
차베스를 지지하자 탈당한 정치인으로 좌파정치인이면서 신자유주
의를 용인한 "좌파 신자유주의자"로 유명하다. 그는 MAS당이 여당
이던 시절 즉, 차베스가 집권하기 전 라파엘 깔데라 정부에서 경제장
관을 역임했다. 그는 가난은 실업에서 오는 것이고, 실업 즉, 고용문
제를 해결하기 위해서는 경제성장을 해야 하고, 성장을 통해 고용이
늘면 가난은 저절로 없어진다는, 어디서 많이 듣던 이야기를 하는 사
람이다. 쉽게 말해 사회주의자에서 전향한 사람들은 대부분 정통 신

자유주의자보다 더 심한 말을 한다. 그렇게 되는 이유는 이런 사람들은 개인적 성공에 더 큰 관심이 있기 때문이다. 아마도 그는 프랜시스 후쿠야마가 말했던 '역사의 종언'을 정말로 믿었는지도 모른다. 현재 그는 차베스 비판에 열심인 우파신문인 '탈 꾸알(Tal Cual)'지의 편집책임자이다. 그는 1950년대에 당시 독재정부에 저항하던 학생운동의 지도자였다. 1960년대에 들어와 쿠바혁명의 영향으로 더글라스 브라보 지휘하의 게릴라 전선에도 합류한다. 몇 번 투옥되기도 한다. 그리고 1960년대 말의 1차 라파엘 깔데라 정권하에서 정부가 게릴라들의 사면을 베풀 때 이를 받아들인다.

더글라스 브라보는 이를 거부했다. 소련의 체코 침공 후 얼마 안 있어 그와 함께 다른 비주류세력은 베네수엘라 공산당에서 탈당하여 "사회주의로의 운동(MAS)"당을 창당한다. 이 새로운 정당은 당시의 좌파적 지식인들에게 큰 인기를 끈다. 예를 들어 콜롬비아의 작가 가르시아 마르께스는 1972년 로물로 가예고 문학상을 받고 난 후 상당한 돈을 이 정당에 기부한다. 그는 새로운 신생정당이 빨리 정치적 헤게모니를 획득하지 못해 안달을 한다. 그러나 1980년대를 통해 이 정당은 5% 이상의 대중의 지지를 받지 못하는 비효율적이고 엘리트주의적인 집단에 그치고 만다. 위에서 언급하고 있는 마네이로와 너무 대조적이다. 그는 시간이 갈수록 대중의 지지를 얻는다는 명분으로 처음에는 중도로 나중에는 신자유주의 노선으로 정치이념을 점점 바꾸게 된다. 이렇게 노선을 바꾸게 된 결정적인 맥락은 소련의 몰락이다. 그 후 1992년의 대선에서 그는 라파엘 깔데라를 도와 워싱턴 컨센서스를 반대한다고 선거전에서 공약하게 한다. 그러나 베네수엘라의 소수 기득권계급이 금융위기의 분위기를 만들어내자 깔데라와 뻬꼽은 곧바로 신자유주의 '개혁' 정책 패키지인 "베네수엘라 어젠다"를 발표한다. 그는 아직도 내심 대통령이 되고 싶어 할지도 모른다. 그러나 대중의 인기가 너무 없어 힘들 것이다. 대중에게 하나도 인기가 없는 이유는 1989년의 '카라카소 대사건'을 분기점으로 베네수엘라에서 신자유주의경제정책을 시행하는 정부가 정통성을 잃기 시작했기 때문이다. 아무리 민주주의 정치를 하고 싶어도 체제의 벽을 넘지 못하기 때문이다.

그리하여 1996년 베네수엘라는 다시 IMF에 구조조정의 요청을 하게 된다. 이런 상황에서 정치인이 뭐라 해도 믿을 국민이 있겠는가. 석유 붐으로 베네수엘라가 잘 나가던 때인 1975년의 빈곤층과 극빈층을 합하면 국민의 약 47% 정도 되는데, 1997년의 위기상황에서는 그 비율이 90%를 넘는다. 그리하여 결국 1998년 차베스가 집권하게 된다. 마네이로의 좌파정치에 대한 인식은 좌파정당의 창설을 혁명적 운동의 시작으로 볼 수 없고 오히려 거꾸로 혁명적 운동의 성숙의 결과로 정당이 생길 수 있다고 생각한다. 그는 극소수의 동료와 함께 운동을 시작한다. 이들은 사회적 명망가들이 아니었지만 새로운 전략과 창의적인 방식으로 1970년대부터 어느 지방의 생산 공장과 가난한 동네의 기층 노동자들을 파고들었고 밑에서부터 급진적 운동을 시작했다. 무엇보다 중요한 것은 기존 좌파정당의 지도부가 엘리트의식을 가지고 대중을 선도한다고 생각하는 것을 비판한 점이다. 그는 대중 스스로가 정치적 방향의 문제를 해결할 수 있다는 믿음을 가졌다. 이 같은 그의 생각은 실천적 경험에서 우러나온 것이면서 동시에 이데올로기적으로도 매우 중요한 함의를 가진다. 이미 선험적으로 주어진 방향으로 예를 들어, 정통 마르크스주의 혁명으로 좌파가 나아가는 것이 아니라 대중이 중심인 사회운동 스스로가 새로운 아방가르드적 출구를 만들 수 있다는 생각이기 때문이다. 이런 생각은 1990년대 이후의 라틴아메리카의 사회운동의 실제적 경로와 매우 상응하는 시각이다. 그리고 두 번째로 중앙정치 무대보다 지방정치에 승부를 건 점이다.

그리고 약 20년 뒤, 1980년대 후반 좌파정당으로서 당당히 그 모습을 드러낸다. 80년대 말부터 시작된 지방정치제도 개혁과 선거법 개정도 이들에게 유리하게 작용한다. 가장 중요한 맥락은 80년대에 들어와 베네수엘라가 신자유주의체제가 지속되면서 사회관계에 불평등과 배제가 깊어진 것이다. 1988년에 갑자기 하원의원 선거에서 3석을 얻는다. 그리고 1989년 첫 번째 주지사 직선제 선거에서 이 정당의 후보가 볼리바르 주의 주지사에 선출된다. 그리고 예상을 깨고 1992년 카라카소 시장에 당선되고 1993년의 총선에서는 자신보다 큰 좌파정당인 MAS를 밀치고 제3당의 위치에 오른다. 1980년대 이후의 베네수엘라 중앙정부의 지방자치제도의 강화로 인한 분권화의 국면을 더욱 적극적으로 이용한 것이다. 결국 대중이 가지고 있는 기존의 양당제를 변화시키고자 하는 열망은 1993년의 선거에서 마네이로가 만든 정당에 커다란 승리를 안겨준다.

그리고 1998년의 대선에서 이들 가난한 대중은 마네이로보다 더 급진적이고 카리스마 있는 차베스를 지지하게 된다. "급진적 동기당"은 보수적 양당민주주의 체제에서 차베스체제로 넘어가는 역사적 과도기의 역할을 충분히 수행한 것으로 볼 수 있다. 차베스 자신도 마르타 아르네케르와의 인터뷰에서 이들이 차베스 정권의 보이지 않는 밑거름이 되었음을 밝힌 바 있다. 베네수엘라의 경우가 흥미로운 것은 아르헨티나 등 대부분의 라틴아메리카 국가들이 1970년대와 1980년대 초반까지 군부권위주의 정권이 통치하다가 1980년대 중반부터 민주화가 이뤄지면서 동시에 심어진 신자유주의체제가 민주화의 정당성의 경로로 인하여 신자유주의에 대한 대중의 민감한 반응이 희석될 수 있었는데 비해 베네수엘라는 1958년부터 정착된 오랜 양당민주주의의 지속으로 인해 1980년대 말에 가속화된 신자유주의정책 집행에 대해 대중이 즉각적으로 항의하는 정치지형이 형성되었다는 점이다.

이 "급진적 동기당(LCR)"이 베네수엘라 역사를 진보로 견인하는 데 아주 커다란 역할을 하였다고 최근의 베네수엘라 역사를 분석한 역사학자 마르가리타 로뻬스 마야는 평가하고 있다. 이들은 아주 극소수로 사회적 명망가들이 아니었지만 새로운 전략과 창의적인 방식으로 어느 지방의 생산 공장과 가난한 동네로 들어가 아주 밑에서부터 급진적 운동을 시작했다.

| 참고문헌

베네수엘라 기획개발부(2008), 『혁명이 이룩한 성과』, 주한 베네수엘라 대사관.
송기도(1999), 「시몬 볼리바르: '해방자'의 고뇌」, in 이성형 『라틴아메리카의 역사와 사상』, 까치.
조원광(2008), 「유연화체제의 프롤레타리아트, 비정규직」, in 이진경 『전 지구적 자본주의와 한국사회』, 그린비.
Boudin, Chesa(et al.)(2006), Venezuelan Revolution, New York: Thunder's Mouth Press.
Coronil, Fernando(2007), "El estado de América Latina y sus Estados", Nueva Sociedad, 210, Buenos Aires, pp.203-215.
Kingsbury, Donald V.(2010), "Review Articles", Historical Materialism, vol. 18,

pp.151-163.

Latouche R, Miguel Angel(2004), "Programa político y democracia en Venezuela. Elementos para la revisión conceptual", Revista Venezolana de Análisis de Coyuntura, vol. x, no.2, pp.11-23.

Lopez Maya, Margarita(2005), Del viernes negro al referendo revocatorio, Caracas: Alfadil.

Petras, James & Veltmeyer, Henry(2009), Espejismos de la izquierda en América Latina, Buenos Aires: Lumen.

Muller Rojas, Alberto(2001), Epoca de Revolución en Venezuela, Caracas: Ediciones Solar.

<인터넷 매체>
http://aporrea.org
http://www.rebelion.org
http://venezuelanalysis.com

04.
'대중'의 요구와
급진적 포퓰리즘

차베스와
베네수엘라
혁명

4.1. 포퓰리즘을 어떻게 볼 것인가?

포퓰리즘은 너무 애매하고 도피적이라 과학적 개념이라기보다 거의 직관적인 이데올로기적 언술에 가깝다. 어떤 경우에는 라끌라우가 지적한 대로 마오이즘, 나치즘, 페론이즘의 정치현상의 공통의 궤적을 '포퓰리즘'으로 가리키기도 한다. 역사적·구체적 정치현실과 괴리되어 선험적으로 존재하는 담론만으로 실제 정치현실을 해석 또는 왜곡하는 경우가 너무 많다. 특히 주류 자유주의적 시각의 포퓰리즘 담론은 포퓰리즘이 선동으로 대중을 조작하여 권력의 획득과 유지에만 전념한다는 담론을 유포하면서 포퓰리즘에 대해 아주 부정적인 상징적 의미화를 거두고 있다. 권력을 획득한 뒤에도 지도자 개인의 카리스마를 통해 일인지배의 강화를 통해 서구적 자유민주주의의 "균형과 견제"의 삼권분립체계를 무시한다고 해서 더욱 부정적인 시각이 강해졌다.

그러나 포퓰리즘 담론은 자유주의 주류학계에서뿐만 아니라 좌파학계로부터도 비난받기도 한다. 이에 대해 라끌라우는 마르크스주의 철학자인 슬라보예 지젝을 비판하면서 '계급투쟁'과 '포퓰리즘'은 서로 다른 인식방식임을 강조하고 있다. "지젝은 내가(라끌라우) 계급투쟁보다 포퓰리즘을 더 선호한다고 주장한다. 그러나 이 지적은 너무나 불합리한 문제제기이다. 왜냐하면 이 지적은 포퓰리즘과 계급투쟁이 실제로 존재하는 두 개의 객관적 실체라고 암시하고 있기 때문이다. 마치 두 개의 축구클럽 중에서 어느 하나의 팀을 선택한다든지 하는…… 그러나 대중의 개념과 계급투쟁에 대한 고전적 마르크시즘 개념은 사회적 정체성의 구성에 대한 서로 다른 인식방식이다(Laclau 2008, 14)."

이 언급은 좌파적 시각에서 라틴아메리카의 정치, 사회적 변혁을 이해하고 해석할 때 매우 중요한 함축을 가진다. 지젝의 시각에서 노동자계급은 헤게모니적 투쟁의 결과로 만들어지는 것이 아니라 이미 특권적으로 존재하는 객관적 사회적 위치로 인해 선험적인 정치적 행위자가 된다고 한다. 이런 인식방식을 그대로 동일하게 포퓰리즘에도 적용하면, 지젝에게 있어 포퓰리스트적 정치적 행위자인 대중은 적의 공격이 있기 전에 선험적으로 존재한다. 그리하여 대중이 먼저 적을 찾아 공격, 섬멸하려는 것이 사회정의를 회복하는 포퓰리즘이라고 지젝은 주장한다.

그러나 라끌라우의 시각은 이와 반대로 먼저 적의 공격이 있는 것이 대중의 정체성 형성의 사전조건이 된다. 예를 들어, 베네수엘라의 경우 1980년대 중반부터 신자유주의적 정책들이 도입되면서 가난한 대중은 기득권계급과 다국적 자본에 의해 사회적·경제적 배제를 당하는 공격을 당하면서 '배제된 대중'이라는 정체성이 서서히 형성되고 이것이 1980년대 후반 "카라카소"라는 폭발적 시위를 만든 것이다. 합리성을 중시하는 주류 정치학에서는 포퓰리즘을 "비어 있는 것, 반지식인적·과도기적 성격"의 특정한 현상적 운동으로 강조하고 있다. 그러나 라클라우는 합리성의 모델을 일반화된 수사, 즉 헤게모니로 확장시켜 이해함으로써 포퓰리즘이 정치적인 것의 새로운 가능성의 출현으로, 즉 새로운 헤게모니 구축의 과정으로 이해한다. 여기서 말하는 헤게모니란 어떤 부분성이 보편성의 이름을 획득하게 되는 관계라고 본다. 이때의 부분성은 총체성의 일부로서 인식하는 것이 아니라 이렇게 등장한 새로운 부분성이 그 자체 곧 총체성인 것이다. 예를 들어, 아르헨티나의 페론체제 당시 가난한 노동자대중은 그 당시의 아르헨티나의 보편성을 육화시켜 보여주는 총체성이다.

아르헨티나의 경우, 20세기 초의 시골에서 대도시로 이주해온 가난한 노동자들(소위 "셔츠 없는 사람들"로 불리는 사람들)이 자신들의 대중적 요구를 제시하면서 헤게모니를 가지게 된 과정을 의미한다. "1943년 쿠데타 발발 후 페론은 노동 및 복지청장으로 취임했다. 1944년부터 페론에 의해 정부의 주도권을 우파에게서 빼앗고 도시대중을 위한 정책을 펼치기 시작한다. 1944년 부통령과 국방장관을 겸임하게 된다. 이 같은 많은 직책을 통해 군부와 도시의 하층계급 "셔츠 없는 사람들" 사이의 강력한 동맹을 주조해나간다.

그리고 1946년에는 대통령에 당선된다(Smith 1969, 225)." 이들을 이런 호칭으로 부르게 되었다는 것은 바로 대중적 정체성을 가지게 됨을 의미한다. 이들 가난한 노동자들 또는 "셔츠 없는 사람들"은 공공생활 영역으로부터의 그들의 차별적 배제를 상징적으로 항의하고 있었다. 이때의 대중은 처음부터 선험적으로 존재한 것이 아니다. 시골에서 대도시로 이주한 뒤에도 엘리트와 지식인 등 중간계급에 의한 무시와 차별적 배제에 대해 분노하여 자신들의 요구를 접합시키고 헤게모니를 강화시켜 나가면서 형성된 것이다.

헤게모니의 강화과정은 이렇게 전개된다. 우선 대중의 사회적 요구가 이질적 요소들과의 접합을 통해 등가적 연쇄고리를 만들고 대중을 억압하는 세력과의 내부적 국경선의 존재를 만들면서 대중의 정체성이 어떤 담론으로 표현된다. 바로 이 과정을 통해, "포퓰리즘은 기존질서의 전복과 새로운 질서의 급진적 재구성을 추구하게 된다(Laclau 2005, 221)." 이 같은 과정은 베네수엘라의 1990년대의 급진적 변혁의 과정에도 적용될 수 있다. 라끌라우에 의하면, 포퓰리즘은 지도자의 개인적 카리스마도 아니고 국가발전의 과도기적 성격도 아니고 정치적 논리로 이해할 수 있다. 정치적 논리로 이해한다는 것은 일정한 대상에 대한 사회적 포용과 배제의 논리를 의미하고 그 기준은 사회적 제도인데 그것은 사회적(대중적) 요구로부터 출발하고 사회적 변화도 마찬가지다. 이는 곧 복수의 사회적 요구를 제시하는 집단적·정치적 주체의 구성을 전제한다. 그러므로 라끌라우는 포퓰리즘을 비정상적인 것, 일탈적인 것, 조작과 선동으로만 보는 시각을 거부한다. 다시 말해 라끌라우는 포퓰리즘을 "지배이데올로기에 대해 이를 거부하는 총체로써 대중적-민주적 요구의 등장"으로 해석한다. 라끌라우에 의하면 페론이즘도 기존의 소수의 과두지배적·차별적 이데올로기에 맞서 기층대중이 자신의 요구를 제시한 것으로 이해할 수 있다. 사회의 맨 아래에 위치한 대중의 시각에서 바라보며 긍정적인 해방의 시각으로 보고 있는 것이다. 1930~1960년대까지의 고전적 포퓰리즘(예를 들어, 페론이즘)의 주요한 효과가 인종주의적 위계질서 또는 내부적 식민성의 사회 안에서 배제된 광범한 사회적 그룹-대중에 대해 상징적 존엄성을 찾게 한 것으로 해석된다(De la Torre, 1992, 413).

라끌라우의 시각이 중요한 것은 이렇게 포퓰리즘의 진행과 민주주의 과정의 진행을 병치시키는 시각이기 때문이다. 기존의 포퓰리즘 담론이 오직 권위주의적 연고주의적 요소들과만 연결시키고 그것이 가져오는 민주화의 과정을 무시하기 때문이다. 다시 말해, 오늘날 라틴아메리카에서의 민주주의 과정의 광범한 결과를 분석하는 것을 막는 이론적 진공의 기능을 오히려 포퓰리즘 담론이 맡고 있는 것이다. 주류적 포퓰리즘 담론은 라틴아메리카가 과두지배 모델을 극복하고 정치적으로 의회민주주의 또는 대의민주주의 모델과 도시화·산업화의 경로를 따르면서 국가발전을 이루어야 함에도 불구하고 실제로는 근대성(합리성)에 기초한 경제사회적 발전이 제대로 이루어지지 않는 맥락을 포퓰리즘 체제에서 찾고 있다.

그러나 라끌라우의 시각에서 보면, 오히려 포퓰리즘 담론이 엘리트·대중의 적대적 계급관계의 대치전선의 근본적인 문제의 해결을 가리는 가림막 구실을 하는 것이다. 이런 맥락은 라틴아메리카의 포퓰리즘의 실험이 1930~1940년대부터 시작되어 점진적으로 쇠퇴기에 이른 1950년대~1960년대에 전 세계의 제3세계 국가들에 대해 국가발전주의 이데올로기가 강하게 전파되던 시기라는 점에 주목하게 된다. 1949년에 미국 대통령 트루먼에 의해 발표된 취임연설이 대표적인 국가 발전담론이다. "세계인구의 절반 이상이 극빈선 가까이에 살고 있다. 역사상 처음으로 인류는 이 사람들의 고통을 완화시킬 능력과 지식을 가지고 있다. 우리가 생각하고 있는 것은 공정하고 민주적인 거래의 개념에 기초한 발전계획이다. 더 많이 생산하는 것이 평화와 번영을 위한 열쇠이다. 더 많이 생산하기 위한 열쇠는 근대적 과학과 기술의 지식의 더 많은 적용이다(Truman 1964, Escobar, 2007, 17 재인용). 제3세계 국가들도 서구적 근대성과 민주주의의 경로를 통해 더 많이 생산하면, 즉 자본주의의 축적모델을 따르면 자동으로 번영할 수 있다는 이데올로기를 내세운 것이다.

1960~1970년대 라틴아메리카의 군부독재 정권에 의해 국가발전주의가 이데올로기로서 강하게 작동되면서 산업화에 의해 당연히 유발되는 사회적 적대, 즉 계급투쟁을 억압하게 되는 기제로 작용한다. 그러면서 계급투쟁을 억압하는 국가발전주의를 포퓰리즘 담론으로 치환하기 위해 포퓰리즘에 대한 본격적인 연구가 시작된 것이 아닌가 한다. 중요한 것은 지도자 개인의 선동과 조작의 카리스마적 스타일도 아니고 경제사회적 맥락의 수입대체 산업화 모델의 필연성도 아니다. 더 넓은 범위의 사회경제적 변화와 소수의 엘리트에 대항하는 대중의 출현으로 인식해야 한다. "강조하고 싶은 것은 라틴아메리카의 포퓰리즘의 출현이 전적으로 산업화 또는 수입대체 산업화에만 연결된 것은 아니라는 것이다. 더 큰 범위와 연결시켜야 한다. 자유주의 전성기에(1910년대에) 농축산 수출부문의 다이내믹한 활성화 덕분에 가속화된 경제성장과 연결되어야 한다. 그리고 여기에 전통적인 과두지배 엘리트체제에 반대하는 정치적·조직적 의식을 가진 새로운 사회적 주체(대중)의 형성의 요소를 덧붙여야 한다. 단지 경제적 사실만으로는 설명할 수 없다(Gonzales, 2007, 88)." 이런 의미에서 최근 라틴아메리카의 반헤게모니적 흐름의 신자유주의를 반대하는 여러 좌파정부들이 차례로 집권한 맥락에서 볼 때 이를 전통적인 좌우파의 계급투쟁의 시각보다는 포퓰리즘의 시각에서 바라보는 새로운

성찰이 요구된다. 포퓰리즘은 선진국의 경우에 노동운동이나 또는 자유주의적 연합운동으로 나타나는 데 비해 라틴아메리카에서는 대중운동의 연합을 의미한다. 그 차이는 라틴아메리카의 경우 중간계급이 미미하기 때문이다. 포퓰리즘이 나타나기 위해서는 중간계급 또는 상층계급에 소수의 반'현상유지' 세력이 강력하게 있어야 한다. 그리고 포퓰리즘을 단지 '연고주의' 담론으로 호명하여 부정적으로 인식하는 것은 핵심을 놓치는 결과를 낳는다. 사회적으로 가난한 대중을 차별하고 배제하는 인종주의적 식민성을 포퓰리즘이 상당부분 깨트린 것을 놓치게 되기 때문이다.

중요한 것은 이들의 관계가 정치적 지지 또는 표를 둘러싼 거래가 이루어지는 순간을 훨씬 넘어서는 "생생한 인간적 경험"이라는 사실이다. 감사를 표시하는 것이고 그리하여 적극적으로 협조를 한다. 예를 들어 평생 바다 구경 못해본 사람에게 정치적 공식행사를 통해 공짜로 바다로 여행을 가는 것은 엄청난 충격을 준다. 즉, 물질적 의미를 넘어 상징적 의미를 가지게 된다. 멀리 떨어져서 외부자의 시각으로 바라볼 때는 거래의 행위는 서로 주고받는 관계의 산물로 보이고 행위자들도 물질적 이익에 기계적으로 반응하는 마치 파블로프의 주체들처럼 참석하는 것으로 인식될 수 있다. 중개인들은 부패하지 않고 진정성 있게 가난한 사람들을 돕는 경우가 많다. 고객들은 많은 경우 이들 중개인들을 친구로 생각한다. 정부기관이 돕는 것이 아니라 이들이 가난한 사람들을 돕는 것이다. 결국 중요한 것은 '인간적 관계'이다.

그런데 이들 노동자대중이 정당 활동을 통해 페론을 지지한 것이 아니라 일종의 사회운동을 통한 방식이었다는 것이 문제의 핵심이다.

왜냐하면 가난한 노동자대중에게 정당, 의회는 믿을 수 없고 혐오스럽기까지 했기 때문이다. 19세기 이래의 도시(문명)·시골(야만)의 이분법적 인식이 무의식적으로 전체 사회를 둘러싸고 있었기 때문이다. 그러므로 이들 공동체문화(구어문화) 지향적인 가난한 대중은 개인주의적이고 자유주의적인 중간계급에 기초한 급진당과 좌파 지식인들을 거부했다. 그러므로 이런 비정당적 관계맺음을 제도적 민주주의의 근대성에 어긋난다고 해서 권위주의적 또는 미성숙한 포퓰리즘으로 인식하는 것은 라틴아메리카의 현실과 괴리가 있다. 가난한 대중과 중간계급은 사회문화적 기질과 가치관이 다르다.

페론이 이들 대중과 함께 하면서 이들 대중이 사회변혁의 행위자로 나서게 만든다. 다시 말해 그들도 시민으로 대우받고 싶었던 것이다. 즉, 이들은 부르디외가 이야기하는 상징적 권력(폭력)에 저항했던 것이다. 그리고 페론이 바로 이들 새롭게 출현한 하층계급의 '대중'을 시민으로 대우하였고 나아가서 진정한 아르헨티나의 정체성의 핵심으로 인정한 것이다. 그리고 더 중요한 것은 이들 대중을 시민으로 대우하는 방식이다. 즉, 아르헨티나의 전통적 공동체적 연대 예를 들어, 시골 팜파스의 가우초들의 연대와 같은 방식으로 가까이 한 것이다. 페론과 이들 대중의 공동의 적은 개인주의적이고 자유주의적인 위계서열적인 근대성의 삶의 방식이다. 즉, 유럽에서 발현된 의회민주주의의 제도적 형식성에 대해 의문을 제기한 것이다. 이렇게 페론 체제를 인식하게 되면 우리가 기존에 가지고 있던 포퓰리즘의 의미가 허물어진다. 페론은 위계서열적 근대성에 젖어 있는 중도 좌파적 지식인과 중간계급이 지지하는 급진당과 사회주의 세력을 압도하고 라틴아메리카식의 민족주의적 근대화의 길 또는 사회적 민주주의의 길을 걸은 것으로 된다. "원래 민주주의는 민중적 행위의 영역으로 간주되었으며 1789년과 1848년 사이에 유럽의 삶을 지배하던 역사적 대결들 속에서 거의 조직화되지 않고 동시에 분화되지도 않은 대중들이 가장 위대한 주인공 노릇을 한 바 있다(라끌라우·무페, 1992, 185)." 자본주의의 속성은 필연적으로 개인주의적이고 위계서열적 차별성을 드러낸다면 이와 다른 자본주의경제체제 예를 들어 가장 낮은 하층계급이 인식하는 공동체 지향적인 "윤리적 경제"의 카테고리로 페론이즘을 이해할 수 있다. 라틴아메리카에서 포퓰리즘이 크게 성공한 이유가 노동자대중이 자신의 과거의 공동체적 삶의 방식과 단절되지 않았기 때문이다. 그러므로 페론이즘이 장기적 생명력을 가지게 된 것이다.

이런 의미에서 페론이즘은 서구식 대의민주주의의 가치와는 거리가 있는 방식으로 근대성으로 나아가는 체제였다. 포퓰리즘만이 아니라 독특한 라틴아메리카의 정치사회적 현상들은 유럽의 자유주의적 근대성의 맥락에서만 바라보면 제대로 이해하기가 힘들다. 페론이즘도 근대성을 추구하였지만 그 경로가 대의민주주의의 통로가 아닌 대중의 오랜 공동체 문화에 기초한 사회적 연대(끈끈한 구어적 연대)를 통하였기 때문에 그 괴리를 유럽의 학자들이 이해하기 힘들었던 것이다. 그리하여 기존의 주류 포퓰리즘 담론은 지도자가 대의정치의 제도들을 통하지 않고 직접 대중에게 그들의 지지를 얻기 위해 선동적으로 호소하는 것으로 부정적으로 인식하게 된다. 지도자 개인과 수많은 대중의 끈끈한 연대는 전근대적, 전자본주의적 행태로 극복해야 할 과도기적 현상으로만 보인 것이다. 끈끈한 연대는 대중의 문화인 구어문화에 맞게 쉽고 유머 있는 속어를 사용하는 경우가 흔하다.

로뻬스 마야에 의하면 "차베스는 이제까지의 엘리트 담론에서 배제되어왔던 대중과 가난한 사람들이 쉽게 이해할 수 있는 유머가 많고 비형식적인 문화적 상징의 화법을 사용하고 특히 기득권층이 지녀온 주류적 가치에 도전하는 과단성 있는 어법을 사용한다. 그러면서도 높은 수준의 지적 능력과 어떤 야성적 모습을 보여준다. 그리고 외모도 유럽인의 후손이 아니라 원주민과 흑인의 혼혈로서 길에서 쉽게 마주칠 수 있는 평범한 모습으로 대중에게 강한 호감을 준다 (Lopez Maya, 2005)."

물론 차베스의 거친 화법이 기득권층과 지식인들에게 거부감을 주고 있기도 하다. 잘 알려져 있다시피 현재의 차베스혁명은 광범한 대중의 지지를 받고 있다. 그리고 중남미 통합 및 비서구 국가들과의 연대 강화 외교도 활발하게 이루어지고 있다. 이런 흐름에서 차베스는 연설 및 기자 회견 등에서 강한 자신감을 보여준다. 또한 이런 자신감에 더해 설득력을 높이기 위해 비형식적인 유머를 즐긴다. 공식 기자회견 중에도 농담을 즐겨 참석자들을 웃기는 경우가 많다. 아무튼 비난과 오해가 많아도 라틴아메리카의 포퓰리즘은 1930년대부터 본격화되어 오늘날 21세기 초까지 지속되는 생명력을 보인다. 이런 괴리를 메울 수 있는 시각은 대중에 대한 이해와 기존의 주류적 포퓰리즘 담론의 해석에서 자유로운 새로운 접근이다. 바로 에르네스토 라끌라우의 포퓰리즘에 대한 담론이 분석적 도구로 필요한 것이다. 기존의 주류적 담론은 포퓰리즘을 지도자의 권력획득과 유지를 위한 대중선동과 조작에 초점을 맞춰 포퓰리즘을 경멸적 의미로 상징화시키고 있다.

그러나 라끌라우에 의하면 포퓰리즘은 마르크스주의의 계급혁명이론과는 다른 경로로 기존의 체제유지를 전복하고 새로운 질서를 대중이 자신들의 민주적 요구를 사회적으로 연계시켜(등가화시켜) 헤게모니를 확보하게 될 경우 이 같은 대중의 요구를 수용하는 정치적 정체성의 형성을 의미한다. 대중의 요구의 등가화는 서로 이질적인 집단에까지 연계되는 것을 의미한다. 바로 페론체제가 가톨릭교회, 군부, 노동자대중 등 서로 이질적인 집단의 사회적 연계성의 접합을 성공시킨 것이다. 중간계급을 포함한 대중의 강력한 자발적 동의와 지지라는 의미에서 라틴아메리카의 포퓰리즘은 대중의 헤게모니에 대한 중요한 담론이다. 그렇다면 포퓰리즘에 대한 부정적 시각이 주류를 이루는 것도 기득권계급이 자신의 헤게모니를 유지하기 위한 것으로 볼 수 있다.

라끌라우는 포퓰리즘을 무조건 안 좋은 의미로 해석하는 것은 편견이라고 주장한다. 라끌라우는 엘리트그룹이 "포퓰리즘을 '비이성적'인 것으로 거부하며, '공허함', '부정확함', '지성의 빈곤', '수사' 등의 용어로만 정의를 내린다"고 비판한다. 자유주의 정치세력은 카리스마 있는 지도자가 대중과 일체감을 형성하는 것 자체를 좋지 않게 여긴다. 왜냐면 지도자를 따르는 대중조직이 민주주의의 요체인 자율성을 잃게 된다고 생각하기 때문이다. 그러나 이 같은 시각은 철저하게 대중을 객체로만 인식하기 때문이다. 대중의 요구라는 것을 중요시하지 않는다. 하지만 라끌라우는 "포퓰리스트 담론의 공허함은 정치사회 현실 자체의 공허함과 결정되지 않음의 어떤 상황에서 오는 결과가 아닌가?"고 지적한다.

다시 말해, 라끌라우는 1945년의 페론 장군의 쿠데타 이후 그가 취한 극단적 민족주의의 입장은 미국 추종의 과두지배세력인가 아니면 페론을 중심으로 한 가난한 노동자 세력인가 하는 양극단의 사회적 분열의 극심함의 정치적 맥락에서 오는 것임을 지적하고 있다. 포퓰리스트의 연설의 일부만을 따와 그 담론의 공허함을 비판하는 지적은 철저히 엘리트적 시각일 뿐이고 정치사회현실의 구체적 지형을 살피는 일이 우선되어야 한디. 포퓰리즘은 '사회적 요구'에서부터 출발한다. 예를 들어, 남미의 도시빈민들은 도시 외곽에 살면서 주택, 전기, 물의 기본적 공공서비스도 제대로 못 받고 사는 경우가 많다. 빈부격차는 상상을 초월한다. 라끌라우의 용어를 빌리면 '내부적 국경선'이 존재한다. 이런 상황에서 도시빈민들이 처음에 정부에 대해 '요구'를 했다가 잘 안 받아들여지면 점점 '항의'로 변하게 될 것이다.

그런데 중요한 것은 이런 요구가 그냥 고립되어 있으면 '부르주아-민주주의체제' 안에서 용해되고 만다는 것이다. 그러나 만족되지 않은 요구들이 서로 다른 사회 그룹에까지 병행적으로 연쇄고리를 만들어내면 정치지형에서 이분화가 이루어지고 이어 잠재적 역사 행위자로 '대중'의 정체성이 만들어진다.

4.2. 베네수엘라의 급진적 포퓰리즘

베네수엘라 정치지형에서 대중이 중요하게 된 맥락은 다양하게 접근할 수 있다. 하지만 그중의 하나는 두 개의 주요 정당에 대한 대안적 정치적 기능까지 가지고 있었던 정규직 노동조직이 수행한 정치적 행위자로서의 역할이 차베스 등장 이후 달라졌기 때문이다. 가장 중요한 이유는 정규직 노동조직(CTV)의 리더인 카를로스 오르테가가 2002년 4월의 쿠데타에 연루되었기 때문이다.

그러나 과거의 정규직 노동조직(CTV)의 주요 구성원들이 차베스 체제에 적응하여 새로운 노동조직(UNT)으로 전환되었고 차베스 진영의 정치적 후원자는 제조업에 뿌리를 내리고 있는 노동조직임은 분명하다. 그러나 노동자 중에서 기술수준이 높은 중간계급의 노동자들은 석유산업과 연관된 경우가 많아 반차베스 진영에 아직 속하고 있다. 이들은 차베스 정부의 여당까지 포함하여 오랫동안 지속된 정당체제 자체에 회의적인 시각을 보이고 있다. 그러면 차베스 정부의 가장 확실한 지지그룹은 도시빈민대중이다. 카라카소의 거리를 걷다 보면 흔히 건물 벽에 그려진 차베스혁명을 지지하는 그라피티를 볼 수 있다. 베네수엘라 혁명이 현실적인 문제점이 많이 있지만 지속적으로 커다란 정치경제적 성과를 보이면서 전 세계에 급진적 민주주의의 새로운 모델로 인식되게 한 맥락은 리더인 차베스가 빈민대중의 요구를 수렴하는 데 변함없는 일관성을 보이기 때문이다.

1989년 2월에 카라카소에서 세계 최초의 반신자유주의 시위가 있었다. 이 사건은 가난한 대중의 강력한 생존권적 요구의 거리시위였다. 대중의 직접투쟁의 요구에 차베스 세력이 응답하는 것으로 베네수엘라 혁명이 시작된다. 보수양당에 의한 헤게모니 시스템이 붕괴된 것이다. "카라카소" 시위의 두드러진 특징은 정치적·이념적 지도부가 없었다는 사실이다. 60년대에 있었던 극좌파 도시 게릴라 투쟁은 마르크스주의라는 이념과 공산당이라는 정치적 지도부가 있었다.

이에 비해 "카라카소"는 기층대중의 즉흥적 요구의 폭발이었다. 이 격렬한 시위는 상층부 기득권계급과 중상의 중간계급을 두렵게 만들었다. 그리하여 권력의 진공상태가 진행되면서 차베스를 비롯한 중간계급출신의 변혁적 군부와 일부 민간 세력은 군사반란을 계획하게 된다. 중간계급 출신의 초급장교들은 대중과의 연대가 유난히 강하고 평등주의적 민주주의에 신념을 가진 집단이었다. 차베스는 이들을 중심으로 "MBR200(볼리바르 혁명운동)"이라는 정치집단을 구성하여 1992년의 쿠데타를 일으킨다. 이 당시 군부만이 아니라 일부 민간인들도 합세한다. 이런 군부와 민간인의 합성으로 쿠데타를 일으킨 경험은 베네수엘라에서 여러 번 있었다. 1958년의 독재자 페레스 히메네스를 실각시킬 때도 등장했었다. 그리고 20세기 전반부에는 군부가 정치를 독점하고 있었으므로 민간인이 군부와 함께 정치지형을 이루는 것이 낯설지 않았다. 이때부터 차베스와 그를 따르는 세력은 베네수엘라 혁명의 아이콘으로 시몬 볼리바르를 삼는다. 현재 베네수엘라가 띄운 통신위성의 이름도 '시몬 볼리바르'이다. 쿠데타 기도는 실패한다.

그러나 베네수엘라의 대중에게 차베스는 강렬한 인상을 남긴다. 가난한 그들의 요구를 들어주려는 진정성이 있음을 각인한 것이다. 그 이미지는 신자유주의체제로 인해 가난한 대중에 대한 억압과 배제를 용납하지 않으려는 데 있다. 신자유주의체제는 기득권층은 부인하고 싶겠지만 분명히 가장 가난한 사람들을 벌주는(?) 체제이다. 왜냐면 이익을 위해서만 움직이는 체제이기 때문이다.

차베스는 투옥되었다가 1994년 사면을 받아 석방된다. 그는 이 당시 베네수엘라의 대통령이 되겠다고 결심한다. 그러나 기존의 정당민주주의체제가 강고하여 새로운 정치신인의 진입을 쉽게 허용하지 않고 부패한 시스템은 정치개혁을 가능하게 하지 않으므로 그가 가장 중요시한 정치 어젠다는 기존의 의회를 해산하고 제헌의회를 통해 새 헌법을 만드는 일이었다. 기존의 정치지형을 바꾸려는 그의 의지는 아주 강했다.

1989년의 '카라카소' 시위 이후 결성된 이들의 결합을 "애국전선 (Polo Patriotico)"이라고 한다. 이 조직의 지도자인 루이스 미킬레나는 40년대 버스운전기사 조합의 지도자로 흔치 않게 살아남은 좌파의 리더 중 하나였다. 그는 1999년에 80이 넘은 나이에 제헌의회의 의장이 된다. 그 후 더욱 민간의 혁명세력과 연계되면서 기존의 "볼리바리안혁명운동(MBR-200)"을 해산하고 "제5공화국운동(MVR)"당이 차베스에 의해 1997년 1월 창당된다. 이렇게 새롭게 정당을 재구성한이유는 과거의 좌파정당이 변화의 맥락에서 급진적 변혁의 열정을잃어버린 경험에서 온 것이다. 구체적으로 베네수엘라 공산당의 분열이후 MAS당의 우경화와 새로운 정당인 "급진적 동기당(LCR)"의 출현을 말한다.

이 해 4월, 차베스는 공식적으로 대통령 출마를 선언한다. 차베스가 언급한 두 개의 정치전선의 대결 축은 하나는 볼리바리안 혁명이고 다른 하나는 기존의 정당세력이다. 그 후 상기 정당은 1998년 대선에서 승리하여 여당이 되어 2006년까지 집권하고 이 해에 창당된 PSUV(베네수엘라 통합 사회주의당)에 흡수되면서 해산된다. 즉, 베네수엘라 혁명의 핵심부는 대중과 연결된 중간계급 출신의 군부세력이다. 현재 이들은 베네수엘라의 중요한 국가기관들과 공기업에 포진해 있다. 차베스의 정치적 야심 중의 하나는 군부와 시민사회의 화학적 결합이다. 이런 언술은 가혹한 군부권위주의시대를 겪은 우리 사회의 많은 사람들에게 매우 낯선 이미지일 것이다. 차베스 자신이 1973년 칠레 아옌데정부가 군부쿠데타로 무너질 때 매우 큰 충격을받았다고 한다.

베네수엘라 군부는 1970년대부터 극좌게릴라의 활동이 사라지게 되자 새로운 동기가 필요하게 된다. 이때부터 장교들은 대학에서 공부를 하고 시민사회와 접촉하게 된다. 그리고 기득권층의 부패와 함께 사회경제적 위기가 다가오자 어느 사회그룹보다 이들 군부가 먼저 위기의식을 가지게 된다. 치베스 집권 초기 "볼리바르 2000 세획" 이름으로 군부의 자원이 지역의 공동체에게 사회적 인프라로 이용되기도 한다. 그들의 막사, 운동장이 개방되고 유휴 군 병력이 학교 및 도로 수리에 투입된다. 이런 경험이 1999년의 바르가스 주의 홍수재난 피해에 즉각적으로 활용된다. 중요한 것은 신자유주의체제와 대의민주주의가 결합되어 대중을 배제하고 소외시킨 것에 대응하여 1999년 차베스 집권 이후 일시적으로 대중의 요구를 들어주는 것이 아니

| 차베스를 지지하는 카라카소의 택시운전기사 ⓒ안태환 2009.

라 지속적으로 주민평의회를 통해 대중을 새로운 정치적 주체화 양식으로 설정하여 대중이 스스로 '주인공'이 되는 참여민주주의를 실험하고 있는 것이다(Wilpert, 2005).

대중이 스스로 '주인공'이 되게 하는 민주주의가 순전히 관념적이고 선언적인 의미를 가지는 게 아니라 매우 실재적이다. 제도적 민주주의체제가 작동하고 있어도 신자유주의체제에 의해 사회관계가 작동하고 있을 때 가난한 대중은 기본적 삶의 요구를 충족시킬 수 없고 이들의 국가에 대한 요구는 거부되고 억압된다. 그러므로 가난한 대중의 요구를 수용하는 것을 최대의 정치적 목적으로 삼는 차베스 정부는 우선적으로 부와 소득의 불평등한 체계를 변혁시키려고 노력한다.

예를 들어 2002년 법률 1.666에 의해 조직된 "도시토지위원회"는 도시의 가난한 주민들이 불법적으로 점유한 토지에 대해 토지소유권을 부여하는 베네수엘라 역사상 처음 있는 사업을 공공적으로 벌이게 된다. 이 위원회는 국가의 관료기구로부터 독립적인 자율성을 확보해오고 있다. 이 위원회들의 네트워크를 조정하고 행정적 업무를 담당하는 "전국토지합법화사무국"에 의하면 2005년 현재, 대도시만이 아니라 전국의 중소도시의 빈민가에 걸쳐 약 백만 가족을 커버하는 약 6천 개의 "도시토지위원회(CTU)"가 조직되어 있다. 이는 대략 전국 도시빈민의 약 1/4을 차지하는 상당한 숫자이다. 약 10만 건의 도시빈민에 의한 무단점거 토지의 소유합법화가 이루어졌다.

이 같은 성공의 비결은 몇 가지가 있다. 첫 번째로 도시빈민에 의한 토지소유합법화운동은 차베스 정부가 들어서기 전부터 있어 왔다. 1989년 "카라카소" 시위 직후 만들어진 동네평의회에서 이 같은 대중적 요구가 분출했고 1994년경에 시들해졌으나 차베스 집권 후 정치지형이 바뀌고 사회관계의 헤게모니가 바뀌어 차베스 대통령의 49개 수권법이 통과되면서 2001년에 다시 출현하게 되었다.

이 당시 수권법에 토지에 관한 법률, 즉 이들 도시 가난한 대중의 주거권에 대한 요구가 포함되어 있지 않아 이들은 이에 대해 항의하기 시작했다. 이들의 시각에 의하면 49개 수권법은 "국가의 재구성"에 대한 법률들이라고 보았다. 다시 말해, 49개 수권법은 베네수엘라의 권력관계와 사회관계의 헤게모니를 바꾸는 분기점이 된다. 그리하여 2002년 2월 법률 1.666이 통과된다.

그러나 이 당시 정치지형은 매우 위험한 위기로 치닫고 있어 정부가 이들 도시빈민의 주거권 요구를 제대로 챙길 여유가 없었고 이를 행정적으로 담당할 기관도 2년 뒤에야 생겼다. 따라서 이들 주민들은 스스로 점유한 도시토지의 합법화 운동을 펼치게 된다. 오히려 정부의 무관심이 이들 "도시토지위원회"의 자율성을 강화시켰다. 두 번째로 도시토지위원회는 법률에 규정한 대로 도시빈민공동체가 자신들의 영토로 인식하고 구획한 공간적 범위를 가지고 있었다. 따라서 구성원들로 하여금 귀속감과 연대감을 강화시킬 수 있었다.

세 번째 "도시토지위원회"는 조직구성이 주민총회 중심이라 많은 사람들이 참여할 수 있는 구조이다. 또한 이들은 관계 당국에 등록하기 위해 지역의 지도와 지역의 역사를 스스로 만들었다. 이런 업무추진 방식은 지도그룹의 리더십과 구성원 사이의 연대를 강화시켰다.

네 번째 도시토지위원회는 조직의 유연성과 다양성의 유지로 유명하다. 통상적으로 가난한 사람들이 귀찮아하는 관료적 번잡함과 형식적 규격을 피했다. 이로써 정당, 시민단체, 공무원들의 도움과 개입이 필요 없게 되었다. 그리하여 각각의 도시토지위원회는 그들 자신의 공동체의 특성에 맞게 융통성 있게 운영될 수 있었다.

이와 비슷한 조직으로 "물문제위원회(MTA)"도 차베스 정부 수립 이전부터 상수도 부족을 해결하기 위한 동네공동체로서 유연하게 활동하고 있었다. 베네수엘라 행정체계의 유연성을 알 수 있는 것도 이 "물문제위원회"의 공동체 지도자가 현재는 상수도 관련 공기업(Hidroven)의 부장으로 일하고 있다. 이 "물문제위원회"는 "급진적 동기당(LCR)"의 이스뚜리스 리베르타도르시 시장(1993~1995)에 의해 구성된 동사무소의 경험에서 나오게 된 것이다. 현재는 차베스 정부의 공공정책의 일환으로 추진되고 있다. '급진적 동기당'이 가난한 기층대중의 생존권적 요구에 민감한 설득력이 있는 좌파정당이었음을 보여준다.

이 두 가지 기초적 생존권에 연계된 조직구성은 공동체 활동의 성공적인 성과를 보여주는 대표적 예들이다. 또한 헌법 제308조와 70조, 118, 184조에 의해, 조합운동과 도시와 농촌의 소기업의 진흥을 강조하는 '사회경제'의 활성화정책도 부와 소득의 불평등을 변혁시키려는 정책들이다. 이들 정책은 신자유주의체제가 강조하는 개인적 이익이 아니라 집단적·공동체적 이익과 사회적 연대를 중시하고 장려하는 정책이다. 그리고 조합운동을 통해 주정부 또는 시정부의 기능이 이전된 분권화된 공공서비스(건강, 교육, 주택, 문화, 스포츠, 환경, 공단유지, 주민치안 등)의 운영에 지역공동체가 적극 참여할 수 있게 하고 있다. 2001년 8월에 "조합에 관한 특별법"이 공포되었다. 2004년 현재 등록된 조합은 2만 4천 개이고 조합원 수는 약 87만 명이다. 사회경제의 구체적 행위자인 조합이 활동할 수 있도록 금융지원과 경영기술 지원의 마이크로 금융이 있다. 예를 들어, 주권자민중은행, 여성은행, 사회발전은행 등이 있다. 조합운동을 통한 사회경제의 발달은 시장의 민주화에 크게 기여하고 있다.

베네수엘라 혁명은 여러 가지 의미에서 2003년이 결정적이다. 이 해부터 국가가 국영석유회사를 통제하는 것이 본격화되어 국영석유회사와 다른 공기업의 구매입찰을 이들 조합과 소기업으로부터 조달하는 정책이 수행되고 있다. 이와 같은 미션, 조합운동, 도시와 농촌의 토지위원회, 주민평의회 등의 정책수단이 구체적으로 실행되면서 2005년부터 베네수엘라의 정치지형의 헤게모니는 차베스 정부의 정책방향이 광범한 대중의 자발적 복종과 지지를 얻게 된다. 이리하여 차베스의 '21세기 사회주의'에 대한 공식 선언은 2005년에 있게 된다. 하지만 이미 1996년부터 '대중의 요구'에 응답하는 것을 혁명의 최우선 과제로 인식하고 있었다.

그리고 2003년부터 이미 미션사업 외에 생산수단의 사회화를 통한 조합운동과 노동자 공동경영기업 등을 통해 자본주의를 점진적으로 넘어서는 새로운 사회주의를 실험하여 왔다. 다시 말해 처음에는 우파적 포퓰리즘 정책 즉, 자본주의체제를 유지하면서 가난한 대중을 선별적으로 배려하는 정책을 집행하다가 나중에 전면적인 사회주의 정책으로 노선전환을 한 것이 아니다. 처음부터 차베스는 대중의 급진적 요구를 수용하는 급진적 포퓰리즘 정책을 수행한 것이다. 베네수엘라 도시의 고속도로변의 입간판에는 "차베스는 대중이다"라는 말이 적혀 있다. 강력한 카리스마를 가지고 있는 차베스의 대중과의 일체감을 표현한 것이다. 차베스는 이 같은 노선이 결국 새로운 사회주의 또는 코뮌적 사회주의로 나아가는 경로임을 인식한 것이다.

문제는 중간계급이다. 차베스가 이 중간계급의 자발적 동의와 지지를 얻어내야 반차베스 진영의 헤게모니 도전을 막을 수 있기 때문이다. 헤게모니의 문제는 마르크스의 주된 관심사가 아니었고 그람시에 이르러 본격적인 문제제기가 있게 된다. 예를 들어 그람시에 의하면, 파시스트들은 노동자계급과 좌파정당은 억압하고 일반대중에게는 포퓰리즘 정책을 쓴다. 헤게모니의 참호를 얻기 위한 전략, 즉 대중을 뺏어오는 투쟁은 상식의 영역에서 벌어진다. 현재 차베스 정부는 기존의 조직적 노동자계급을 우대하지는 않고 기층노동자들을 포함한 가난한 일반대중에게 급진적 포퓰리즘 정책을 써서 헤게모니를 장악하고 있다. 중간계급에 대해서는 별도의 정책집행이 없다.

하지만 차베스 정부의 사회적 공공성 강화의 정책들이 기득권계급을 제외하고 기층대중 외에 중간계급에게도 이익을 주고 있음은 분명하다. 반차베스 진영의 언론에 의하면 가난한 사람들만이 차베스를 지지하고 있고 시간이 갈수록 중간계급은 반차베스 진영에 포섭되고 있는 것 같아 보인다. 특히 대도시의 폭력적 범죄가 증가하면서 치안부재 상황이 중간계급에게 큰 위협이 되기 때문이다. 그렇다면 현재 베네수엘라의 중간계급은 차베스를 지지하지 않는가? 결론은 '그렇지 않다'이다. 일반적 인상과 달리 시간이 갈수록 가난한 대중에서보다 오히려 중간계급이 지속적으로 차베스를 지지하고 있다.

예를 들어, 2000년의 선거에서보다 2006년의 선거에서 중간계급의 차베스 지지가 늘고 있다. 무슨 요인으로 차베스 정부가 중간계급을 끌어오는 것인지 이 부분에 대해서 앞으로 집중적인 연구가 필요하다.

그람시가 이데올로기는 많은 사람들의 확신이라고 하였듯이 오늘날 많은 베네수엘라 시민들이 반신자유주의의 방향이 옳다고 생각하는지도 모르겠다. 오직 예외적으로 1998년의 선거에서만 빈부에 따른

뚜렷한 선거 경향을 보여준다. 이 같은 분석은 라틴아메리카의 포퓰리스트들이 노동자계급을 넘어서 다 계급의 지지를 받는다는 가설을 확인시켜준다. 반차베스 진영이 언론조작 등 여러 가지 노력을 기울이고 있어도 차베스의 헤게모니가 쉽게 흔들리지 않는 이유를 이해할 수 있다. 그러나 예외가 있다. 대학생들의 반차베스 성향이 상대적으로 높다.

물론 기득권층은 압도적으로 차베스를 반대한다. 반차베스 언론이 지속적으로 전해주는 보도의 흐름은 차베스가 가난한 대중을 선거

때마다 자신을 지지하도록 동원하는 느낌을 주지만 실제 선거에서 가난한 사람들의 기권율은 줄지 않고 있다. 우리 사회의 대부분의 중산층과 가난한 사람들은 얼마 전 중도와 실용이 그럴듯해 보여 표를 찍었다. 신자유주의체제는 그렇게 대중을 유도한다.

정치학자 샹탈 무페가 『민주주의의 패러독스』에서 분석하였듯이 유럽도 마찬가지다. 신자유주의체제는 그 본질적 속성상 국민 모두의 요구를 만족시키는 것은 애초부터 불가능하기 때문에 항상 중도를 내세운다. 그런데 대의민주주의체제에서 치르는 선거에서 대중은 이를 간파해내기가 쉽지 않다. 포퓰리즘은 무척 애매하고 양면성을 띠고 있는 담론이다. 포퓰리즘을 정확히 이해하자면 정치학자 라끌라우가 지적한 '사회적 요구' 또는 '대중의 요구'라는 개념에서부터 출발해야 한다. '사회적 요구'는 일반대중이 거의 대부분 가난하고 사회적으로 권력 배분에서 철저하게 소외되고 억압되어 있는 소위 '타자화'되어 있는 라틴아메리카에서 아주 치열하게 나타난다. 그리고 실제로 라틴아메리카에서 포퓰리즘 정권이 쉽게 그리고 많이 태어났다. 포퓰리즘 정부는 대부분 우파 포퓰리즘 정부와 그냥 포퓰리스트 정부 이렇게 둘로 구분된다.

예를 들어, 차베스 정부와 볼리비아의 에보 모랄레스 정부 등을 서구학계와 언론 등에서 포퓰리스트 정부로 호명한다. 물론, 안 좋은 의미로 호명하는 경우이다. 그런데 흥미로운 것은 정치적 수사에서는 가난한 사람들을 배려하겠다는 연설을 많이 하고 그러나 실제 정책에서는 이들을 배제하는 우파 포퓰리즘 정부를 이들 서구의 지식, 담론 권력을 지배하는 세력들은 그냥 민주정부라고 부른다. 베네수엘라 국내와 외국에 걸쳐서 차베스체제에 대한 비판적 담론은 거의 모두

차베스를 부정적 이미지를 가지는 포퓰리스트로 호명하는 데서부터 시작된다. 그런데 이들은 차베스를 포퓰리스트로 규정하면서도 차베스 개인의 정치 스타일 대신에 차베스를 지지하는 대중의 가난함 등에만 주목한다. 그런 이유는 아마도 주류 포퓰리즘 담론이 정치지도자가 가난한 사람들에게 이익을 줄 것을 약속하지만 그것은 선거에서 표를 얻기 위한 수사로만 이용하는 지도자를 포퓰리스트로 인식하기 때문일 것이다.

그러나 차베스는 단순한 수사적 약속이 아니라 현실적으로 이를 실천했기 때문에 이런 프레임으로 바라보면 차베스는 포퓰리스트가 아니다. 차베스를 라클라우가 이야기하는 급진적 민주주의의 포퓰리스트로 이해할 수 있게 한 사건이 1989년의 '카라카소'였다. 그리고 차베스가 1999년 집권 후 오랜 시간이 지난 뒤인 2005년에 발표한 새로운 사회주의 즉, '21세기 사회주의' 선언도 바로 '카라카소'의 산물이었다(Lebowitz, 2008, 4). 그리하여 형식적 대의민주주의를 뛰어넘어 평범한 대중의 요구를 급진적으로 수용하는 '급진적 포퓰리즘(Laclau, 2005, 221)' 체제가 등장하게 된다. 대중의 요구의 다양성이 만드는 등가적 연쇄고리와 내부적 국경선의 존재가 대중적 정체성을 어떤 담론으로 표현되도록 만든다. 이 과정이 없으면 아무리 대중의 요구가 있어도 포퓰리즘이 성립되지 않는다. 등가적 연쇄를 통해 요구들의 복수성에 상응하여 광범한 사회적 주체성이 형성된다. 이를 우리들은 대중의 요구라고 호명할 것이다. 여기에 배아상태의 포퓰리스트적 구성이 이뤄진다.

1989년에 생긴 대중의 요구는 현재까지 베네수엘라 혁명을 떠받치는 힘이라고 할 수 있다. 대부분의 차베스체제를 비판하는 자유주의적 성향의 지식인들이 '급진적 포퓰리즘' 정부를 "내재적으로 권위주의, 기회주의, 낭비적이고 레토릭의 과잉의 특성을 가지고 있는 것"으로 지적하나 이 같은 지적은 구체적인 맥락을 분석하는 주장이라기보다 선험적 본질주의적 시각이다(Ellner, 2010, 78).

또한 '급진적 포퓰리즘'은 전 세계를 아우르는 기업활동의 세계와 미국의 정치체계의 이념적 경향 내에서 의심이 가는 정권에 붙여지는 이름이다. 그러나 미국의 진보적 학자들은 '급진적 포퓰리즘'을 차베스와 그 밖의 진보적 정부들이 정치의 중심축을 사회적 갈등의 해결로 제시하는 포퓰리즘 정부로 해석한다. 가장 중요한 문제는 베네수엘라에서 1980년대 이후 1990년대 내내 신자유주의체제가 지속되면서 양당의 의회민주주의에서 대표 되지 않는 광범한 대중의 사회적 배제가 있었다는 점이다. 그런데 흥미로운 것은 사회적으로 배제된 대중이 파편화되어 있지 않고 차베스가 등장하기 훨씬 전인 1980년대에도 공동체적 연대가 작동하고 있었다는 점이다. 1989년의 '카라카소' 소요상황 직후에도 '동네평의회'가 조직되어 있었다(Denis, 2006, 2). 베네수엘라의 가난한 대중이 개별적으로 파편화되지 않고 집단적으로 그들의 요구를 표출한 사실은 차베스 집권 이전에도 이미 코뮌적 사회주의의 징후를 보이고 있었음을 알 수 있다.

이런 맥락에서 볼 때 1980년대 후반부터 잠재적으로 신자유주의 체제가 가져오는 사회적 배제를 거부하는 집단적 힘이 있었음을 알 수 있다. 그러나 지식인들은 1990년대에 들어서도 허구적 민주주의 체제인 푼토 휘호 체제가 붕괴했다는 징후를 알아채지 못했다. 그 이유는 공식적 체계의 밖에서 움직이는 흐름이 포착될 수 없었기 때문이다. 다시 말해 서론에서 이야기한 것처럼 민주주의가 제대로 작동되고 있지 못했기 때문이다. 양대 거대정당은 급속한 발전과 근대화가 빚어내는 내재적 속성인 '사회적 긴장(Parker, 2005)'만을 부드럽게 관리하고 있으면 충분한 것으로 인식하고 있었다.

하지만 1980년대 초부터 베네수엘라는 빈부차가 가속화되고 있었고 사회정책은 약화되고 있었다. 즉, 기득권층이 주장하는 석유수입의 '트리클 다운(누수효과)'은 일어나지 않고 있었다. 차베스 집권 이전의 90년대 페레스정권(1989~1993)과 깔데라정권(1994~1999)의 경우, GDP대비 사회정책예산이 계속해서 줄고 있었다. 1990~1991년의 GDP대비 정부의 사회정책예산 지출은 라틴아메리카의 평균인 10.1%보다 낮은 9%였고 1996~1997년은 그 격차가 12.4% 대 8.4%로 악화되고 있었다(Parker, 2005, 47). 다시 말해, 90년대 내내 사회적 양극화로 빈곤이 크게 증가하고 있었지만 대중의 사회경제적 요구에 응답하는 정치세력은 아무도 없었다. 1989년부터 1998년 사이에 정치적·경제적 상황에 대한 약 6천 번 이상의 대중의 항의가 있었다(Lopez Maya, 2005, 90). 오직 차베스만이 98년의 대통령선거에서 당선되기 전인 1996년에 이미 대중의 요구에 응답할 사회정책의 중요성을 인식하고 있었다. "신자유주의 기획은 좋은 경제정책이 가장 좋은 사회정책이라는 비인간적인 가설에 기초하고 있다. 그 반면, 볼리바리안 대안 어젠다는 가장 좋은 사회정책은 대중의 요구에 응답하는 것이라는 원칙을 가지고 있다(Chavez 1996, Parker, 2005, 46 재인용). 차베스혁명의 알파와 오메가는 신자유주의에 의해 배제되고 억압된 가난한 대중의 요구에 응답하는 것이다. 아래로부터의 대중의 요구를 중시한다는 점에서 차베스는 진정으로 '급진적 포퓰리스트'로 불러 마땅하다.

그러나 유럽 등 선진국의 주류 언론이나 베네수엘라의 반차베스 성향의 언론들은 차베스가 위에서부터 독단적인 권위주의 정치행태를 보인다고 주장하면서 '포퓰리스트' 또는 '독재자'란 부정적 의미의 호칭을 붙이고 있다. 그러나 대중의 요구의 응답을 중시한다는 점에서 차베스체제를 라끌라우가 이야기하는 긍정적인 의미의 '급진적 포퓰리즘' 체제로 볼 수 있다. 특히 차베스의 급진적 포퓰리스트 담론에 대중이 호응하고 있다는 점이 주목된다.

그러나 반차베스 시각의 지식인들은 차비스타들이 국가로부터 받는 이익의 대가로 정치적 지지를 보낸다는 연고주의로 비판한다. 이들은 차비스타들의 열렬한 지지를 무조건 연고주의의 시각으로 이해한다. 그러나 이들 지식인들의 담론의 결정적 약점은 위에서 아래로 내려다보는 시각으로 인해 차비스타들의 실제 정치적 경험과 배경, 조직적 구성의 성격, 국가가 차비스타들을 반헤게모니 전선의 동업자로 인식하는 전략적 맥락, 차비스타들이 국가의 사회정치적 어젠다에 미치는 영향, 차베스 진영 내의 조직들 사이의 권력을 둘러싼 경쟁과 협상 등을 분석하는 데 실패하고 있다. 이런 치밀한 분석을 뛰어넘어 차베스의 카리스마와 가난한 대중의 무조건적 지지로 단순화하고 차비스타들을 반민주적 정치적 행위자로 선험적으로 규정하고 있는 것이다.

로빈슨에 의하면 볼리바리안 혁명의 '급진적 포퓰리즘'은 가난한 대중의 요구를 들어주는 정책들을 넘어 국내와 초국적 엘리트들을 위협했다. 왜냐하면 문화적 헤게모니와 국가권력이 전통적인 지배계급의 손으로부터 빠져나가고 있기 때문이다. 동시에 신자유주의정책들로 인해 더욱 가난해지는 대중의 이익을 지킨다는 의미에서 '반신자유주의체제'로 호명할 수 있다. 그러므로 전통적인 기득권계급과는 대치전선이 분명해진 것이다. 이같이 엘리트와 대중의 대치전선을 이해하는 것이 모든 베네수엘라 혁명의 정치적 현상들을 이해하는 기본적 인식이 된다. 신자유주의 세계화와 그 헤게모니에 저항하는 기본적 진지는 국가와 인민주권이다(Negri, 2006, 56). 바로 차베스체제는 이 진지를 대표한다.

그렇다면, 차베스 대통령이 '21세기 사회주의'의 비전을 언제부터 본격화한 것인가? 대부분의 논자들은 2005년 브라질의 세계사회포럼의 차베스의 연설에서부터 보고 있다. "우리는 사회주의를 재발명해야 합니다. 소련에서 보았던 종류의 사회주의일 수는 없고 경쟁이 아니라 협력에 기초한 새로운 시스템을 발전시키면서 등장할 것입니다. 우리는 소련의 경험과 동일한 왜곡이 될 국가자본주의에 의존할 수 없습니다. 우리는 새로운 유형의 사회주의, 기계나 국가가 아니라 인간이 모든 것에 앞서는 인간적 사회주의를 되찾아야 합니다(Chavez, 2005, Lebowitz, 2008, 1 재인용)."

차베스는 이미 오래전부터 자본주의의 속성을 꿰뚫고 있었다. 그렇기 때문에 1999년 집권 후 2006년까지 차베스체제를 단순히 자본주의 발전전략에 기초한 '자원민족주의' 또는 '신포퓰리즘'으로 호명(김창근, 2010, 139)하는 것은 이해하기 힘들다. '신포퓰리즘'은 신자유주의를 추종하며 가난한 대중의 지지를 얻는 페루의 톨레도 또는 아르헨티나의 메넴을 가리킨다. 차베스는 신자유주의를 거부한다. 그리고 메넴과 같이 가난한 대중의 사회적 배제를 극단적으로 몰고 온 정치인을 호명하는 '신포퓰리즘'이란 용어로 차베스를 가리키는 것은 이해하기 힘들다. 신포퓰리즘은 고립된 개인을 상정한다. 그러나 베네수엘라 혁명은 대중의 연대를 실천한다. 그리고 신포퓰리즘의 정치적 장의 재구성의 핵심은 사회적 '타자'의 추방이다.

그러나 차베스 정부의 정치적 성격은 정반대로 사회적 '타자'의 포용이다. 이 차베스 정부의 성격을 자본주의를 단지 인간화시키는 것으로 보고 "볼리바리안 운동이 자본주의 사적 소유를 철저하게 인정하는 포퓰리즘에서 출발하였다(김창근, 2010, 145)"는 주장도 수긍하기 힘들다. 자본주의 사적 소유를 철저하게 인정하면 포퓰리즘이고 자본주의를 넘는 사회주의를 지향하면 포퓰리즘이 아닌가? 아마 이 같은 지적은 차베스가 집권 초기인 1999~2000년에 새로운 헌법을 만들었지만, 즉 말로는 급진적 · 혁명적 담론을 아주 많이 제시하였으면서도 실제로는 급진적 정책을 취하지 않고 문제가 심각한 재정의 안정에만 치중한 경제정책의 행보를 두고 하는 이야기인 것 같다.

예를 들어, 외환보유고의 축적 등을 최우선적으로 고려한다. 그러나 이것은 차베스가 전략적으로 외국의 다국적 금융기관 등을 생각하여 신중한 행보를 보인 것이다. 이 당시 일체의 국유화 조치도 없었다. 차베스가 취한 첫 번째 변혁정책은 2001년 석유법을 통한 석유공사에 대한 재국유화이다. 베네수엘라 정부는 석유공사의 51%의 지분을 유지하며 외국의 자본은 베네수엘라 국영기업 또는 국내 민간기업과 합작을 통해서만 투자하도록 하였다. 그리고 외국자본이 베네수엘라 정부에 내는 로열티를 석유는 50%, 가스는 20%로 인상한다. 오히려 법인 소득세는 67.6%에서 50%로 낮춰준다. 로열티가 거둬들이기가 더 쉽기 때문이다. 그럼에도 외국의 다국적 석유회사들은 베네수엘라와 계약하고 싶어 한다. 그리고 국영석유공사의 데이터 프로세싱 작업을 맡은 외주업체와의 계약을 취소한다. 이 업체의 60%의 지분을 가지고 있는 회사는 미국회사로서 이를 통한 정보유출을 거부한 것이다. 이 업체는 2002년 12월의 석유공사의 경영자 파업 당시 데이터 프로세싱 작업을 사보타지한다. 그리하여 차베스 정부는 고도로 숙련된 전문 인력과 매니저 등을 위주로 1만 8천 명을 해고한다. 경영자 파업당시 석유생산이 급감하여 교통이 거의 마비되고 가스도 부족하여 카라카소의 많은 시민들이 나무를 땔감으로 사용했다. 이 당시 경제적 자해로 인한 손실은 약 140억 달러에 이른다.

그러나 정치·경제위기를 넘긴 2004년의 베네수엘라의 경제성장률은 17.3%에 달한다. 차베스는 이후 베네수엘라 석유의 수출지역을 다양화시킨다. 특히 중국과 아르헨티나, 브라질, 우루과이, 파라과이와의 거래를 강화한다. 이들 메르코수르와의 긴밀한 관계구축은 라틴아메리카 통합운동을 구체화시키고 있다. 석유로 인한 이익은 건강, 교육 등의 사업에 집중하도록 한다. 그리고 차베스는 OPEC을 강화하여 원유가격을 상승시킨다. 차베스체제를 제대로 이해하기 위해서는 우선 포퓰리즘을 단지 자본주의체제를 옹호하면서 대중의 인기만을 영합하는 것으로 해석하는 기존의 주류적 시각에서 벗어나 폭넓은 시각으로 포퓰리즘을 이해해야 한다. 왜냐하면 2004년의 차베스 소환 국민투표에서 승리한 뒤 자신감을 얻은 차베스는 2005년 "21세기 사회주의"를 선포한다. 그리고 2006년부터 급진적 정책을 더 강화시킨다. 차베스는 집권 당시 처음부터 "급진적 포퓰리즘"에서 출발하되 단계적으로 다양한 사회주의정책을 진행시켰고 2006년의 재선에서 승리한 뒤 2007년부터 한 단계 더 급진화한 것으로 이해해야 하기 때문이다(Robinson, 2008). 포퓰리즘에 대한 기존의 자유주의적 해석과 라끌라우의 해석이 부딪치는 교차점은 포퓰리즘이 비민주주의적인가? 아니면 오히려 민주주의를 심화시키고 급진화하는 것인가의 물음에 있다. 포퓰리즘에 대한 부정적 인식의 기존의 주류적 해석은 대중이 카리스마 있는 지도자에게 강한 정서적 연대와 호응을 하는 것을 상호 이해관계와 정치적 지지를 교환하는 것으로 해석하는 연고주의로 보기 때문이다. 그리고 이와 함께 대중의 지도자와의 지나친 연대도 시민사회가 국가로부터 독립적으로 제도화되어야만 민주주의적이라는 선험적 가치판단 때문이다. 그리고 가장 중요한 차이는 민주주의가 자유주의적 대의민주주의만이 민주주의라는 선험적 가치판단 때문이다.

그러나 차베스혁명의 가장 중요한 가치는 대의민주주의를 보완하는 "주인공적 참여민주주의"에 있으므로 혁명의 주요 사회적 행위자를 해석할 때 주의해야 한다. 21세기 사회주의에 대한 명시적인 선언은 2005년 또는 2006년에 했더라도 그 이전부터의 차베스 정부의 흐름을 살펴야 한다.

우선 1999년의 헌법이 사회주의적 조항들을 다수 포함하고 있다는 것을 인식해야 한다. 예를 들어, 가난한 주민들의 기본적인 주택권을 보장하는 '도시토지위원회(CTU)'도 1999년 헌법의 틀에서 나온 조직이다. 이 위원회는 2006년 현재 약 6천 개에 이르는데 의사결정을 관료가 하는 것이 아니라 기층민중 스스로가 한다. 또한 차베스 정부가 집권 초기에 베네수엘라의 자본가들이 그들의 특권 중의 일부를 기꺼이 포기하고 국가와 사회적 경제시스템과의 전략적 제휴를 통해 민족주의적 프로젝트를 진전시킬 것으로 믿었다는 주장도 설득력이 약하다.

왜냐하면 차베스 정부는 경제구조의 안정을 기하면서도 2001년 '탄화수소법'을 비롯한 49개의 수권법을 통과시키며 석유공사를 재

국유화시키며 자본주의체제를 과감하게 변혁시키는 정책들을 추진하였지 않은가? 그렇기 때문에 그 이듬해인 2002년 4월에 반차베스 쿠데타가 일어나지 않았는가? 또한 차베스혁명의 핵심전략인 '미션' 사업과 조합운동 및 '노동자 공동경영' 등의 '사회경제' 모델도 2003년 중반에 반차베스 진영의 석유공사 '경영자 파업'이 종결된 직후부터 시작되었다(Harnecker, Marta, 2005, 46).

예를 들어, 메리다주의 전기회사로 노동자 공동경영기업인 "카델라(Cadela)"는 지역의 미션사업(미션 리바스, 로빈슨, 동네 속으로)들을 지원하고 지역의 주민평의회와 조합, 동네주민들과 연대하여 예술가들과 민속공예품 작가들의 창작촌 형성과 유휴농지의 소농경작지화, 문화, 관광사업 등을 지원하고 있다. 이 같은 다양한 조합운동은 '대안적 경제, 연대경제 또는 사회경제'의 핵심전략으로 인정된다. '사회경제'란 용어는 이미 유럽에서 1980~1990년대 들어 활발하게 문제 제기되었고 1992년에는 제1회 '사회경제' 학술대회가 마드리드에서 열렸다. '사회경제'는 아르헨티나와 브라질에서 활발하게 논의되는 이론적 흐름으로 지배적인 자본주의경제에 대한 대안적 경제로 연대, 협력, 상호성을 실제로 유효한 경제적 힘으로 간주하고 다수 대중의 최소의 삶의 질을 확보하려는 비판적 사회운동이다. 이 같은 사회경제모델은 이미 2001~2007년 경제 사회 개발계획에 들어 있었다(Wilpert, 2007, 76).

따라서 차베스 정부의 사회적 경제모델은 자본주의체제를 그대로 유지시키면서 빈민들에 대한 사회복지사업을 강화시키는 것으로 만족하는 것이 아니다. 그게 아니라 자본주의(신자유주의)체제가 타자화시키는 가난한 대중과 노동자의 요구를 비자본주의의 방식으로 급진적으로 수용하는 모델이다.

  20세기 현실사회주의, 즉 마르크스주의가 지향하는 생산수단의 전면적 국유화도 없었고 사유재산제가 유지되고 있어도 차베스가 품고 있는 방식의 새로운 사회주의 또는 코뮌적 사회주의 정책은 2006년 이전에 이미 진행되고 있었다. 차베스혁명은 1989년 '카라카소' 이후 신자유주의체제를 거부하는 대중의 힘에 의해 견인되어온 흐름이기 때문이다.

| 참고문헌

김창근(2010), 「베네수엘라 볼리바리안 혁명의 21세기 사회주의 건설운동」, 『마르크스주의 연구』, 19, 제7권 제3호, 한울, pp.138-18.

어네스토 라끌라우·샹탈 무페(1992), 『사회변혁과 헤게모니』, 김성기 외 역, 터.

De la Torre, Carlos(1992), "The Ambiguous Meanings of Latin American Populisms", Social Research, vo.59, no.2, pp.385-414.

Denis, Roland(2006), "De los Consejos Comunales a los Consejos Autogestionarios, de Fábrica y de Defensa", http://www.aporrea.org/imprime/a22676.html, pp.1-5.

Ellner, Steve(2010), "Hugo Chavez's First Decade in Office: Breakthroughs and Shortcomings", Latin American Perspectives, Vol.37, No.1, Jan. 2010, pp.77-96.

Escobar, Arturo(2007), La invención del Tercer Mundo, Caracas: el perro y la rana.

Gonzales, Osmar(2007), "Los origenes del populismo latinoamericano-una mirada diferente-", Cudernos del Cendes, año 24, no.66, sep.-dic. 2007, Caracas: UCV, pp.75-104.

Harnecker, Marta(2005), Los desafios de la cogestión, Caracas: La Burbuja.

Laclau, Ernesto(2005), La razón populista, Buenos Aires: Cfe.

_____(2008), Debates y combates, Buenos Aires: Cfe.

Lebowitz, Michael A.(2008), "The Spectre of Socialism for the 21st Century: Build it now!", Links International Journal of Socialist Renewal, http://www.links.org.au.

Lopez Maya, Margarita(2005), Del viernes negro al referendo revocatorio, Caracas: Alfadil.

Negri, Antonio & Cocco, Giuseppe(2006), GlobAL, Buenos Aires: Paidós.

Parker, Dick(2005), "Chávez and the Search for an Alternative to Neoliberalism", Latin American Perspectives, Vol.32, No.2, pp.39-49.

Robinson, William I.(2008), Latin America and Global Capitalism, Baltimore: Johns Hopkins Univ. Press.

Smith, Peter H.(1969), Politics and Beef in Argentina, New York and London: Columbia University Press.

Viguera, Anibal(1993), "Populismo y Neopopulismo en América Latina", Revista Mexicana de Sociología, Vol.55, No.3, Jul.-Sep., 1993, pp.49-66.

Wilpert, Gregory(2005), "Venezuela: participatory democracy or government as usual?", Socialism and Democracy, Vol.19, No.1, pp.7-32.

_____(2007), Changing Venezuela by taking power, London: Verso.

<인터넷 매체>

http://aporrea.org
http://www.rebelion.org
http://venezuelanalysis.com

05.
베네수엘라 혁명의
다양한 전략들

차베스와
베네수엘라
혁명

5.1. "미션"사업: 차베스 정부 정체성의 최전선

차베스 정부는 기득권계급에 의한 석유공사 사보타지 파업이 통제되고 난 뒤인 2003년 중반부터 대중의 교육, 의료 등의 사회공공성을 확보하는 수십 개에 이르는 '미션'사업을 시작한다. 차베스 정부가 운이 좋게도 이 당시 국제원유가는 치솟는다. 그리고 2003년 이해부터 국가가 국영석유회사(PDVSA)를 제대로 통제하기 시작했다.

첫 번째로 시행된 미션사업은 "미션 로빈손"이었다. 볼리바르의 가정교사인 시몬 로드리게스의 별명을 딴 것으로 성인들의 문맹퇴치를 목적으로 하였다. 이 교육사업의 방법론은 쿠바의 교육학자인 레오넬라 레예스에게서 온 것이다. 시장은 개인의 이익을 추구하는 장이고 신자유주의시대에 시장이 극단적으로 확대되면서 국가의 공공적 기능은 축소되어 교육, 의료 등의 공공성이 위축되고 시장에서의 구매력이 없는 가난한 대중이 사회적으로 배제되는 경험을 매일 하고 있다. 이런 흐름을 뒤바꾸는 '미션'사업은 사업 자체의 공공성 회복의 의미 외에도 중요한 것은 신자유주의체제에 반대하는 인식의 전환과 문화적 저항전선을 구축한다는 점이다. 이는 소위 말하는 '차베스 이후'를 생각하더라도 매우 중요한 함축을 가진다. '미션'사업이 정치, 사회, 경제적으로 중요한 것은 다음 장에서 거론할 주민평의회를 통한 '주인공적 참여민주주의'가 공허한 관념적 수사가 아닌 실제적이고 구체적인 의미를 가지게 하는 사업이기 때문이다.

　미션사업 이전에 첫 번째로 중요한 사회적 배제를 극복하기 위한 정책은 "호적등록제도"이다. 오랫동안 베네수엘라에 호적등록제도가 미비하여 많은 사람들이 법적으로 존재하지 않게 되는 문제로 인해 공공서비스의 수혜 및 인권침해에 대한 대응을 제대로 할 수 없었기 때문이다. 2000년부터 "출생 호적신고 병원제도(UHRCN)"를 통해 모든 공립병원에서 태어나는 아이들은 자동적으로 법적 등록이 되게 하였다. 94%의 베네수엘라인들이 이들 공립병원에서 태어난다. 그리고 국가기능의 약화와 사회적 지출의 축소로 가난한 대중의 자녀들이 교육에서 배제된 것을 변혁하기 위해 1999년부터 "볼리바리안" 공립 초등학교와 중등학교를 대폭 확충하고 유아교육을 위해 "시몬시토스(Simoncitos)"를 설립하였다. 어렸을 때부터 수준 높은 공교육에 포함되도록 한 것이다. 2005년 말까지 이들 "볼리바리안 학교들"이 약 4천5백여 개에 이를 것으로 추정된다. 이들 학교는 학비가 무료인 것은 물론이고 유니폼과 교재도 모두 무료로 제공된다. 그리고 교육의 질과 관련, 특히 중요한 것은 수업시간이 하루 종일로 늘어난 사실이다. 예전에는 점심때면 수업이 끝나곤 했다. 두 번의 식사가 무료로 제공된다. 아이들이 하루 종일 학교에 있게 되면서 가족들 특히 어머니들이 일을 할 수 있게 되었다. 2004년 국가예산의 20% 그리고 국내총생산 GDP의 7%가 교육에 지출되었다. "시몬시토스"는 베네수엘라 역사상 처음으로 공공유아교육을 의무화시키고 있다. 2005년 초에 약 65만 명의 어린이들이 등록하고 있다.

특히 중요한 프로젝트가 차베스혁명 이후 설립된 국립 "볼리바리안 대학교(UBV)"이다. 카라카소를 위시해 지방도시 여러 곳에 캠퍼스를 가지고 있는 이 대학은 전통적으로 고등교육에 접근하지 못했던 가난한 노동자의 자녀들에게 대학교육을 무료로 시키고 있다. 특히 베네수엘라 혁명의 중요성을 인식하는 친 차베스 진영의 중간계급의 전문가들을 양성하려고 한다. 예를 들어, 생태적 유기농업 전문가와 "내발적 발전 전략"의 사회문화적 이데올로기를 갖춘 유기적 지식인이 되기 위해 교육받고 있는 것이다.

최근 2011년 7월 칠레에서의 학생들의 대규모 시위도 교육의 사회적 공공성 회복을 주장하고 있다. 제2차 세계대전 직후에 선언된 "인권선언"은 개인적 인권에 기초하고 있다. 그러나 21세기에 들어와서 라틴아메리카에서는 개인적 인권과 공공적 인권 사이의 분할이 희미해지는 정치적 변혁을 체험하고 있다. '미션'사업으로 상징되는 차베스 정부의 사회공공성 정책은 근대적·유럽 중심적 '개인적' 인권이 아니라 '사회적' 또는 '공동적' 인권개념에 기대고 있다.

네그리에 의하면 라틴아메리카의 '정의'에 대한 새로운 상상력의 원천이 되고 있다. 이런 맥락에서 볼 때 얼마 전 우리 사회에서 인기를 많이 끈 마이클 샌델의 『정의란 무엇인가?』는 개인적·자유주의적 한계가 뚜렷하다고 할 수 있다. 서구는 '개인적' 권리를 천부인권으로 하고 시민들로부터 세금을 걷어 이를 재분배하는 것을 통해 사회정의를 추구했다면, 라틴아메리카는 '사회적' 또는 '공동적' 인권개념을 통해 공공과 사익의 구분이 무의미하게 만든 것이다.

예를 들어, 라틴아메리카 도시노동의 50%는 비공식노동(길거리 행상)이다. 즉, 세금을 안 내는 사람들이다. 하지만 이를 사회적 노동으로 인정하고 이들의 이익을 지켜주는 것을 "공공의 인권"으로 인정하는 독특한 시각을 보여주고 이들에 대한 적극적인 지원(예: 조합운동)을 하고 있는 곳이 라틴아메리카이다. 왜 이런 변혁적 인식이 나오게 된 것일까? 서구가 개인적 권리를 천부인권으로 인식하였지만 신자유주의의 글로벌한 시장만능의 공세는 이 틀을 넘어 공공과 사익의 구분이 무의미하고 희미해지고 있기 때문이다. 그리하여 인권개념의 재구성이 필요한 단계에 와 있는 것이다. 그리고 과거에 구분선이 명확해 보이던 사회운동과 정부의 관계도 상호접속과 단절을 지속하고 있다. 그렇게 된 과정은 사회의 가장 아래로부터 올라오는 코뮌적인 투쟁에 대한 성과가 다른 어느 지역보다 가장 앞서가고 있는 라틴아메리카에서이다(Negri, 2006, 242-243).

이 같은 대표적인 사례는 브라질에서 시작된 "기본소득제도"를 들 수 있다. 베네수엘라의 미션사업도 국가의 예산으로 지원되지만 실제 운용은 자원봉사자들에 의해 이루어짐으로써 라끌라우가 주장하듯이 국가와 시민사회의 분할선의 구분도 희미해져 가고 있다. 기층대중의 집단적 요구를 중시하는 사회적 거버넌스의 시대가 열린 것이다. 따라서 이 미션사업을 차베스 정부의 정치적 헤게모니의 대상으로 도시와 농촌의 가난한 대중에 대한 연고주의의 시각에서만 이해하는 것은 좁은 시각임을 알 수 있다. 물론 현실적으로 정치 공학적 측면에서 보면 2004년 8월의 국민소환 국민투표에서 차베스가 승리함으로써 소위 차비스타(차베스 지지세력)가 확고하게 구축된 것은 사실이다. 반차베스 진영의 언론과 학자들은 차비스타들을 젊고 가난하고 무식하고, 정치적으로 미숙하고, 비민주적인 대중으로 무시한다. 이런 시각은 외국의 언론들도 마찬가지다. 그리고 이들은 민주적·합헌적 과정보다는 정치적 폭력을 선호한다고 묘사된다.

그러나 아직까지 차비스타들에 의한 폭력은 거의 없다. 차비스타들은 국가의 지원에 의해 만들어진 세력으로 간주한다. 이들 지식인들의 주장을 한마디로 줄이면 "선출된 권위주의자도 권위주의자임에 틀림없다"이다.

그런데 이들 지식인들의 차비스타에 대한 설명 중에서 흥미로운 것이 있다. 로버츠와 웨이랜드 등에 의하면 차비스타들은 대부분 비공식 노동자들이고 동네공동체적 지향을 가지고 있다고 한다. 바로 이 동네공동체적 또는 구어문화적 연대의 아비투스 덕분에 차베스를 실각시킨 2002년 4월의 쿠데타 당시에도 즉시 동네평의회를 통해 차베스를 복귀시키기 위한 투쟁에 성공했던 것이다.

미션사업은 사회적 권리를 모든 사람이 향유하도록 하는 것이다. 미션사업의 목록을 확인하면 아래와 같다.

번호	미션	활동범위	목적	비고
1	메르칼(Mercal)	식품보장	식품 및 기타 필요품을 값싸고 구하기 쉽게 함	
2	대학교육	고등교육기관	대학창설 및 일반대학을 폴리텍 대학교로 변환	
3	나무	환경보호	산림녹화로 숲 회복	
4	동네 속으로 (Barrio Adentro) I	1차진료	종합적인 조치로 진료보장을 받음, 의료시설을 공동체와 가깝게 하려는 것임	
5	동네 속으로 II	입원 및 재활조치		
6	동네 속으로 III	병원 네트워크		
7	동네 속으로 IV	특수 병원		
8	스포츠 동네 속으로	스포츠와 오락	스포츠 실행과 공동체의 스포츠 교육	
9	체 게바라	사회경제	기술과 실습을 겸비하는 능력을 키워 조합 및 사회경제단체 설립지원	
10	과학	과학기술	과학단체 진흥 및 과학발전과 기술주권 확립	
11	문화	문화 예술 발전	대중문화, 공동체 문화, 문화재 및 유적 보호	
12	과이카이뿌로	원주민 보호	원주민의 기본권 인정, 공동체 개발추진	
13	신분증명	신분등록	시골 소외계층 및 원주민 주민등록	
14	호세 그레고리오 에르난데스	장애인 보호	장애인들에게 사회부조 및 의료지원	
15	빈곤층 어머니들	빈곤한 모성보호	절대빈곤층의 어머니들에게 사회경제적 지원 제공	
16	기적(Milagro)	개안수술	시각장애인에게 무료수술	
17	미란다(Miranda)	예비병 조직	예비군 조직 및 훈련과 군부의 삶의 질 향상	
18	음악	청소년 오케스트라	각 학교에 음악 센터와 청소년 오케스트라 설립	'엘 시스테마'로 국내에서도 유명함
19	네그라 이뽈리타	마약중독자 및 노숙자들 보호	종합적인 재활, 보호 제공	
20	피아르	수공업적 광업	광업공동체의 발전을 위해 절제된 채굴	

21	에너지 혁명	에너지 소비 합리화	절약적 합리적 에너지 사용 장려	
22	리바스(Ribas)	중등교육	중등교육을 못 받은 사람들에게 졸업기회 부여	라틴아메리카는 상당수 대중이 중등교육을 못 받고 있으므로 매우 중요한 사업임
23	기술 리바스	기술교육	산업기계, 가스, 전자, 건축, 석유화학, 축산 등 다방면 기술교육 제공	
24	로빈슨(Robinson) I	성인 문맹퇴치	성인들의 문맹퇴치와 독서이해장려	
25	고개를 돌려라	직업알선	"내발적 발전"의 핵심사업이 됨	
26	로빈슨 II	초등교육	초등교육 미 이수자를 위한 진학 보장	
27	피아르	광부들 복지		
26	미소(Sonrisa)	노년층의 치과진료	빈곤노년층에게 의치재활제공	
27	수크레(Sucre)	대학교육	모든 고졸자에게 대학교육 입학지원	
28	비야 누에바 (Villa Nueva)	주택과 주거지	새로운 주택단지 설립 및 재배치	
29	사모라(Zamora)	토지 회복	대토지 소유의 유휴지를 유상 배상하여 농업용도로 재분배	전통적 대지주 계층의 큰 반발이 있음
30	4월 13일	토지 정리	공동체의 필요에 대처하여 공동체 마을조직을 진전시킴	
31	농업 (AgroVenezuela)	농업지원, 금융	커피, 카카오, 축산, 옥수수, 쌀, 콩 등 경작을 위한 금융제공	트랙터 제공

(출처: 베네수엘라 기획개발부, 2008년 10월)

| 미션 "메르칼"에서 판매하는 분유. 포장지에 헌법 조문이 들어 있다. ⓒ안태환 2009

차베스는 부모가 학교 선생이다. 그는 타고난 연설가이고 친절한 선생의 이미지로 대중에게 다가간다. 차베스가 가장 존경하는 인물은 라틴아메리카의 독립영웅인 시몬 볼리바르 외에 시몬 볼리바르의 가정교사였던 시몬 로드리게스 또는 사무엘 로빈손이라고 부르는 뛰어난 교육자이다. 그는 특히 가난한 원주민과 흑인의 교육에 관심이 매우 컸다. 이런 베네수엘라의 역사를 보면서 생각나는 인물은 루소이다. 루소는 『에밀』을 통해 민주주의의 이념을 교육을 통해 뿌리내려야 함을 설파한 대표적인 민주주의의 이론가이다. 차베스는 이런 점에서 아주 뛰어난 대중과의 소통능력을 가지고 있다. 많은 학자들도 이 점을 지적하고 있다. 최근의 우리 사회에서도 정치가의 가장 중요한 덕목으로 '대중과의 소통'을 강조하는 것을 보면 차베스의 카리스마를 더 잘 이해할 수 있다. 어떻게 보면 차베스 지지기반의 핵심은 이런 대중이 가지는 진정성 있는 차베스에 대한 공감일지 모른다.

2003년부터 시작되어 사무엘 로빈손의 이름을 딴 "미션 로빈손 I"의 문맹퇴치 교육을 받는 수강자들은 "애국자"로 불린다. 이들에게 자존감을 불어넣어 주기 위한 것 같다. 이 문맹퇴치 미션은 쿠바의 '나는 할 수 있다'라는 문맹퇴치 프로그램을 벤치마킹한 것이다. 하루에 두 시간씩 65일간 읽고 쓰기의 교육을 받는다. 교사들은 같은 지역 공동체 안의 젊은이들 또는 퇴직한 교사들이 자원봉사로 맡는다. 이들 교사들에게는 사전에 약간의 교육이 이루어진다. 교육이 처음 이루어질 때 조사에 의하면 문맹의 수강자 숫자는 약 1백2십만 명에 이르렀다. 2005년 현재 1백4십만 명의 성인들이 읽고 쓰는 것을 배웠다. 그리하여 문맹이 완전히 퇴치된 것으로 2005년 10월 유네스코에 의해 공식적으로 인정받았다.

곧이어 시작된 미션 로빈손 II에서는 2년의 과정을 마친 후 초등학교 졸업의 수료증을 주게 된다. 문맹자의 52%가 30세 미만의 젊은이들이었으므로 이들이 초등학교 졸업의 학력을 얻게 되었다는 것은 사회문화적으로 매우 중요한 의미를 가진다. 미션 로빈손 사업은 전국의 외진 방방곡곡에 전부 펼쳐져 이루어졌으므로 원주민과 농민의 작은 공동체까지 혜택을 입었다. 2004년부터 차베스 정부는 미션사업을 대폭 다양하게 확대하였다. 특히 원유가의 인상으로 풍부해진 석유 재정수입이 미션사업을 여유 있게 하게 되었다.

다른 미션사업 하나를 소개한다면, 미션 '거주(Habitat)'가 있다. 우리의 경우 건설교통부가 있다면 차베스 정부에는 '거주 및 주택부'가 있다. 헌법 제82조에 "모든 사람은 적절하고 안전하고 편리하고 위생적인 주택을 가질 권리를 가진다. 이를 위해 시민사회와 국가가 의무를 진다"고 되어 있다. 주택을 시장에만 맡기겠다고 관료들이 나서지 않는다. 주택구입의 융자는 25년 상환에 5년간 유예를 주고 이자율은 6%이다. 차베스 정부는 도시 내에 빈곤계층이 불법적으로 점유하고 살고 있는 토지를 인정하여, 200가구를 단위로 위원회를 구성해 공동소유 주택을 만들어주는 방식으로 빈민들의 주거권을 확보해줬다. 이 방식은 그레고리 윌퍼트에 의하면, 이미 브라질의 룰라 정부도 채택한 정책이라고 한다. 미션 "고개를 돌려라"는 2004년에 시작되었으며 실업과 가난을 싸우기 위한 목적으로 만들어졌다. 그리고 차베스 정부의 국가발전전략인 "내발적 발전" 전략과도 상응하는 미션이다. "고개를 돌려라"는 말은 19세기 초 스페인과의 독립전쟁 당시 적을 직면해서 돌파하라는 명령에서 나왔다고 한다. 즉, 기가 죽은 실업자들로 하여금 씩씩하게 위기를 돌파하라는 의미일 것이다. 중요한 진출 부문은 농업, 제조업, 관광업, 인프라 건설, 서비스, 전략산업 등이다. 기본적으로 직업기술교육을 시키는 것이며 교육이 끝나면 스스로 조합운동을 하도록 장려된다. 정부에서 신용을 제공하는 것은 물론이다. 2005년 현재 약 28만 명이 이 미션교육을 졸업하고 약 7천 개의 조합을 만들었다.

미션 "메르칼"은 가난한 사람들의 배고픔을 해결하기 위한 미션사업이다. 국가에서 기본적인 식품공급을 해주는 것이다. 단순히 기아를 해결하기 위한 것이 아니라 외국으로부터의 식품수입을 줄이고 식량주권을 확보하기 위한 것이다. 외국으로부터의 식품수입에 의존하는 구조로 인해 2002년 말 석유공사의 자본가 파업 때 다국적기업의 사보타지로 크게 곤욕을 치른 바 있다. 이 당시 정부가 지원하고 군대가 운영하는 카라카소 주요 도로의 야외 마켓이 큰 성공을 거둔데서부터 미션 '메르칼'이 시작된다. 2004년에 전국에 걸쳐 가난한 사람들이 많이 사는 동네에서 시장가격보다 50% 이상 저렴한 가격으로 공급하는 국영체인형 마켓이 약 4천 곳 생긴다. 미션 메르칼은 주로 국내산 식품을 공급하려고 한다. 2006년 현재, 약 1만 3천 개의 마켓이 있다. 전체 인구의 약 40%를 공급한다. 좁은 골목길 동네를 들어가기 위해 트럭에서도 판매를 한다.

이 미션과 연관되어 무료급식을 하는 "볼리바리안 카페테리아(Comedores Bolivarianos)"도 운영되고 있다. 이 급식소는 매일 약 60만 명의 극빈자들에게 균형 있는 식사를 제공한다. 미션 "과이까뿌로"는 스페인에 대항해서 독립운동에 참여한 원주민의 족장 이름에서 따온 것이다. 그의 시신을 국립묘지에 안장하는 의식을 통해 차베스 대통령은 그에게 경의를 표했다. 원주민들의 권리를 인정하고 서로 다른 복합문화의 독립성을 인정하는 이 미션은 2003년 10월 12일에 시작된다. 이 날짜는 콜럼버스가 라틴아메리카를 발견(?)한 날로 라틴아메리카에서는 원주민의 날로 기억된다. 베네수엘라에는 약 5십만 명의 원주민들이 거주하고 있다. 무엇보다 원주민들의 토지에 대한 권리를 찾아주는 것을 목표로 하고 있다.

"미션 동네 속으로"는 2003년에 58명의 쿠바의사들에 의해 카라카소 시 외곽의 가난한 동네에서 시작되었다. 2006년 현재 전국에 걸쳐 약 2만 명의 쿠바와 베네수엘라 의사와 치과의사와 스포츠의학 전문가들이 약 1천7백만 명의 베네수엘라인들(전체 인구의 약 70%)에게 기초의료서비스를 제공하고 있다. 2004년부터 전국에 걸쳐 본격화된 여러 미션사업 중에서 베네수엘라 국내와 국외에 걸쳐서 매우 중요한 무료진료 및 무료투약사업으로 평가되고 있다. 베네수엘라 정부는 국립 볼리바리안 대학교의 의과대학과정 중에 "공동체 의사" 학위 과정을 개설하여 미래에 쿠바의사들을 대체할 것이다. 가장 가난한 동네주민의 의료복지 외에도 문화와 스포츠 등 복합적인 정책지원으로 추진되고 있다. 이 사업으로 혜택을 본 사람들이 차베스 지지의 핵심 그룹임은 사실이다. 쿠바 의사들이 대거 투입된 것은 베네수엘라 의사협회가 이 사업에 반대했고 또 의사들이 빈민촌에서 일하길 꺼려

했기 때문이다. 2005년까지 2만 명의 쿠바 의사들이 일했고 약 1천5백 명의 베네수엘라 의사들과 약 2천 명 이상의 간호사들이 일했다. 물론 베네수엘라 의사협회는 쿠바 의사들의 투입을 반대한다.

최근 2011년 7월 쿠바에서의 암 치료를 받은 후 귀국한 차베스는 국공립병원에서 근무하는 의사의 봉급을 30% 인상한다. 이 같은 인상은 최근 국제원유가의 상승과 석유산업에 대한 세금 인상 덕분에 가능했다. 일부 시민들은 이 미션사업을 두고 베네수엘라가 '쿠바화' 되는 것이 아니냐고 비판하고 일부 의과대학생들은 노골적으로 불만을 표시한다.

또한 차베스 정부는 2011년 말까지 약 15만 채의 주택건설을 위한 미션사업에도 예산을 배정했다. 만약 차베스의 건강이 악화되어 대통령직 수행이 힘들면 현재 부통령인 엘리아스 하우아가 이어받을 것이다. 2005년부터 한 단계 진료가 업그레이드된 미션 "동네 속으로 II"가 시작되었다. 그리고 이 미션사업이 시행되면서 빈민들이 사는 공동체에는 "토지위원회"와 비슷하게 "건강위원회"가 설립되어 의사들을 환영하고 도울 뿐만 아니라 지역공동체의 종합적 건강증진을 위한 프로그램을 기획한다.

그러나 동네주민들이 구체적 추진능력이 떨어져 국가가 많이 개입하고 있다. 다양한 미션사업이 진행되고 풀뿌리 도시사회운동조직이 활성화되면서 한 가지 관심을 가져야 할 사안은 가난한 동네의 기층여성들의 참여가 두드러지면서 오랫동안 베네수엘라의 사회관계에서 남성위주의 우월적 관계에 젠더적인 변화가 일어나고 있는 점이다. 비록 대부분의 경우 동네공동체조직의 리더들은 남성이지만 조직의 총회 또는 위원회에는 여성들의 참여가 두드러진다.

특히 빈곤한 동네의 주민들을 위한 "공동체부엌"에서의 여성의 역할은 말할 것도 없다. "동네 속으로" 미션이나 미션 "리바스" 등을 소개하는 텔레비전 프로의 이미지에 검은 피부의 가난한 여성들이 많이 나오고 있다. 일반적으로 어느 사회나 건강과 교육의 사안은 여성들이 더 많은 관심을 가진다. 이 같은 젠더적인 변화의 성격은 베네수엘라만이 아니라 라틴아메리카 전체에 걸쳐 과거의 전통적인 정당과 노조의 활동과 현재 기층대중에 의한 새로운 사회운동의 성격이 서로 다름을 이해하는 데 관건이 된다. 당연히 이들 가난한 여성들은 이중의 억압을 받고 있다. 이미 1970년대에도 카라카스의 가난한 동네에 여성들의 공동체가 형성되었다. 그럼에도 이에 대한 충분한 연구가 부족하다. 최근의 차베스체제하의 가난한 동네의 여성들의 공동체 활동은 베네수엘라의 전반적인 여성운동의 성격과는 구별된다. 많은 학자들은 중간계급 이상의 여성들의 전략적으로 젠더적인 문제의 제기보다는 이들 가난한 여성들은 식품, 주거, 건강 등 실제적 관심에 치중한다고 한다.

그러나 이 같은 성격구분은 가난한 여성들의 일상적 생활조건의 투쟁의 의미를 마치 탈정치적인 것처럼 인식하여 현실과는 거리가 있어 이런 선험적 이분법은 별로 의미가 없다. 우선 차베스체제의 젠더 정치는 쿠바, 중국, 니카라과 등의 혁명 이후의 국가건설에서 여성담당 관료기구를 만들어 여성의 이익과 권리를 위에서부터 보장하는 방식과 다르다. 이런 나라들에서는 여성의 사회운동이 독립적으로 대규모로 이루어진다.

하지만 차베스체제의 동네공동체 활동의 여성들의 참여는 대규모 여성운동의 방식으로 이루어지는 것이 아니다. 그렇다고 아르헨티나

5월 광장의 어머니들처럼 자율적 조직운동을 하는 것도 아니다. 오랜 전통을 가진 동네공동체의 일원으로 참여하는 것이다. 이들 여성들은 차베스 정부와 끈끈한 동일성을 가진다. 미션과 주민평의회 등 국가가 공식적으로 만든 조직과 연대하고 그녀들의 동네에서 상당한 자율성도 가진다.

1990년대 초에 카라카소의 가난한 동네의 도시사회운동은 1889년의 "카라카소"의 연장선에서 공공차량의 납치, 공공건물의 접수 등 아주 급진적 방식의 항의를 조직한다. 그리고 차베스의 1992년의 쿠데타 시도와 1998년의 대선 승리 등 급박하게 진행된 베네수엘라의 정치지형은 많은 대중을 정치화하고 여성을 포함한 사회의 여러 부문이 대중행동에 나서게 만든다.

예를 들어, 2002년의 반차베스 쿠데타와 2004년의 차베스 국민소환을 둘러싼 국민투표에도 많은 대중이 항의와 투표 참여를 통해 차베스를 다시 권좌에 복귀시켰지만 이 당시 가난한 노동자계급의 여성들도 적극 참여하였다. 주로 이들 가난한 여성들은 공동체부엌, 토지위원회, 미션 등의 네트워크 참여에 열심이다.

여기서 중요한 미션이 대학 수준의 직업교육을 제공하는 미션 리바스(Ribas)이다. 미션 리바스를 홍보하는 지하철 입구의 도시광고판에는 대부분 가난한 혼혈 또는 흑인여성들의 사진이 등장한다. 주로 "현재 나는 가정주부이지만 곧 기업경영을 할 것이다" 또는 "나는 주부이지만 곧 사회운동가가 될 것이다"는 식으로. 일반상품 광고판의 늘씬한 백인 여성모델의 이미지와 매우 다른 모습이다.

차베스 정부가 2002년부터 적극적으로 도와준 가난한 동네의 공동체적 토지소유권을 보장해주는 "도시토지위원회(CTU)"에도 여성의 참여가 활발하다. 2005년 3월까지 4천 개 이상의 도시 토지위원회가 구성되었고 약 17만 개의 소유권이 부여되었다. 그리고 2005년 3월까지 5천 개 이상의 "건강위원회"가 만들어졌는데 이 위원회는 "동네 속으로" 미션사업을 감독하고 협조한다. 또한 "식사의 집"이라는 공동체부엌에서는 가난한 아이들과 독신 어머니들이 하루에 한 끼를 무료로 제공받는다. 2004년 현재 약 4천 개의 공동체부엌이 있다.

2001년에는 가난한 여성들에게 융자해주는 "여성은행"도 설립되었다. 이런 모든 조합 활동에 여성들이 압도적으로 참여한다. 왜냐하면 가사 문제의 짐을 대부분 지고 사는 여성들은 공동체 활동과 사회적 활동에 민감하게 참여할 모티브를 가졌기 때문이다. 페르난데스의 인터뷰에 의하면 자신이 사는 동네 일 외에는 공공적 또는 정치적 문제에 여성들이 무관심했었으나 차베스의 급진적 변혁이 억눌린 여성들에게 사회적 삶의 의미와 가치에 눈뜨게 해줌으로써 적극적 사회활동에 투쟁정신을 가지고 뛰어들게 된 것을 보여주고 있다. 이들 적극적 여성들은 마치 복음주의 전도사와 같이 차베스가 그녀들을 불렀고 그녀들은 여기에 응답했다는 생각을 가질 정도이다. 그리고 자신이 생각하는 방식이 정부의 방침과 다르면 아무 주저 없이 그녀의 요구를 표현했다고 한다. 이 점은 주류 포퓰리즘 담론에서 흔히 얘기하는 지도자의 조작과 수사에 의해 피동적으로 동원되는 대중의 이미지와 달리 베네수엘라의 급진적 사회관계 변화가 대중의 요구에 기초하고 있음을 보여준다. 그리고 타자가 자신의 도움을 필요로 하면 어디든 달려간다는 이타적 연대의 정신도 보여준다. 이들 여성들은 민주적 공동체 형성의 새로운 공간을 여는 적극적인 정치적 행위자로서 가난한 대중이 분명히 출현한 것을 보여준다. 또한 다양한 미션사업을 통해 사회복지가 국가의 중요한 책무임도 보여준다. 그리고 이를 통해 여성의 짐을 덜어준 것이다.

가장 중요한 것은 가난한 동네일수록 여성들이 "공동체부엌" 일 등의 사회서비스의 과제가 개인적 일이 아니라 집단적·공동체적 일 이라는 인식을 분명히 가지고 있다. 이런 인식이 밑에 깔린 다양한 종류의 조합운동과 동네공동체 조직들이 베네수엘라 혁명이 민주적 이고 지속가능한 프로젝트를 유지하도록 만드는 탄탄한 기초가 되고 있다. 이들 모두를 "차비스타"로 부르는 것은 어떤 면에서는 문제가 있다. 자칫하면 이들이 동질적이고 통합적인 조직으로 무조건 대통령 을 지지하는 것으로 생각될 수 있기 때문이다. 차베스가 대중을 위하 는 정책을 취하고 모든 대중을 민주주의의 과정에 초대하기 때문에 지지하는 것이다.

베네수엘라의 미션사업은 '보편적 복지'의 성격을 가지고 있어 보 상적·선별적 복지로 만족하는 많은 신자유주의체제하의 라틴아메 리카 국가들의 큰 관심을 끌게 된다. 특히 차베스 정부의 아이콘으로 정치적으로 중요한 상징성을 가지게 된다. 또한 차베스의 뛰어난 정 치적 연설능력과 맞물려 상징효과는 더 커진다. 미션사업은 주민들로 하여금 국가와 사회 사이의 새로운 관계를 정립할 수 있는 연대와 참 여 등의 민주주의적 가치로 무장한 시민을 구성한다. 자신의 문제를 적극적으로 해결하기 위해 국가에 요구할 것은 요구하는 정치적인 시민을 만드는 것이다. 기존의 부르주아 중심의 시민개념을 확장해서 오랫동안 사회적 배제를 당한 기층대중도 시민이 되도록 하는 것이 다. '탈정치화'가 시대의 화두가 되어 자꾸만 시민을 소비자로만 호명 하는 신자유주의체제의 흐름과는 정반대이다. 구체적인 제도적 장치들은 국민소환제, 주민총회, 입법권, 공공행정 기획회의, 동네평의회 등이다.

친차베스 조직들 중에는 2000년부터 활동을 시작한 "볼리바리안 서클"이 가장 이데올로기적이고 일부 차베스를 신격화하는 움직임을 보이기도 한다. 이 서클은 11명 단위로 이루어진다. 헌법정신을 지킬 것을 선서하고 공동체 이익을 위해 활동한다. 2002년 4월 반차베스 쿠데타 당시 차베스가 다시 권좌에 복귀하는 데 결정적 역할을 한 이 서클 회원 수는 약 2백만 명이 넘는다.

그러나 2004년부터 활동이 현저하게 쇠퇴한다. 아마 중심적 역할을 "주민평의회"가 넘겨받기 때문인지 모른다. 차베스 정부 이전 정부들과 다른 사회정책의 핵심은 주민들 스스로가 "조직된 시민의 공동체"를 만들고 민주주의의 주체로서 의사결정을 할 수 있게 하는 것이다. 그리고 그 이념적 방향이 사회주의를 지향한다는 점에서 뒤에서 언급할 '코뮌적 사회주의'의 기초를 형성한다.

그러나 베네수엘라 혁명이 가지는 급진적 변혁의 두 정치적 주체는 국가와 '조직된 시민의 공동체'인데 아직 힘의 관계는 불균형하다. 하지만 차베스가 집권하는 1999년부터 베네수엘라의 사회운동세력은 다양하게 양적·질적 발전을 거듭하고 있다. 현재 차베스 정부 집권 후 보여주는 사회관계의 모습은 사회운동의 다양한 자율적 참여와 민주주의의 급진화이다.

예를 들어, 인권운동단체인 "쁘로베아(Provea)"에 의하면 "도시토지위원회", "건강위원회", 조합운동, 주거권을 위한 공동체운동 등이다. 중요한 것은 다양한 기층사회운동조직들과 국가를 연결시키는 중간 조정자 역할의 조직들이 있는 것이다.

예를 들어, 2004년에 설립된 '대중권력을 위한 사회적 연결' 또는 '물문제공동체평의회' 등이다. 그러나 현재까지 객관적이고 심도 있는 사회운동조직에 대한 평가와 연구가 부족하다. 예를 들어, 미션사업들의 부정부패를 막기 위한 회계관리의 투명성에 대한 평가도 부족하다. 한 가지 언급할 수 있는 것은 이런 다양한 사회정책을 위한 예산충당이 원유가의 인상 외에 장기적으로 가능한가라는 질문이다. 현재까지는 단순한 원유가 인상 외에 기존의 석유공사의 국가에 대한 재정수입구조의 개혁으로도 충분한 재원을 확보할 수 있었다. 그리고 전반적으로 부가세 등 간접세의 세율을 낮춰 저소득층의 부담을 줄여주었고 국가의 징세 능력을 대폭 확충하고 탈세 추적도 효율적으로 되었다.

차베스 정부가 민주주의를 급진화하고 사회적 포용을 성공시킨 정부로 남느냐는 최종적 여부는 베네수엘라인들에게 맡겨져 있다. 차베스 정부는 2002년 4월의 반차베스 세력의 첫 번째 공격인 대기업가 등의 기득권층과 석유공사 노조간부들에 의한 쿠데타를 단 며칠 만에 진압한다. 쿠데타가 진압되고 난 후 차베스는 혁명과제를 급진화하기 위해 2002년 11월 '49개 법률의 수권법'을 통과시킨다.

이에 대응하여 즉각적으로 반차베스 기득권층이 2002년 12월부터 석유공사의 경영, 노조간부들에 의한 직장폐쇄의 '경영자 파업'을 벌인다. 이것이 차베스 정부에 대해 가한 두 번째 정치경제적 타격이다. 이들 간부들은 공기업인 석유공사를 마치 자신의 개인기업처럼 전횡을 부린다.

그런데 약 두 달 반의 이 경영자 파업에는 특히 반차베스 민영대중매체들이 중요한 정치적 행위자로 참여한다. 이들은 정보를 왜곡하고 파업의 주동자로 변신한다. 반차베스 진영의 배후에는 미국의 지원이 있다. 베네수엘라 정치지형에서 중요한 것은 기득권적 정당체제가 정당성을 많이 잃었기 때문에 사회단체들이 주로 정치적 행위자로 등장한다. 반차베스 진영의 기득권세력이 시민사회를 파고들어 시민단체를 많이 만든다. 그런데 시민사회에서 민주주의를 이야기하는 이들이 정작 경영자파업을 할 때 석유공사의 노동자들에게 의견을 물어보지 않았다. 그리고 조업중단으로 인해 많은 노동자와 기술자들이 부당하게 해고되었다. 이 당시 반차베스 진영의 사회운동단체들은 고속도로를 차단하여 차량통행을 막기도 했다. 그러나 대중의 격렬한 반발을 불러 별 효과도 없이 그 같은 도로차단을 중지하게 된다. 이렇게 양 진영 모두 거리에서의 시위의 방법을 선호하게 된다.

이 당시 반차베스 진영은 근거도 없이 적대감을 상승시키기 위해 중산층 아파트의 거주민들과 차베스 진영과의 대대적인 충돌을 대비하는 루머를 퍼트리기도 하였다. 성스러운 재산권과 가족과 자유의 계급이익을 지키기 위해 화염병과 끓는 물과 기름을 준비하는 등 마치 중세의 성을 방어하는 것 같았다.

이런 맥락을 본다면 앞에서 언급한 베네수엘라 예외주의의 허상을 알 수 있다. 이 당시 이들이 가장 적대감을 표하는 차베스 진영은 볼리바리안 서클이었다. 이 외에 친차베스 진영의 사회운동단체들도 적극적으로 활동하였다. 양 진영 모두 사회운동단체들이 정당역할을 하려고 하는 정체성의 혼란이 있었다. 크게 보아 체제가 바뀌면서 생긴 권력의 진공상태에 대한 헤게모니 투쟁에서 생긴 일이다.

그러나 2002년부터 계급갈등이 심화된 정치지형에서 객관적으로 민주주의를 지키는 사회운동단체는 인권운동단체였다. 차베스 정부

| 카라카소 시내 중심부의 볼리바르 광장에 모인 차베스 지지자들 ⓒ안태환 2009.

는 2003년 중반부터 대대적인 사회공공성 강화 정책인 '미션'사업을 시작한다. 미션사업은 차베스 정부의 정책 중 이데올로기적으로나 현실적으로나 가장 중요한 사업이다. 베네수엘라 국민에게 가장 설득력이 큰 사업이기 때문이다. 그러므로 반차베스 진영도 말로는 자기네들이 권력을 잡아도 미션사업을 없애지 않을 것이라고 한다. 하지만 그 약속을 믿을 사람은 거의 없다. 왜냐하면 미션사업을 공격하면서 이들은 이 사업이 "베네수엘라의 쿠바화"라고 열심히 비난하였기 때문이다. 아무튼 이 사업은 양날의 칼을 가진다. 즉, 신자유주의체제로 생존권이 위협받는 대중에 대해 무료로 교육, 의료 등의 공공서비스를 제공하여 사회적 양극화를 줄이고 신자유주의를 반대하는 효과를

거둔다. 우리 사회는 물론이고 전 세계를 장악하고 있는 신자유주의 체제에서 자본주의체제를 유지하면서도 무료로 교육과 의료의 사회적 공공성을 대중에게 확보해주는 것은 차베스의 반대세력들도 인정하는 커다란 업적이다.

최근의 미국의 경제위기로 중산층이 많이 몰락하고 실업자들이 늘고 있다는 소식은 교육과 의료의 무료제공이 얼마나 중요한 의미를 가지는지를 알 수 있을 것이다. 한편, 차베스혁명의 미션사업은 이 사업으로 이익을 보게 된 가난한 대중이 투표함을 통해 그 이익을 지키게 만들어 많은 수의 차비스타(차베스 지지자)를 형성하고 있다.

그리하여 2004년 8월 15일의 반차베스 세력의 세 번째 공격인 대통령의 국민소환을 위한 국민투표에서 차비스타들의 열렬한 지지 덕분에 국민투표에서 손쉽게 승리한다. 차베스를 끌어내리기 위한 반차베스 진영의 국민투표 아이디어는 2003년부터 시작된다. 등록된 유권자의 20%의 서명만 받으면 국민투표를 실시할 수 있다.

이 당시 반차베스 진영은 세력을 통합하여 "민주주의의 조정"이라는 조직을 형성한다. 이들은 미국의 전 대통령 카터의 도움을 요청한다. 반차베스 진영은 2003년 말부터 열심히 서명을 받아내기 시작한다.

그러나 2004년 6월이 되어서야 국민투표 실시에 필요한 숫자의 서명을 받아냈음을 선거관리위원회가 확인한다. 차베스는 즉각 이를 수락한다. 차베스는 군사전략가이자 정치가로서의 자신감을 보인다. 특히 그동안 선거에 참여하지 않던 흑인 등의 유권자 등록을 강력하게 추진한다. 그리고 오랫동안 기다린 이민자들에게도 시민권을 부여한다. 이 당시 대략 2백만에서 3백만의 새로운 유권자들이 등록하게 된다. 선거운동이 시작되자 차베스 지지자들은 가난한 동네에서부터 아주 외딴지역의 유권자들까지 투표를 독려하는 효율적인 선거운동을 전개한다. 차베스에 결정적으로 유리한 요인은 미국의 이라크전쟁과 중국과 인도의 강한 수요로 인한 국제원유가의 상승이었다. 배럴당 50달러에 이르렀다. 이 같은 원유가 상승으로 인한 추가재정수입은 빈민가의 건강, 교육 등의 미션사업에 배정된다.

또 한 가지 차베스에게 유리했던 정치적 맥락은 라틴아메리카에서 그에 대한 이미지가 2004년부터 좋아지기 시작했다는 점이다. 미국의 신자유주의 헤게모니에 도전할 라틴아메리카 지도자의 이미지를 구축한 것이다. 특히 2003년부터 아르헨티나에서 중도좌파의 키치네르 정권이 들어선 것과 브라질에서도 새로운 좌파지도자인 룰라가 집권한 것도 고려해야 할 것이다. 반신자유주의 헤게모니 구축에 있어 2003년은 새로운 기원을 만든 해이다.

차베스 자신도 적극적으로 브라질과 아르헨티나와의 관계강화를 추진했고 그동안 별로 관계가 좋지 않던 콜롬비아, 칠레와도 관계를 개선했다. 외치는 내치의 연장이란 말을 이해할 수 있다. 또한 부시 정부를 강하게 비판하는 반제국주의의 수사는 대부분의 라틴아메리카의 대중들에게 호의적인 반응을 불러왔다. 왜냐하면 대부분의 라틴아메리카 국가들의 정치경제 엘리트들이 미국의 신자유주의정책들을 순응하고 있었기 때문이다. 이에 비해, 예를 들어, 미국의 헤게모니 체제를 적극 지지하는 멕시코의 비센테 폭스 대통령은 자신의 나라뿐 아니라 라틴아메리카 전체에서 인기가 너무 낮았다. 그리고 반차베스 진영은 대중적 인기를 가지는 카리스마 있는 지도자가 없었다. 그러나 그들은 쉽게 승리할 것이라고 상상하고 있었다. 그리고 차베스 진영의 선거운동원만큼 열정적인 지지자들도 없었다. 이 당시 차베스는 반차베스 진영에 대한 미국의 기금지원에 대항하여 각 동네별로 "선거전투위원회(UBEs)"를 조직하여 효율적으로 대처했다.

선거결과에 대해 반차베스 세력은 부정선거라고 주장했지만 카터와 미주기구 사람들이 참관한 만큼 할 말이 없었다. 그리고 2004년 10월에 있던 주지사 선거에서도 전체 22개 주의 20개 주에서 차베스 세력이 승리했다. 이 승리가 향후 차베스체제가 안정적 정치지형으로 넘어가는 분수령이었다.

그런데 지속적인 차베스의 선거에서의 승리는 차비스타들이 오직 가난한 대중이라고만 얘기할 수 없는 맥락을 보여준다. 차비스타들이 즉흥적이며 감정적이고, 합리적 민주주의 제도보다는 폭력적 변화를 선호하고 교육을 제대로 받지 못해 무지하고 가난한 대중이라는 언술은 반차베스 진영과 이들이 주도하는 국내와 국제적 미디어에 의해 더욱 퍼져왔다. 이렇게 차비스타들을 부정적 이미지로 덧칠하는 반차베스 진영은 차비스타들이 핍박을 당하는 폭력적 상황을 낳고 있다.

예를 들어, 토지 개혁을 추진하는 약 50여 명의 차비스타 농민운동 지도자들이 2002~2003년 동안 암살되었다고 한다. 이런 국면에서 가난한 대중에 대해 베네수엘라 혁명이 소수의 기득권층, 즉 과두지배 계급을 공격하는 것이라는 호소는 아주 설득력이 클 수밖에 없다. 그리고 차베스의 가장 뚜렷한 사회공공성 프로젝트인 교육과 의료의 "미션 로빈손"과 "미션 동네 속으로"가 반차베스 진영의 공격목표이다. 그리고 반차베스 진영이 구체적인 타깃으로 삼는 차비스타들은 "볼리바리안 서클"이다. 이들은 민주적으로 선출되었어도 비민주주의적 대중에 의해 뽑혔으므로 차베스도 "선출된 권위주의자"라는 평가를 내려왔다. 다시 말해 반차베스 진영은 대중에 대해 철저하게 왜곡된 인식을 가지고 있다.

그러나 그레고리 윌퍼트는 베네수엘라의 정치지형에 대해 "시민들은 거의 전적으로 집회의 자유를 누리고 있고 도로점거 등의 시위에 대해서도 미국 도시들보다 더 관용적이다. 그리고 야당도 자유롭게 발언하고 반차베스 진영의 정당과 운동단체들은 자유롭게 조직하고 있다"고 민주주의적이라고 평가한다. 그리고 베네수엘라의 저명한 역사학자인 마르가리타 로뻬스 마야는 새로운 헌법체제가 차베스 이전 체제보다 대통령에 대한 견제와 균형이 더욱 강해졌다고 한다. 오히려 차베스체제는 더욱 민주주의적이라고 해석해야 한다.

차베스의 가장 큰 정적은 야당보다는 언론조작을 행하는 반차베스 성향의 언론이다. 이들은 차베스를 "사이코패스", "독재자"로 부르기도 한다. 그러나 이런 비난은 시간이 갈수록 힘을 잃어가고 있다. 반차베스 언론이 어느 정도로 비상식적이었는가 하면 예를 들어, 이들 텔레비전 방송들은 2002년 4월의 쿠데타 당시 3일 만에 차베스가 대통령궁에 복귀했어도 이를 보도하지 않고 만화영화만을 틀고 있었다고 라틴아메리카의 저명한 지성인인 에두아르도 갈레아노는 지적하고 있다. 이들은 대중의 아래로부터의 요구에 응답하는 차베스를 외면하고 있다. 민주주의와 독재에 대한 이러한 개념상의 혼란은 수십 년 전부터 포퓰리즘에 대한 담론을 생산하는 주류 이론가 또는 학자들의 책임이 크다. 이들 학자들은 상당수가 포퓰리즘을 맨 위에서 권력을 행사하는 지도자의 카리스마 있는 대중조작의 정치행태로 해석하기 때문이다. 서구의 주류 자유주의 학자들은 포퓰리즘의 시각에서 차비스타들이 비공식 직업을 가지고 있고 동네공동체 지향적이라 조직화되기가 어렵다고 한다. 그리고 차비스타들이 민주주의에 대한 위협이라고 해석한다.

하지만 이런 평가는 현실과 다른 선험적 해석일 뿐이다. 이들 가난한 대중은 동네평의회를 조직하는 데 탁월한 것을 베네수엘라만이 아니라 여러 라틴아메리카 나라들에서 보여주고 있다.

예를 들어, 베네수엘라에는 차베스 등장 이전에 "동네라디오방송국"이 있었는데 이들은 차베스혁명 이후 재정적·기술적 지원을 받고 있다. 이들 방송국은 동네사람들의 자원봉사를 통해 운영된다. 동네의 사회운동을 알리고 동네공동체를 조직하는 중요한 허브 구실을 하고 있다. 누구든지 자유롭게 프로그램을 기획하고 제안할 수 있다. 이들은 무조건 차베스 정부를 정치적으로 지지하는 종속적인 지형에 놓여 있는 것은 아니다. 다만 반차베스 진영이 장악하고 있는 대형 민간 텔레비전 방송국이 왜곡되고 조작된 정보를 전달할 때 휴대폰, 인터넷 뉴스 방송 등과 함께 중요한 대안적 사회적 미디어의 기능을 하고 있다. 이 외에 차베스는 라디오와 텔레비전을 통해 "안녕하세요, 대통령" 프로그램을 일주일에 한 번씩 약 2시간 이상 방송하며 중요한 대중교육의 기능을 수행한다. 여기서 차베스는 아주 친숙하고 비형식적인 어투로 대중과 대화하며 일종의 구어문화의 연대를 구축한다. 급진적 반헤게모니 사회운동세력은 단지 차베스 개인을 지지하는 것을 넘어 정교한 정치적·이데올로기적 비전을 가지고 있다.

전통적으로 헤게모니는 국가, 엘리트, 고급 군부와 대기업, 교회가 가져왔다. 그런데 현재 베네수엘라에서 헤게모니를 가진 지배 블록이 국가기구를 통제하지 못하고 있다. 반차베스 진영은 전통 정당, 일부 군부와 교회의 고위층, 전국노조(CTV), 민영 미디어, 대기업, 석유공사 전 간부들이 지배 블록을 이루고 있다. 국가가 헤게모니 지배 블록에서 빠져나와 외부에 배치되고 있는 것은 반헤게모니 운동의 특성과 경로에 심대한 영향을 끼치고 있다. 그람시 이론과는 맞지 않는 것이다.

차베스가 원하는 것은 국가와 차베스 지지 사회운동세력에 의해 헤게모니 자체를 바꾸려고 하는 것이다. 구체적인 전략은 거리 행진, 조합운동과 소기업운동의 발전, 건강과 의료 공공서비스의 제공, 그리고 중요한 것은 기존의 시민사회에 대해 아주 소규모 주민평의회의 '주인공적 참여민주주의'를 통해 공공의 대중 권력을 강화시키는 데 있다. 이 같은 헤게모니 전복의 주체들은 가난한 대중, 비백인 인종그룹, 여성, 중간계급이다. 이들 모두는 전통적인 "양당민주주의" 체제에서 배제되었던 자들이다. 중요한 것은 이들을 포괄하는 반헤게모니 사회운동세력은 소규모의 동네평의회에서부터 국제관계에서 라틴아메리카 국가들의 반제국주의적 블록(ALBA)의 형성까지 대중적으로 지지한다. 중요한 것은 국가와 연대하려는 평화적이고 자주적이고 차분한 반헤게모니 사회운동세력이 차비스타의 핵심을 이룬다는 점이다.

엔리케 곤살레스에 의하면 차베스 지지 사회운동세력은 다음과 같이 분류가 가능하다. "정통좌파"로 공산당과 진보적 교회 세력, 학생운동을 들고 있고 "대안적 좌파"로 여성운동조직, 게이·레즈비언조직 등을 들고 있다. 이들은 적극적으로 차베스혁명을 지지하고 있다. 이들은 대중계급만이 아니라 중간계급에 속하고 대졸 학력을 가진 사람들도 상당수다. 이들의 지지가 차베스체제의 헤게모니 유지에 결정적이라고 곤살레스는 평가한다. 반차베스 진영의 언론은 이런 사실을 자주 숨긴다. 차베스 지지자들은 오직 가난한 대중밖에 없다고 주장하면서.

그 외에 전투적으로 차베스 지지를 위한 운동세력으로 우선 "볼리바리안 서클"을 들 수 있다. 이 조직은 차비스타들의 기초조직이다. 이들은 주민평의회와 달리 정부로부터 재정지원을 받지 않는다. 이 조직의 전신은 1970년대 말부터 군부 내와 좌파시민들 사이에 형성된 비밀조직이다. 현재 이들은 공개적으로 혁명이데올로기의 전파와 대중의 의식화를 목적으로 한다. 여러 기관으로부터 융자를 얻는 방법에 대한 교육과 조합운동을 장려하고 비영리 활동을 통해 홈리스에게 주택 알선을 하기도 한다. 이들의 가장 중요한 기능은 차베스혁명이 위협에 빠질 때 핵심적 방어조직이 되는 것이다. 또한 이 조직은 미션사업과 동네공공기획위원회 등과 긴밀한 연계를 가진다. 이 조직은 1992년에 차베스 주동의 비밀 좌파 군부조직인 "볼리바리안 혁명운동(MBR-200)"의 전국적 정치세력화의 핵심기반 역할을 담당했다. 그리고 2002년 반차베스 쿠데타 실패 후 이 조직은 더욱 공개적으로 민간 참여를 증진하는 방향으로 나아갔다. 베네수엘라 군부는 친차베스의 중심세력이다. 베네수엘라 혁명이 라틴아메리카의 정치지형에서 또 다른 의미를 가지는 것은 군부에 대한 대중의 긍정적 이미지이다.

1960년대부터 1970년대와 1980년대 초까지 아르헨티나, 브라질, 칠레 등에서의 극우군부정권의 반인권적 탄압의 기억으로 인해 라틴아메리카 대중이 군부에 대해 가지고 있는 억압적 이미지를 차베스가 변화시켰기 때문이다. 차베스는 1992년 쿠데타를 시도할 때부터 민주주의에 대한 강한 신념을 보여주었다. 그는 민주주의와 대중의 강한 인기가 병행할 수 있음을 보여주고 있다. 물론, 반차베스 진영도 미국의 재정지원에 기대어 적극적인 시민운동 세력을 확보해나가고 있다. 그 핵심적인 조직이 "너도 참여해(Súmate)"라는 NGO단체이다. 이 단체는 차베스 진영의 헤게모니를 흔들기 위해 가난한 노동자계급의 동네를 파고들고 있다. 그리고 특히 중간계급의 대학생들의 불만을 이용하여 접근하고 있다. 차베스 진영의 전략적 거점이 '미션'들이라면 반차베스 진영은 주요대학과 사립고등학교를 거점으로 활용하고 있다. 또한 양 진영은 가난하지만 약간 탈정치적인 비공식노동자들과 월급 수준이 상대적으로 높은 조직노동자들을 설득하려고 애를 쓰고 있다. 2011년 8월 최근의 여론조사에 의하면, 2010년 2월에 37.7%로 낮았던 차베스의 인기가 2011년 2월에 50.3%로 상승한 뒤에 2011년 7월에는 57.8%로 다시 상승하고 있다. 최근의 인기 상승은 상당부분 차베스의 암 투병에 대한 동정표로 생각될 수도 있지만 지속적인 인기 상승은 그동안의 우파의 근거 없는 여론조작 등 잘못된 선동전략에 대한 시민의 비판도 작용하고 있기 때문이다. 특히 우파의 정치전략의 약점은 모든 것을 차베스에 대한 비판에만 초점을 맞추고 있고 차베스 이후의 비전에 대한 담론이 거의 없다는 점이다.

차베스의 최근의 암 투병은 오히려 반차베스 야당 진영의 분열을 드러내고 있다. 최근 2011년 9월에 차베스는 운동복 차림으로 나타나 장관들과 야구경기를 할 거라고 하면서 어느 미국언론 보도의 암 중병설을 강력히 부인하였다. 반차베스 진영의 하나의 축은 과거의 '민주행동(AD)당'의 새로운 세력이고 다른 하나는 '우선 정의(Primero Justicia)당', '할 수 있다(Podemos)당', 그리고 과거 좌파에서 전향한 MAS의 연합세력이다. 반차베스 세력의 경제적 상징적 인물은 미디

어 재벌인 구스타보 시스네로스이다. 그는 '베네비시온(Venevision)'
이라는 민간 텔레비전 방송국을 가지고 있다. 현재 국면에서 베네수
엘라 시민들에게 가장 중요한 문제점은 폭력과 범죄의 문제가 34%로
제일 크고, 실업문제가 16%로 그다음이고 전기 등 공공서비스의 불
만이 10%이다. 그리고 기대하고 있는 차베스 정부의 정책은 주택문
제 해결과 농수산 식품의 생산과 고용의 증대이다. 그리고 내일 당장
대통령 선거가 있다면 차베스를 지지하겠다는 비율이 56%이고 반대
하겠다는 비율이 21.8%로 나오고 있다. 이 같은 여론조사는 거꾸로
반차베스 진영의 차베스 정부 흔들기 전략을 드러내준다. 민영 미디
어는 미국문화의 기독교 근본주의적 시각에서 나오는 지나치게 이분
법적이고 경직된 선악의 논리 때문에 무조건 차베스체제를 악으로
보고 차베스체제를 헐뜯는 공격이 오히려 지식인과 중간계급에 역효
과를 내고 있다.

예를 들어, 우파신문인 <엘 나시오날> 지는 2010년 9월 총선을 앞
두고 범죄폭력에 희생된 사람들 약 13명의 시신의 끔찍한 사진을 크
게 강조해 실어 시민들에게 정치적 선정성과 치안불안에 대한 공포
심을 조장하고 있다. 민간단체 집계에 의하면 2009년 한 해 동안 약
1만 6천 명의 살인사건이 있다고 한다. 하지만 이런 보도는 구체적
신빙성이 약하다. 더군다나 이 사진은 신문에 보도되기 직전의 사건
상황이 아니라 8~9개월 전의 사건이라는 점도 이해하기 힘들다. 대부
분의 보도는 하루 이틀 전의 사건이 보통이다. 이런 선정적이라기보
다 정치적인 보도를 법원이 제한하면 "언론자유침해"라는 주장이 나
온다.

그런데 이 사진은 2010년 9월 26일의 총선을 겨냥한 것으로 보고

있다. 피부에 와 닿는 치안불안과 범죄의 문제를 지속적으로 민영 미디어를 통해 부각시키고 있고 은밀하게 기득권층은 외화도피와 투자기피를 통해 식품 등 필수품의 공급부족과 인플레를 조장시켜 왔다. 현재의 정치지형에서 차베스 진영에 위협적인 요인은 일상적 범죄와 폭력으로 인한 치안부재이다. 예를 들어, 최근 2011년 8월의 언론보도에 의하면 주말 며칠 동안에 31명의 살인사건이 벌어지고 있다. 이런 피해는 주로 차베스를 지지하는 빈곤계급과 중하계급에서 주로 일어나고 있다.

암살폭력이 베네수엘라만이 아니라 다른 라틴아메리카 국가들에서 많은 것은 경찰(공권력)이 극빈의 주민들을 보호할 대상이라기보다는 혐오, 차별하는 것도 이런 폭력이 기승을 부리는 맥락 중의 하나이다. 주민들은 범죄조직의 보복이 두려워 제대로 신고를 못한다. 일부에서는 베네수엘라 극우세력과 연계된 콜롬비아 마약단의 암살단이 침투해 있다는 분석도 있다(Petras & Veltmeyer, 2009, 341). 이런 범죄 집단에 대해 강력한 수사와 처벌이 있어야 베네수엘라 정부가 추진하는 "대중이 주인공"이 되는 급진적 민주주의의 의미가 살아날 것이다. 이 같은 폭력과 치안부재 상황이 2010년 9월의 총선에서 반차베스 진영이 약진하게 된 맥락 중의 하나이다.

5.2. 주민평의회

주민평의회는 베네수엘라에서 2005년부터 가동되고 있다. 베네수엘라의 전체 국민의 약 1/3 이상이 참여하고 있는 참여민주주의의 구체적인 수단이다. 하지만 이미 1999년의 헌법에 규정되어 있었다. 원래 2002년부터 시 단위에서 실험되고 있던 조직은 '공공기획지방위원회'였다. 그러나 이 조직이 지방정부의 비협조로 제대로 기능하지 못하자 차베스는 좀 더 작은 조직인 주민평의회를 추진한다. 둘 사이의 차이는 전자는 지방정부와 연계되었다면 주민평의회는 직접 중앙정부와 연계시킨 데에 있다. 페루에서도 '참여예산제'를 추진하려 했지만 지방정부의 시장들이 반대하여 흐지부지되었다. 2006년 12월 대선에서 차베스가 큰 차이로 승리해 재선에 성공한 뒤에 차베스 정부는 더욱 급진적 노선을 걷게 된다. 그 구체적 실천이 주민평의회의 강화로 나타난다. 이를 미루게 되면 혁명과정 자체를 멈출 수도 있기 때문이다. 2006년 4월, 주민평의회 법률이 공포되면서 시작된 주민평의회를 전국에 걸쳐 더욱 확장시키기로 한다. 2009년 현재, 3만 개가 있다. 도시에서는 150~400가구당, 인구수가 적은 농촌에서는 20~30가구 내외를 단위로 하여 주민평의회가 만들어진다.

차베스혁명의 중요한 전략은 대의민주주의 체제를 넘어서는 대중이 '주인공'이 되는 참여민주주의에 있다. 이 '주인공적 참여민주주의'는 헌법에 구현되어 있다. 예를 들어, 제5조에 "주권은 양도할 수 없게 국민에 존재한다. 국민은 이 헌법과 법률에 예시된 형태로 직접적으로 주권을 행사한다. 국가기관들은 국민주권에서부터 나오는 것이고, 거기에 종속되어 있다"고 되어 있다. 차베스 자신도 국민소환을 위한 국민투표를 통해 재신임을 받은 바 있다. 제62조에 "모든 시민은 공공적인 일에 직접 또는 선발된 대표를 통해 자유롭게 참여할 권리를 가진다. 공공행정의 형성, 집행, 통제에의 시민의 참여는 개인적으로나 집단적으로나 그들의 완전한 발전을 보장하기 위해 필요한 조치다"라고 되어 있다. 주민평의회가 모범적으로 이루어진 사례로 자주 거론되는 라라주의 카로라 시의 주민평의회는 2004년부터 직접 민주주의를 준비한 것으로 알려져 있다.

헌법 제70조에는 "모든 국민은 주권의 행사로서 공직의 선출, 국민 소환, 국민투표, 입법청원, 시민의회 등을 통해 정치 참여의 권리가 있다. 경제사회적 차원에서 시민요구의 청원, 자주경영, 공동경영, 금융 성격을 포함한 모든 형태의 조합, 신용금고, 공동체 기업 및 기타 조합들에 상호협력과 연대의 가치에 기초해 참여할 권리가 있다"고 되어 있다. 다양한 형태를 띤 이런 조합의 숫자는 약 10만 개에 이른다. 주민평의회는 주민들이 원하는 공공 건설 등의 대중의 요구를 아래에서부터 받아들여 직접 예산을 지방에 조직되어 있는 '대통령 직속 대중권력위원회'를 통해 제안한다(Irazabal & Foley, 2010, 103). 구체적인 제안들은 주택문제가 가장 많고 상수도 건설, 도로, 전기, 스포츠, 학교 건설, 공원과 광장 건설 등의 순이다.

2009년 2월 공직자의 무기한 선출을 가능하게 하는 국민투표에서 승리한 차베스 정부는 더욱 혁명을 급진적으로 진행시킨다. 예를 들어, 새로운 노동법을 통과시키려 하는 것이다. 차베스혁명이 오랫동안 흘러왔지만 사회관계 또는 권력관계의 핵심적 변화인 노동자의 중심적 정치세력화의 움직임은 이렇게 더딘 것이다. 주민평의회가 나오게 된 가장 기본적인 맥락은 베네수엘라 혁명이 맨 아래에 있는 기층대중의 힘에 의해 견인되도록 하는 것이다. 그 출발은 여러 번 필자가 언급하고 있지만 1989년의 카라카소에서 부터이다. 이에 대해 환 콘트레라스는 "차베스가 혁명운동을 만든 것이 아니라 우리가 그를 만들었다"고 말하고 있다. 이렇게 대중과 함께 하는 차베스는 라틴아메리카의 일반적 대중이 엘리트 집단인 정당을 불신하듯이 마찬

가지로 정당을 불신한다. 그리하여 집권 초기 '제5공화국 운동당'(MVR)을 만들 때에도 항상 기층대중과의 연계를 중시한다. 이같이 엘리트 위주의 정당체제보다 대중을 더 신뢰하는 베네수엘라 혁명의 정치지형 포석은 미국의 압력 또는 정치 조작으로부터 혁명정부를 지키는 데 현명한 전략이 되고 있다. 대부분의 자유주의 체제의 국가들에서 의회와 정당이 중심이고 대중의 참여는 보조적인 흐름을 보인다면 베네수엘라 혁명은 그 반대로 가려는 것이다. 세일라 콜린스에 의하면 미국은 다른 나라의 정당 민주주의 또는 선거 민주주의의 흐름을 "민주주의를 지원한다"는 명목으로 정기적 선거를 통한 의회민주주의가 다국적기업으로 하여금 막강한 정책창출 능력을 보이게 하며 미국의 지정학적 이익에 순응하는 정부를 확보하게 하는 데 명수이다(Collins, 2005).

차베스 정부는 이를 막기 위해 비정통적 방법을 통해 대중의 혁명의식과 정치참여의 교육을 깊게 하는 것을 추구한다. 따라서 총선에서 여당이 승리하도록 애를 쓰는 것도 의회 자체의 주도권을 잡는 것이 목적이라기보다 "대중의 입법부화"로 표현되듯이 대중이 새로운 사회관계 또는 권력관계 형성의 중심주체로 출현하는 것을 돕도록 하기 위해서다. 예를 들어 노동자 공동경영의 현실적 실천의 사례에서 가끔 나타나는 노동자가 국가의 일부 관료기구와 충돌하는 경우, 의회가 노동자의 편을 들도록 하려는 것이다. 이렇게 사회의 아래로부터의 대중동원을 위해 차베스의 리더십이 넓힌 공간이 매우 크다는 것이 기존의 다른 좌파혁명운동과 다른 점이다. 정부와 사회운동이 함께 혁명을 진행시키는 방식이다. 가난한 기층대중이 익숙한 사회정치적 배제의 체계를 바꾸어 오히려 그들에 의해 강력한 정치참여의 공간을 만든다.

이런 과정을 가지도록 만든 것은 미시적으로 역설적으로 반차베스 진영의 끊임없는 공격(쿠데타, 사보타지, 언론조작 등) 때문이다. 그들 때문에 대중이 정치적으로 교육되어 누가 진정한 대중의 친구이고 적인지 알게 되었기 때문이다. 필자가 보기에 주민평의회가 중요한 것은 지금 현재는 불가능해 보일지라도 장기적으로 코뮌주의 혁명을 추구하는 것이다. 1998년 대선에서 승리하고 1999년에 새로운 헌법제정을 위한 국민투표로 가는 과정에서 많은 동네에서 새로운 헌법에 대한 독서모임이 만들어진다. 이 그룹들이 나중에 혁명적 동네조직인 "볼리바리안 서클"이 된다. 이 모임이 또한 나중에 주민평의회가 생기는 씨앗이다. 볼리바리안 서클은 2002년 반차베스 쿠데타 당시 중요한 역할을 했음은 이미 잘 알려져 있다. 이런 역사적 흐름으로 보아 베네수엘라의 기층대중이 중요한 권력관계 변화의 열쇠 역할을 했음을 알 수 있다.

또한 마오이즘 계열의 도시 좌파 조직인 투파마로스(Tupamaros)는 2003년부터 기존의 제도 권력 외에 자율적 대중권력의 중요성을 강조하며 노동자와 농민이 주도하는 주민평의회 설립을 적극 제안했다. 이들은 의회가 부르주아기득권의 이익을 지킬 수밖에 없다고 비판한다. 이런 비판이 나오는 것은 차베스 진영 내에도 기층대중 위주의 주민평의회의 권력이 커지는 것을 반대하는 세력이 있기 때문이다. 다시 말해 주민평의회의 출현은 베네수엘라 혁명이 기존의 국가기구의 권력과 기층대중이 형성하는 권력의 '이중권력' 모델을 추구함을 보여준다. 이중권력 모델은 베네수엘라 혁명보다 훨씬 작은 규모로 1994년에 시작된 멕시코의 사파티스타 운동에서도 찾아볼 수 있다.

왜 이와 같은 '이중권력' 모델이 필요한가? 이 같은 '이중권력'이 지향하는 바는 오랜 전통의 억압적 국가기구를 혁명적으로 변혁시키려는 것이다. 또한 국가를 동질적 총체로 보는 근대적 상식을 버려야 한다. 그리고 대의민주주의만이 민주주의라는 상식도 버려야 한다. 그리고 국가를 변혁시키기 위해서는 권력을 쟁취해야만 한다는 인식도 버려야 한다. 이 중 권력을 통해 평범한 대중도 중요한 정책변화를 실천할 수 있게 된다. 두 개의 권력 채널을 구성하려는 혁명이다. 기존의 국가구조의 권력에 병행하는 대안적·자율적 권력-주민평의회-의 구성이다. 그런데 베네수엘라 혁명이 매우 흥미로운 것은 공식 국가 부문이 아주 열심히 로컬의 대안권력을 발전시킴으로써 기존의 국가 기구들을 점진적으로 해체하고 있는 점이다.

라틴아메리카의 19세기 말과 20세기 초의 '아나키즘 운동'이 연상된다. 아나키즘 운동은 역사적으로 라틴아메리카 좌파에 의한 정치사회운동의 시초를 이룬다. 이 아나키즘의 흐름의 21세기 방식의 업그레이드가 베네수엘라 혁명이 아닐까? 예를 들어 현재 집권여당인 '베네수엘라 통합사회주의당(PSUV당)'이나 의회는 베네수엘라의 국내외 언론에 거의 나타나지 않고 있다. 물론 주민평의회가 미래에 현재의 이념적 지향과 가치를 얼마만큼 지켜낼지는 잘 모른다. 그리고 주민평의회와 연관하여 민감한 문제는 치안 또는 주민의 무장의 문제이다. 예전에 도시 또는 농촌의 극좌 게릴라 활동의 역사를 가지고 있는 베네수엘라는 아직도 카라카스와 전국에 걸쳐 빈민가에 여럿의 자체 민간인 무장조직을 가지고 있다. 이들과 차베스 정부는 비공식적 관계를 가지고 있다. 그 맥락은 이들이 2002년 4월의 반차베스 쿠데타 당시 일부 고위관료들이 이들 조직 안으로 피신했던 경험도 있다. 그래서 그런지 이들에게 시정부 등이 물자지원 등을 한 경험도 있다. 그러나 야당이 주장하듯이 무기를 지원한 사례는 없다. 그러나 이 문제가 미묘한 것은 당연히 국가만이 폭력을 합법적으로 소유해야 하기 때문이다. 현재 베네수엘라에는 정규군 외에 예비군이 약 88만 명이 있고 장기적으로 전체인구의 약 절반이 되는 1천5백만 명을 목표로 하고 있다. 거의 주민 전체가 전투 준비를 하는 셈이다. 이들은 비정규전에 대비하고 있다.

문제는 주민평의회가 이들 예비군 조직과 동네 사적 무장조직 사이에 위치된다는 사실이다. 주민평의회 안에도 치안소위원회가 있다. 첫 번째 주민평의회가 정치적으로 중요한 이유는 반차베스 진영이 미래에 권력을 잡아 과거의 대의민주주의 시스템으로 복귀를 주장할 때 직접민주주의를 지키는 진지가 되기 때문이다. 두 번째 부패한 관료조직을 개혁할 수 있기 때문이다. 다음 장에서 보게 되겠지만 2003년부터 시작된 노동자 공동경영과 조합운동 등이 차베스 진영 내의 부패한 관료조직 때문에 문제가 많이 생겼기 때문이다. 주민평의회를 통한 로컬 권력의 통로는 정부 관료조직의 복잡한 단계들을 건너뛰어 직접 중앙정부로부터 곧바로 예산이 배정되므로 오히려 부정부패를 줄이는 효과를 거둘 수 있다. 주민평의회의 공식적인 목적은 공적 관료조직을 대중의 의지에 종속시키는 것이다. 공적관료조직 안에도 감사 부서가 있지만 이것이 제대로 작동되지 않으므로 주민평의회로 하여금 '사회적 감사'의 기능을 가지게 하는 것이다. 모든 주민평의회에 5명의 위원으로 구성된 '사회적 감사 소위원회'가 있다. 주민평의회에 대한 평가는 크게 두 갈래로 나뉜다. 하나는 정치적 지지를 대가로 하는 연고주의를 높여 대의민주주의에 대한 위협이 되고 지방

정부와 기존의 사회운동 조직의 기능과 중복되는 면이 많고 무엇보다 차베스의 권력집중의 도구라는 부정적 주장이고 다른 하나는 민주주의를 불안정하게 만드는 극심한 정치적 대립을 완화시키는 긍정적 기능을 하고 정부의 의지보다는 주민들의 요구를 받아들이고 제안을 만들고 대표를 선출하는 과정 등이 민주적이므로 일종의 '시민학교'의 기능을 한다는 주장이다. 대부분의 주민평의회에는 반차베스 진영의 사람들도 적극 참여하고 정치적 견해로 인해 차별받지 않는다.

물론, 현실적인 문제는 많이 있다. 가장 큰 문제는 회계 관리의 불투명으로 인한 부정부패이다. 연고주의의 문제를 지적하는 학자들이 많이 있지만 구체적인 증거는 별로 없는 편이다. 그리고 주민평의회의 단위가 너무 작아 체계적으로 조정된 도시계획이 힘들다는 부작용도 있다. 그리고 중앙정부 차원에서 자금배분과 참여주민들의 역할 등의 규정 등의 미비와 전체적인 정보와 자료흐름에 대한 정확한 파악과 분석이 되어 있지 못하다. 반대로 브라질의 포르토 알레그레 시의 '참여예산제'의 경우는 이런 규정이 잘 정비되어 있다.

그러나 베네수엘라의 경우, 이것은 문제라기보다 아래로부터의 자율적인 운동의 형식으로 이끌어가는 데서 오는 결과로 볼 수도 있다. 이런 새로운 정치지형의 형성은 베네수엘라에 있어 기존 법률이 가지는 의미가 다른 나라와 다른 맥락을 가진다. 선험적 자구 중심의 준법이 아니라 아래로부터 부과된 혁명적 입법의 의미가 더 중요하게 되는 독특한 맥락을 가진다. 주민평의회의 구성원들은 주민평의회에 대한 법률을 문자 그대로 지킨다기보다 주민들이 주인공이 되도록 구체적 사회적 현실에 오히려 법률을 맞추는 과정을 더 중시하는 것이다. 우리가 흔히 이야기하는 주권이 대중에게 있다는 비전을 급진적으로 밀고 나가는 느낌이다. 주권자인 대중으로 하여금 위임받은 권력기관이 군림하지 못하도록 하기 때문이다. 주민평의회 법률의 제2조에 의하면 주민평의회는 조직된 대중이 사회정의와 평등성에 근거하여 자신들의 필요에 응답하는 공공정책을 직접 기획하고 운영하도록 한다고 되어 있다.

물론 베네수엘라 혁명에 대한 평가는 서로 다르다 못해 약간 혼란스럽기까지 하다. 어느 극좌파의 시각으로는 부패하고 우경화된 사민주의적 관료체제의 지속이라고 보고 자유주의의 시각에서는 지도자 개인의 카리스마에 의존하는 일인지배의 권위주의적 · 비민주적 포퓰리즘 체제로 본다. 또한 좌파적 시각에서는 사회주의적 혁명의 성격을 높이 평가하나 국유화 전략이 너무 느린 것을 비판하기도 한다. 그러나 베네수엘라 혁명의 가장 중요한 독창성은 "공동체적 또는 동네평의회적 힘의 폭발(Ciccariello-Maher, 2007, 42)"이다. 여태까지 어느 좌파 혁명에서도 보지 못하던 성격이다. 주민평의회에 대한 비판 중에서 가장 날카로운 것은 과연 주민평의회가 얼마나 국가권력으로부터 자율적일 수 있을까?이다. 왜냐하면 주민평의회를 움직이는 기금이 국영석유회사의 오일머니에서 나오기 때문이다. 반대로 가장 긍정적인 가치는 오랫동안 사회경제적으로 배제된 주민들을 자율적 · 정치적 행위자로 만들려는 것이다. 또한 주민평의회의 간부는 주민총회에 의해 2년 임기로 선발되고 잘못이 있을 때는 보통의 고위직 공무원보다 훨씬 더 쉽게 소환할 수 있다. 선출직 공무원에 대한 국민소환제도는 베네수엘라의 1999년 헌법에 들어 있는 급진적 민주주의를 담보하는 아주 중요한 전략이다. 그리고 주민평의회 간부들은 보수가 없고 명예직이다. 평 위원들도 자원봉사이다. 그러므로 직장이 있고 바쁜 사람들은 참여하기가 곤란하다. 현재 차베스 정부는 고위 공무원들에게도 월급의 상한제를 지키도록 하고 있다. 대부분의 라틴 아메리카의 '모범적' 민주주의 국가들에서 고위 공무원의 월급이 상상 이상인 경우가 많은 것과 대조된다. 주민평의회 법률안을 기초한 위원회의 의장은 다빗 벨라스케스로 공산당 당원이다. 2007년 현재 그는 대중참여 및 사회개발부 장관으로 임명된다. 그는 "주민평의회가 베네수엘라를 변혁시킬 혁명적 기초이고 추구하는 것은 권력과 민주주의를 조직된 평의회에 이전시켜 궁극에는 국가기구가 거의 필요 없는 수준까지 줄일 것"이라고 주장한다. 그러나 지나치게 순진하게 안토니오 네그리의 '다중'의 개념을 따르고 있는 것 같은 이런 극단적인 생각은 급진적 민주주의의 진행에 오히려 바람직한 것이 못될 것이다. 정통좌파들의 생각이 비현실적이고 오히려 민주주의의 심화에 방해가 될 수 있음을 알 수 있다. 대중과 공권력 양자의 권력배분이 병행되고 국가권력은 경우에 따라 주민에 의해 소환될 수 있는 것이 훨씬 더 급진적이고 대중의 지속적 개입의 구성 권력을 인정하는 게 된다. 차베스는 여러 번에 걸쳐서 미래에 국영석유공사로부터 들어오는 이익(예를 들어 2006년 상반기의 경우 60억 달러 이상)의 절반을 주민평의회에 인도할 것이라고 밝혔다. 주민평의회를 매우 중요시함을 알 수 있다. 신자유주의체제는 '기업국가'의 경우, 국가권력이 자본 또는 시장이 사회적 공공성을 훼손하는 것을 방치하거나 돕는다. 나날이 주민의 건강권과 환경권도 자본에 의해 침해받고 있다. 하루빨리 환경권, 건강권 등의 권리에 기초한 사회 공공적 차원의 정책과 자본에 대한 강력한 환경적 통제방안을 마련해야 하며 사회적 배제와 빈곤, 실업에 대한 정부, 지자체 차원의 사회공공정책의 수립과 집행을 요구해야 한다. 그러나 기업국가가 아닌 '정상국가'의 경우에도 서구적 자유주의적 근대 민주주의 체제는 사회적 배제를 급진적으로 없애는 정책을 실행하기가 매우 어렵다. 그렇다고 이미 실패한 20세기 현실사회주의 모델도 국가권력의 독재와 비효율을 피하기 어렵다.

그러므로 국가와 자본에 대한 공공적 개입과 통제를 강화하되 이와 동시에 자율적이고 자립적인 노동자 민중의 사회공공 자원의 형성과 교류가 요구된다. 베네수엘라의 주민평의회는 바로 이런 민중의 자율적 사회공공 자원의 형성을 추구하는 것이다. 그런데 그 방법을 주목해야 한다. 대규모의 획일적·동질적 성격의 민중운동을 지향하는 것이 아니다. 이 방법은 필연적으로 다시 '대의제'의 경로에 매몰된다. 그러므로 소규모의 육체적 친화성이 있는 서로 다른 고유의 '동네평의회적' 조직이 필요한 것이다. 이런 방식을 통해야만 신자유주의체제에 대한 대안적 체제가 국가권력이 사회적 공공성을 회복하는 것 못지않게 비국가적인 공동체적 조직이 공공성을 담보할 수 있기 때문이다. 또한 근대적 대의민주주의 체제가 신자유주의 헤게모니 아래에서 대중의 요구를 제대로 전달하지 못하는 민주주의의 위기를 극복할 수 있다.

특히 베네수엘라에서는 1980년대 이후 대의민주주의 시스템인 '푼토 휘호' 체제가 그 위기를 극복하지 못하고 있었기 때문이다. 이 체제도 58년 당시에는 아주 민주주의적인 제도였지만 시대가 변하면서 그 의미를 잃어가고 있었다. 네그리는 "18세기의 민주주의 혁명가들은 단순히 고대적 형태의 민주주의를 다시 제안하지만은 않았다. 대의제는 민주주의의 위기를 설명하려는 근대적 시도에 핵심적이었다.

근대초기의 혁명가들처럼 우리는 다시 우리의 전 지구적 시대에 적합한 민주주의 개념들을 재창안하고 새로운 제도적 형식들과 실천들을 창조해야만 할 것이다. 페리클레스가 고대 아테네 시대의민주주의를 소수의 지배나 일자의 지배와 대조되는 다수의 지배로 규정했던 것을 상기해보라(네그리, 2008, 288-291)"고 한다. 시대적 상황이 변하면서 그 '다수'에 포함되지 않고 배제되는 사람들을 체제 안으로 끌어들이는 실험이 베네수엘라 혁명이다.

이런 의미에서 베네수엘라 혁명의 주민평의회의 실험은 역사성을 가진다. 주민평의회를 통한 '주인공적 참여민주주의'는 대의민주주의를 주축으로 하는 나라에서 흔히 강조하는 '참여민주주의'와는 상당히 다르다. 매우 직접적이고 공권력과 권력을 공유한다고까지 말할 수 있다. 그리고 2003년부터 시행되고 있는 브라질의 포르토알레그레시의 참여예산제와도 다르다. 더 강도 높은 '주인공적' 성격을 가진다. 앞에서도 여러 번 강조한 바 있지만 모든 베네수엘라 혁명의 모티브는 1980년대부터 베네수엘라 사회의 광범한 계층의 대중의 열망과 '요구'에서 나온 것이다. 주민평의회도 물론이다. 아르헨티나, 브라질, 우루과이 등의 남미 남부의 나라들이 1960년대와 1970년대에 군부권위주의 정권을 겪고 나서 1990년대에 권위주의에서 '제한된 민주주의'로 이전되었다면 베네수엘라는 그런 권위주의 통치의 경험이 없었다. 예를 들어, 아르헨티나에서 1990년대에 집권한 메넴정부는 아르헨티나 역사상 민주적, 평화적으로 첫 번째로 정권이 교체된 경우였다.

마르가리타 로뻬스 마야에 의하면 베네수엘라의 다양한 사회운동세력의 요구와 항의가 1980년대 이후 더욱 거세졌고, 이에 따라 "더 깊은 민주주의"를 위해 국가와 민주주의의 재구성을 요구하게 된다. "더 깊은 민주주의"의 의미는 국가제도를 민주화하는 데 그치는 것이 아니라 사회를 민주화시킴을 의미한다. 다시 말해 사회적 배제와 사회 부정의에 의해 억압당하는 가장 가난한 사람들의 기본적 요구를 사회가 책임지는 사회공공성의 강화를 의미한다. 베네수엘라 혁명은 이 대중의 요구를 받아들여 국가와 민주주의를 새롭게 변혁한 것이다. 즉, 체제의 변혁을 보여준다.

1980년대 중반 이후 이런 "더 깊은 민주주의"의 요구는 계속해서 집권세력에 의해 좌절되었다. 물론 이들 집권세력은 '개혁'을 하기는 하였다. 그러나 "신자유주의적 개혁"을 함으로써 대중의 요구를 배반한다. 그러다가 1998년에 당선된 차베스와 추종 세력에 의해 처음으로 그 요구가 현실적으로 관철되기 시작한다. 이들은 변혁의 강력한 권력의지를 가짐으로써 1999년 헌법을 새로 제정한다. 이 같은 흐름에 대해 베네수엘라 국내의 기득권계급과 글로벌 자본주의 체계의 주도권을 가진 세력은 강한 반감을 표하게 된다. 뿐만 아니라 정통좌파 그룹들도 불신과 회의를 표시하게 된다. 이는 좌파의 주류 세력이 아닌 새로운 세력이 베네수엘라 혁명을 주도했기 때문이다. 특히 베네수엘라 혁명의 이데올로기적 기초가 전통적인 마르크스주의와는 거리가 멀었기 때문이다.

마르가리타 로뻬스 마야에 의하면 "주인공적 참여민주주의"의 사상적 기초를 진보적 자유주의자인 루소와 존 스튜어트 밀에게서 찾을 수 있다고 주장한다. 그러나 필자가 생각하기에 프랑스의 현대 정치철학가인 자크 랑시에르의 주장에서 그 이념적 실마리를 찾을 수 있다고 본다. 왜냐하면, 주민평의회의 출현을 "몫 없는 사람들"의 출현이라고 생각하기 때문이다.

랑시에르는 "지배가 자신의 정당성의 감각적 확실성을 부과하기 위해 쓰는 감각적인 것의 나눔을 불일치하게 재편성하여 정치와 권력을 행사할 자격을 갖지 않은 자들의 역설적 권력인 민주주의(랑시에르, 2008, 18)"의 존재를 강조하고 있다. 여기서 말하는 "감각적인 것의 나눔"은 시민계급은 그들의 요구를 의회민주주의의 지배 엘리트들에게 입력할 경로를 가지고 있지만 가난한 대중은 사회적 배제로 인해 그런 의사소통의 경로를 가지고 있지 못함을 의미한다. 이와 같이 사회적 배제의 틀을 깨트리고 가난한 대중이 권력을 가지는 것을 랑시에르는 민주주의로 또는 정치로 호명하고 있고 기존형식의 감각적인 것의 나눔을 고수하는 것은 치안으로 호명하고 있다. "몫 없는 사람들"은 실제로 존재함에도 불구하고 그들의 목소리가 들리지 않게 되어 아예 몫이 나누어지지 않는 베네수엘라의 1980년대 이후의 가난한 대중을 지칭할 수 있다.

그러므로 이 같은 시각에서 보면 주민평의회의 출현은 민주주의의 심화를 드러낸다. "주인공적 참여민주주의"의 실험은 지나치게 불평등하고 사회적 배제가 심한 기존의 사회관계와 권력관계를 변혁하려는 것으로 바로 국가기능의 재구성을 의미한다. 베네수엘라 정부의 2001~2007년 경제사회개발 계획에 의하면 주민의 주인공적 참여는 주민 각자의 "자기 발전"을 의미한다고 적시하고 있다. 이것은 코뮌주의의 성격을 드러낸다. 이 개발계획은 차베스 정부의 초기부터 지금까지 베네수엘라 혁명의 기본 로드맵이라고 할 수 있다. 베네수엘라 혁명의 슬로건을 '볼리바리안혁명 또는 21세기 사회주의혁명'이라고 한다면 이 장기계획이야말로 이념적 정책적 가이드라인이다. 주민의 주인공적 참여를 강조하게 된 맥락은 1980년대 이전에는 자유주의적 민주주의, 즉 의회민주주의의 활성화를 통해서도 상당한 정도로 사회정의를 지켜낼 수 있었으나 1980년대 이후의 신자유주의체제 아래서는 체제 외부로 배제된 사람들의 존재로 인해 의회민주주의 체계만으로 사회정의를 확보하지 못하게 되었기 때문이다.

이에 따라 차베스 정부는 구체적으로 사회적 배제와 싸우기 위해 몇 가지 정책적 전략을 제시한다. 첫째는 소득과 부의 불공정한 배분을 고친다. 두 번째는 식품, 건강, 주택, 교육 등 기초적 인권에 대한 접근의 차별을 극복한다. 이를 위해 '미션' 사업들이 집행되고 있다. 세 번째는 사회적 연대와 민주주의와 참여를 두드러지게 하기 위해 주민들의 완전한 발전을 도모한다. 결국 차베스체제는 신자유주의가 가지는 결정적인 문제인 '사회적 배제'와 싸우기 위한 총체적 접근을 하고 있다.

그 결과 베네수엘라 기층대중은 상상 이상으로 열정적으로 그리고 효율적으로 조직하고 투쟁하고 있고 차베스의 인기를 떠받치고 있다. 주민평의회는 컴퓨터 네트워크로 모든 정부기구, 의회, 주정부 등과 연결되어 있어, 국민들이 실시간으로 입법과정에 참여할 수 있다. 차베스 정부의 다른 정책, 예를 들어, 조합운동 등에 비해 주민평의회가 비교적 성공적으로 운영되고 있는 맥락은 베네수엘라만이 아니라 라틴아메리카의 여러 나라에 보편적인 '동네평의회' 등 일상적 사회운동의 강한 전통 때문이다. 2002년의 반차베스 쿠데타를 실패로 만든 것도 이들 도시의 가난한 기층대중의 자생적-연대적 공동체의 힘 때문이었다.

특히 카라카소에서 이 점이 두드러졌다. 또한 2002년 12월의 석유공사의 '경영자 파업' 당시에도 석유공사의 기층 노동자들의 자생적 연대조직이 석유공사의 재가동에 결정적인 역할을 하였으며 주민평의회와 같은 구조의 노동자평의회를 통해 어려움을 뚫고 차베스 지지 세력을 형성한 것이다. 사실 오늘날 자유주의와 보수주의 세력을 포함한 모든 나라의 정치세력들이 '참여민주주의'를 이야기한다. 예를 들어, 민주주의-개혁 세력임을 자부한 우리 사회의 김대중, 노무현 정부도 '참여'를 강조했다.

그러나 정책방향 수립과 구체적인 정책대안 제시에까지 대중의 요구가 직접 반영되는 참여가 아니었고 내세운 구호에 맞지 않게 신자유주의정책에 몰두하여 오히려 사회적 양극화가 더욱 심해졌다. 주민평의회에 대한 평가는 바라보는 시각에 따라 서로 상반되고 있다. 하나는 참여민주주의의 급진화로서 민주주의의 발전에 기여한다는 생각이고 다른 하나는 오래된 정치적 '연고주의', 즉 집권층이 선거 때 표를 얻기 위한 정치적 전략으로 대의민주주의의 제도화에 대한 위협이라고 생각한다.

골드프랭크(Goldfrank, 2011)에 의하면 주민평의회는 대의민주주의에 위협이 아니며 오히려 민주주의를 어렵게 할 수 있는 극단적인 정치적 대립을 억제하는 기능을 보이고 있다고 한다. 차비스타로 불리는 차베스 지지세력은 항구적 사회운동의 동력을 가지고 주민평의회 활동에 참여하고 있다. 그럴 수밖에 없는 것이 선거 때만 수동적으로 정치에 참여하는 자유주의적 맥락이 아니라 주민평의회는 주민들 스스로가 '주인공이 되는' 정치, 행정 참여조직이기 때문이다.

주민평의회는 '미션', 조합운동 등과 상호 결합하여 특히 교육 및 의료 등의 분야에서 다양한 사회공공성 프로젝트를 제안하는 매개체로 출발하였다. 2009년 현재 주민평의회가 제안한 약 만 삼천 개의 프로젝트가 집행되고 있다. 예를 들어, 직업교육 미션인 '고개를 돌려라'에서 직업 교육을 함께 받은 사람들끼리 조합을 결성하도록 하고 정부는 각 조합에 다양한 전문기술자를 순환배치하여 이들로 하여금 조합운용을 돕도록 하고 있다. 그리고 미션과 국가 사이에 지역공동체, 즉 주민평의회가 연결고리로서 접합되어 있다. 가난한 주민들의 무료진료 미션인 "바리오 아덴트로(Barrio Adentro)"와 문맹자 교육 미션인 "로빈손(Robinson)", 중등교육 과정 미션인 "리바스(Rivas)" 등은 모두 주민평의회와 밀접하게 연계되어 있다.

예를 들어, 상기 미션들의 예산 집행 등이 제대로 이루어지지 않을 때 주민평의회가 정부에 직접 문제제기를 할 수 있다(Gindin, 2006, 87). 또한, 자본주의체제의 국가권력 앞에 '대중권력'으로서 국가기능에 대한 독립적 기능이 강조된다. 그리고 20세기 현실사회주의 경험의 실패에서 나온 '혁명의 관료화'를 막기 위해서 주민평의회는 대중권력으로서의 기능을 가진다. '혁명의 후진'과 '혁명의 관료화'를 저지하기 위한 근본적인 안전판으로써 대중권력이 '독립적인 사회권력'으로서 강화될 필요가 있다(조희연, 2009, 234).

주민평의회를 둘러싼 현실적 문제점은 많이 있다. 예를 들어, 너무 성급한 실행, 비현실적인 기획으로 지방 정부관료들은 자신의 정부기능을 강탈당했다고 생각한다. 그리고 이미 공동체에 독립적으로 존재하는 참여적 이니셔티브에 대한 감독기능을 수행하는 등 정부의 또 다른 선출로 이어졌다고 평가되기도 한다. 그러므로 항상적 사회운동으로서의 성격을 지닌다. 주민평의회의 법률이 공포된 것은 2006년이다. 헌법에 관련조항이 있다. 제2조, 제4조, 제5조, 제20조, 제62

조, 제70조, 제182조, 제299조 등을 들 수 있다. 주민평의회의 가장 중요한 특징은 '반헤게모니적 풀뿌리 문화'를 만들어내는 데 있다. 이런 용어는 사실 구체적인 느낌이 잘 오지 않는다.

그러나 구체적인 예를 든다면, 최근 2011년 7월에 서울에 집중호우가 내려 커다란 피해를 보았다. 이를 계기로 열린 관민이 참석한 치수정책에 대한 토론회에서 모 환경단체 간부는 "서울시와 같은 시도 광역지자체에서는 각 마을에 어떤 문제가 있는지 알 수 없다. 그런데도 이들이 치수예산의 99%를 결정한다. 그러니 몇 백 억짜리 대형 프로젝트만 발주하는 것이다. 이제 치수대책을 구청과 동 단위로 넘기고 시민들이 정책결정에 참여할 수 있도록 해야 한다. 이제는 치수정책의 민주화·분권화가 필요한 시점이다"라고 주장했다. 바로 이런 의미를 가지는 것이 베네수엘라의 주민평의회이다. 단지 의견을 주민들이 제시하는 것이 아니라 중앙정부 재정이 직접 주민평의회에 전달된다.

차베스 대통령은 2009년에 중앙정부로부터 직접 주민평의회에 90억 볼리바르 이상을 지원할 것이다(Harnecker, Camila, 2008, 69). 그러므로 기존 관료조직의 기능을 대체하려는 점에서 매우 급진적이다. 예전에는 지방정부에 예산을 제안하는 '참여예산제'의 성격을 가지고 있었는데 이제 더 많은 권력을 주민평의회에 주고 있다. 그야말로 주민들이 '주인공'이 되는 것이다.

그러므로 자신의 권한을 놓치지 않으려는 관료층의 반발도 쉽게 예상할 수 있다. 주민평의회는 정치적으로 베네수엘라 주민을 '집단적 또는 사회적 주체'로 성장시켜 스스로 정치의 주인공으로 참여하게 하는 '느린' 민주주의 학습 프로그램이다. 마르타 아르네케르에 의하면 주민평의회는 헌법기관으로 '느린' 변혁의 주체이다. 왜냐하면 주민들의 학습기간이 필요하기 때문이다. 그리고 아직 대의제의 폐해, 연고주의, 개인주의, 신자유주의적 관행과 문화에 익숙하기 때문에 더 그렇다. 대중권력의 의미는 타자의 포용과 소수자의 목소리에 귀를 기울이는 것을 의미하며 무엇보다 공동체의 자존감을 높일 수 있다. 주민평의회가 중요한 것은 국가의 성격을 재구성 또는 변혁하기 때문이다.

차베스는 "주민평의회는 새로운 사회주의 국가의 핵심세포가 되어야 한다(Chavez, Lebowitz, 2008, 4 재인용)"고 강조한다. 국가가 시민사회 위에 군림하는 것이 아니라 노동자대중의 대리인이 되는 것이다. 주민평의회의 독특한 성격 중의 하나는 조합운동, 미션사업 등 차베스 정부의 변혁정책들이 계획한 것만큼 잘 진행되지 않을 때 비공식적으로 자유롭게 논쟁하고 비판하면서 필요한 경우, 중앙정부에 직접 항의할 수 있는 체계를 갖고 있다는 점이다. 아래로부터의 대중동원과 연대성에 기초하여 더 평등하고 실질적인 민주주의사회를 건설하려는 것이다. 그러므로 차베스혁명을 '주인공적', '참여민주주의 혁명'으로 부른다(Hawkins 2010; Burbach & Piñeiro, 2007).

베네수엘라 헌법 제62조는 "모든 시민은 자유롭게 공공적 사안에 참여할 권리를 가진다. 공적문제의 기획, 집행, 통제의 인민의 참여는 개인으로나 집단으로나 완전한 발전을 보장하는 '주인공'적 참여를 요구한다"고 되어 있다. 차베스를 비판하는 지식인들은 차베스가 가지는 카리스마적 대중 연설능력만을 고려해 포퓰리즘으로 폄하한다.

그러나 실제로 주민평의회가 진행되면서 그동안 정치과정에서 배제되어온 대중이 정치활동에 직접 참여하고 조직하는 경험이 쌓이게 된 것이 베네수엘라 혁명의 가장 큰 성과라고 할 수 있다. 기존의 자유주의 체제에서는 대중이 소비주의에 포획되어 실질적인 시민의 참여가 이루어지지 못하고 있다. 특히 여성과 교육수준이 낮은 사람들이 주민평의회에 적극적으로 참여하는 것이 주목된다. 교육을 많이 받은 엘리트만이 공공적 사안에 참여할 수 있다는 상식을 깨트리는 것이다. 이런 이유만으로도 사회경제적 엘리트들이 차베스체제를 반대하기도 한다. 각 지역, 조합마다 주민들의 직접적인 정책결정권을 인정하여 관료들의 독점적 결정권을 부인하는 것이다.

주민평의회 안에는 차베스 지지자들과 반대자들이 섞여 있다. 이점이 매우 중요하다고 생각한다. 왜냐하면 예를 들어, "볼리바리안 서클"에는 오직 차베스 지지자들로 이루어져 있기 때문이다. 민주주의가 서로 다른 생각과 이념 사이의 평화적 대화와 타협에 중심이 있는 것이라면 주민평의회 안에 차베스 지지자들과 반대자들이 함께 있는 것이 민주주의적이라고 할 수 있다.

골드프랭크의 연구에 의하면 주민평의회는 전반적인 베네수엘라 정치의 차베스 정치노선을 둘러싼 극단적 대립과 긴장을 완화시키는 장치로 기능하고 있다고 한다. 한편, 베네수엘라의 주민평의회 말고도 라틴아메리카에서는 '참여민주주의'의 다양한 사례가 있다. 이들과 주민평의회를 비교하면 주민의 참여율은 주민평의회가 가장 높다. 그동안 베네수엘라 전체 주민의 약 1/3이 주민평의회에 참여해왔는데 이는 참여율이 매우 높음을 알 수 있다. 세계적으로 많은 학자들이 자주 언급하는 브라질의 참여예산제도 이 같은 참여율을 보이지는 못하고 있다. 가장 유명한 포르토 알레그레 시의 경우에도 주민의 2~3%의 참여에 그치고 있다. 그리고 브라질의 참여예산제는 전체 브라질의 도시들 중에서 약 10% 미만의 경우에 실험되고 있다.

페루의 경우에도 참여예산제를 법률에 명시하고 있지만 실제 이행은 매우 낮은 편이다. 참여율 외에 비교가 가능한 것은 제도적 기획의 수준이다. 주민평의회와 포르토 알레그레 시의 참여예산제의 커다란 차이는 참여 규모와 영향력에 있다. 후자의 경우는 참여규모가 십만 명 이상인 경우도 있고 그 영향력도 도시 전체의 공공공사에 대해 끼치고 있다.

이에 비해 주민평의회는 규모와 영향력이 작지만 여러 공공부처에 연계되는 반면 후자는 오직 시정부 차원에 그친다. 중요한 차이는 주민평의회는 후자와 달리 공사를 단지 결정하는 데 그치는 것이 아니라 직접 시행하고 자금을 운용한다는 데에 있다. 그러나 가장 중요한 차이는 포르토 알레그레 시의 참여예산제는 어떤 지역의 어떤 프로젝트가 결정된다는 것이 분명하고 정부는 모든 프로젝트에 대해 과정과 결과를 문서로 알리는 데 비해 주민평의회는 자금의 배분에 대한 분명한 규범이 없고 참여자들의 역할도 분명하지 않고 성과의 보고도 브라질의 정부보고의 방식과 달리 개별적으로 진행된다는 데 있다.

이런 점 때문에 부패의 정치적 연고주의의 새로운 방식이 아니냐는 문제제기와 민주주의의 위협으로 보는 시각도 있다. 이 같은 부정적 시각을 보이는 학자들은 2005년에 시작된 주민평의회가 2006년 12월의 대선을 겨냥한 것이고 또한 차베스에 의해 만들어진 여당인 "베네수엘라 통합사회주의당(PSUV)"의 창설과 시기를 같이한다고 주장한다. 그러나 이런 주장은 그 근거가 약하다. 이와는 다른 시각은 주민평의회가 만들어진 것이 참여민주주의를 강화시키는 것에 대한 지방정부의 관료들과 의회의 정치가들의 저항을 극복할 필요에서였다고 주장한다.

중요한 것은 주민평의회에 참여하는 주민들의 자치적 성격이 유지되고 있다는 점이다. 기층대중의 아래로부터의 자발성이 더욱 강화되어 관료조직의 경직성과 부패와 우파적 성향의 관료의 방해를 이겨낼 정도로 민주주의의 심화의 성과를 충분히 거두어야 할 것이다. 왜냐하면 현재로는 관료주의의 경직성 때문에 어려움이 많기 때문이다.

5.3. '라틴' 이후의 인종주의 극복

라틴아메리카에서 최근 10여 년 동안 괄목할 만한 변화가 일어났다. 볼리비아 원주민 농민운동의 지도자인 에보 모랄레스가 대통령이 됨으로써 상징되는 볼리비아의 변화 외에도 에콰도르 원주민 사회운동은 커다란 정치적 변화를 이끌어냈다. 2005년 당시 에콰도르 외무부 장관인 니나 파카리와 농업부 장관을 역임하였고 에콰도르 원주민 연맹회장이며 원주민 상호문화 대학인 '아마우타이 와시'의 총장인 루이스 알베르토 마카스는 원주민 출신이다. 그리고 의회에 진출한 상당수 원주민 출신 의원들, 그리고 수십 개 이상의 도시의 고위 관료로 진출한 원주민들을 합치면 이미 에콰도르는 과거의 "백인·메스티소" 엘리트가 지배하는 나라가 아니다.

'라틴아메리카'로 불리는 "백인·메스티소" 엘리트 지배체제는 19세기 후반부터 정착된다. '라틴아메리카'는 1860년 이전에는 하나의 범주나 지역으로 존재하지 않았다. 이는 프랑스 제2제정, 즉 나폴레옹 3세의 '근대적' 발명품이다. 이 시기 라틴아메리카의 거의 모든 국가들은 자유주의와 보수주의의 갈등 또는 내전을 겪게 되고 대부분 자유주의자의 승리로 끝난다. 그렇지만 자유주의와 보수주의의 대립은 중간계급의 엘리트와 상층부 엘리트들의 투쟁이었다. 처음부터 가난한 대중은 '타자화'되었다. 그때 이후 '라틴아메리카'라는 호칭은 라틴아메리카의 내부적 식민성을 지칭하는 개념이 된다. 즉, 라틴 유럽에서 온 사람들의 후손인 백인 크리오요가 원주민과 흑인을 억압하고 배제하는 차별성을 함축하기 때문이다. 여기서 원주민과 흑인을 지칭하는 것은 광범한 가난한 대중을 가리킨다.

그런데 백인 지배계급은 원주민과 흑인을 타자화시키기 위해 중간에 있는 혼혈인 즉, 메스티소에 긍정적 가치를 부여하는 것을 중심으로 "인종적 민주주의"의 신화를 퍼트려 원주민과 흑인에 대한 인종적 차별성과 사회경제적 배제를 은폐하게 된다. 근대 국민국가를 건설하고 통합하는 과정에서 혼혈인인 메스티소를 국민적 정체성의 핵심으로 규정하는 이 이데올로기는 서로 다른 문화 사이의 지배와 억압으로 인한 상처를 가리고 서로 다른 인종과 종족 그룹 사이에 존재하는 불평등한 권력관계, 사회관계를 숨기는 것이다. 즉, 사회계급을 부정한 것이다.

1910년의 혁명 이후 호세 바스콘셀로스의 '문화적 국민주의' 이데올로기를 통해 형성된 멕시코 국민국가의 경우도 바로 그러하다. 그리하여 백인 유럽인의 후손은 민주주의의 사회적 행위자로 인식되고 원주민과 흑인은 잉여인간, 투명인간이 되어 보이지 않게 된다. 그러므로 교육을 통해 원주민들을 백인 크리오요 문화와 언어에 동화되도록 국가통합 정책을 펼친다. 이 경우 베네수엘라자유주의 지식인들의 담론을 "원주민주의"라고 부른다. 원주민들을 자본주의적 국가발전의 자원으로 충원하려는 것이다. 즉, 원주민을 없애려는 이데올로기가 원주민주의라고 할 수 있다.

한편, 베네수엘라 정부는 내부 식민성을 강화하고 자본주의적 국가발전을 이루기 위해 유럽이민을 적극 수용하는 "백인화" 프로젝트를 추진하였다. 결국 인종적 민주주의는 인종과 종족 사이의 위계서열, 즉 식민성을 정당화하는 담론이다. 이는 포스트 콜로니얼리즘이 제2차 세계대전 이후 제국주의의 정치적·제도적 지배가 끝났어도 인식론적·문화적 제국주의는 온존하고 있다는 비판의식을 드러내듯이 인종주의 또한 라틴아메리카 국가들이 민주공화국이 되고 인종적 민주주의를 이데올로기로 아무리 내세워도 쉽게 사라지지 않음을 보여주고 있다.

그런 의미에서 차베스혁명은 인종주의를 깨트리기 위한 중상층부 엘리트들과 가난한 대중 사이의 투쟁이다. 원주민 외에 아프리카계 흑인들이 주도하는 사회운동도 활발하다. 우리가 라틴아메리카 대중음악으로 알고 있는 것은 그 원류가 아프리카에 있다. 음악과 함께 이들 흑인들의 '다른' 종교도 가톨릭과 라틴아메리카의 '라틴성' 즉, '유럽중심적 근대성'에 포섭되지 않았다. 원주민과 흑인을 여태까지 억눌러 온 것은 16세기부터 시작된 라틴성 또는 근대성의 세계화였다.

그런데 역설적인 것은 20세기 말에 자본주의의 세계화가 급진적으로 진행되면서 적어도 라틴아메리카에서는 근대성 또는 라틴성을 거부하고 균열시키고 '라틴' 이후를 지향하는 현실적 그리고 인식론적 단절이 일어난 것이다. 이 점을 바로 이해하면 우리는 오늘날 라틴아메리카에서 좌파정부들이 부상하고 반신자유주의 대안적 사회운동이 활발한 맥락을 깊이 있게 이해할 수 있다. 라틴아메리카에서도 카리브와 베네수엘라, 브라질 북동부와 에콰도르, 볼리비아로 연결되는 안데스 지역이 그 '라틴' 이후 변화의 핵이다. 이들 지역의 원주민과 아프리카계 인들은 그들 고유의 철학과 인식론에 대한 자신들의 권리를 주장하고 있다.

예를 들어, 2010년 4월 술리아 주의 원주민 종족들 사이에 토지소유를 둘러싸고 분쟁이 일어나서 서로 살인하고 다치는 폭력사건이 있어 세 명의 원주민들이 기소되어 재판을 받게 되었다. 하지만 이들의 변호인은 베네수엘라 대법원에 이들에 대한 재판을 근대성의 재판형식이 아니라 연장자위원회에 의한 원주민 고유의 재판방식을 따르게 해달라고 청원했다. 이 청원에는 인권운동, 환경운동 등의 많은 사회운동단체와 지식인들이 서명했다. 그 헌법적 근거는 제133조에 있기 때문이다. 이들 원주민들은 이렇게 오랜 인식론적 방식과 기억을 되살리려 하는 것이다. 구어문화를 특징으로 하기 때문이다.

그러므로 이들은 이성을 가지고 정치적 실천을 행하는 것이 아니라 그들의 몸으로 투쟁하고 있다. 이로써 라틴아메리카의 '라틴성'이 흔들리고 있다. 다시 말해 그들의 일상생활에 무의식의 수준에까지 침투된 유럽적 인식론과 삶의 방식의 단절을 시도하고 있다. 이 단절은 바로 탈식민성의 실천이다. 아니, 유럽적 인식론과 서로 대등하게 대화를 시도하는 것이기도 하다.

이를 통해 이들 원주민과 흑인들은 과거의 역사적 경험에서 나온 식민적 상처를 재사유하는 것이다. 따라서 정치경제적으로 이들 안데스인들과 카리브인들은 베네수엘라와 쿠바를 중심으로 ALBA라는 현실적인 수준에서 유럽세력과 대등한 관계를 수립하려는 탈식민적 라틴아메리카 통합운동을 실천하고 있다. 이 같은 변화의 시작은 이미 오늘날에는 세계 최빈국 중의 하나로 꼽히는 아이티의 아프리카계 혈통에 의한 독립에서부터이다. 아이티는 라틴아메리카의 '이단아'이다. 그 이단아임으로 받는 처벌이 너무 가혹한 것 같다.

현재 라틴아메리카의 '라틴' 이후뿐이 아니라 현재의 미국도 많은 수의 라티노 또는 히스패닉의 (불법)이주로 말미암아 "앵글로인의 땅"이라는 정체성이 흔들리고 있다. 미국은 "앵글로인의 땅"이란 이름 외에 또한 "아메리카"라는 이름을 가지고 있는데 아메리카는 대륙 전체를 가리키는 말이다. 이런 논리는 16세기에 '서인도'를 네 번째 대륙으로 생각한 가톨릭의 논리와 동일하다. 탈식민적 시각에서 바라볼 때 더 이상 라틴아메리카라는 이름을 부를 필요가 없다.

오늘날 남의 메르코수르와 북의 나프타는 서로 이질적인 두 개의 세력이 있음을 상징한다. 여기서 멕시코가 라틴아메리카 국가들 사이에서 난처한 위치에 놓여 있다. 중요한 것은 그동안 무시되고 차별받던 원주민과 흑인의 사회운동이 더 잘 조직화되고 강해지고 있으며 새로운 인식론적 단절과 비판이 나오면서 민주주의와 인권에 대한 가치가 라틴아메리카에서 높아지는 반면에 미국에서는 극단적인 보수주의와 인권침해가 심해지고 있다. 앞으로 '라틴아메리카 이후'와 '아메리카 이후'의 일이 어떻게 전개될지 궁금하다(미뇰로, 2010).

베네수엘라의 경우 인종주의적 차별성은 2002년 4월 반차베스 쿠데타와 2002년 12월에 시작된 석유공사의 경영자 파업 당시 백인 크리오요 중심의 기득권층과 상층부 중간계급이 자신들의 당장의 이익을 희생시키면서도 베네수엘라가 원주민과 흑인의 가난한 대중의 이익을 위하는 사회로 변혁되는 것을 막으려한 데서 분명하게 드러난다. 그러므로 베네수엘라를 비롯하여 에콰도르, 볼리비아 등의 나라들이 '라틴' 이후의 라틴아메리카 형성을 위한 인종주의 극복에 성과를 내고 있다는 것은 바로 이들 원주민, 흑인, 가난한 대중에 의한 사회운동의 강력함을 의미한다. 베네수엘라는 라틴아메리카 전체에서 매우 드문 사례의 나라이다. 즉, 좌파나 우파나 아주 강력한 사회운동을 펼치고 있는 나라이다. 베네수엘라의 경우, 스페인의 식민지시대에 부의 원천은 카카오 재배였다. 백인 크리오요들은 카카오 대농장 플랜테이션을 가지고 있었다. 이들 지배계급인 백인들에 의한 인종주의적 차별은 18세기부터 본격화된다.

그러나 베네수엘라는 1958년 이후 예외적인 양당민주주의 체제를 확립하면서 '인종적 민주주의'의 신화를 만들어낸다. 다시 말해 백인들이 인구의 주종을 이루는 메스티소를 차별하지 않는다는 이데올로기 담론을 만든 것이다. 그러나 1980년대 초부터 국제원유가의 하락과 인플레로 인한 화폐의 평가절하 등의 경제위기 이후 원주민과 흑인뿐 아니라 메스티소에 대한 숨겨져 있던 깊은 인종주의가 드러나게 된다.

예를 들어 베네수엘라는 미스 월드 또는 미스 유니버스 등 세계적인 미인대회에서 수상자가 많기로 유명하다. 그런데 이들 미인들은 원주민과 흑인의 혼혈은 거의 없이 백인들이다. 유럽의 백인들은 1945년 이후 베네수엘라 정부의 정책에 의해 대거 이민을 온다. 카라카소 시내에는 "미스 베네수엘라 위원회"라는 사설교육기관이 있다. 미인대회에 나오고 싶어 하는 후보자들을 약 5개월간 집중 교육시킨다. 책임자는 오스멜 소우사라고 하는 전직 광고기획자이다. 이들은 모델학교와 피에스타(파티) 등에 가서 후보자들을 선발한다. 대부분 중간계급 출신인 이 학교 학생들은 돈을 내지 않는다. 막강한 스폰서들이 많기 때문이다. 미스 베네수엘라가 흑인이 없는 것은 베네수엘라인들이 흑인으로 자기 나라가 대표되는 것을 싫어하기 때문이다. 베네수엘라 전체 인구는 약 2천4백만 정도이다. 그런데 약 3십만의 원주민들이 살고 있다. 이들은 약 26개의 종족들로 이루어져 있다. 가장 큰 종족은 와유유족 또는 과히라족으로 불린다. 이들은 주로 콜롬비아와의 서부국경 부근에 살고 나머지 종족은 아마존 인근의 버려진 지역에 살고 있다.

베네수엘라 사회의 인종주의의 흐름에 대해 차베스는 제동을 건다. 차베스는 "역사는 단 하나의 서사적 이야기로 이루어져 있지 않다"고 하며 베네수엘라의 역사적 인종적 정체성에 대해 언급했다. 가장 중요한 토픽은 원주민에 대한 권리에 집중된다. 차베스 정부는 집권하자마자 초대 환경부 장관으로 와유유족의 지도자인 아탈라 우리아나를 임명했다. 제헌의회에도 약 3명의 원주민 대표가 선출되었다. 1999년 3월에 전국원주민위원회(CONIVE) 총회가 개최되어 제헌의회에 보낼 3명의 대표를 선출하였다. 이들 3명은 오랫동안 원주민의 권리를 찾기 위한 운동을 벌여왔다. 20세기에 와서 이루어진 유럽계 백인의 대거 이주와 이로 인한 원주민 권리침해로 갈등과 저항이 있어왔다. 베네수엘라 원주민들에게는 독립 이후가 더 고통이었다. 왜냐하면 식민지시대에는 스페인의 카푸친회, 예수회, 프란치스코회 등의 가톨릭수도단체들이 원주민들을 대상으로 한 미션공동체를 조직하게 하였기 때문이다. 원주민들은 상당한 정도의 자율성의 보장을 받을 수 있었다. 그러나 18세기 후반에 예수회는 철수되었다. 그리고 카푸친회가 보호한 미션지역은 오리노코 강 유역의 전략지역으로 19세기 초의 독립전쟁 당시 볼리바르 군에 맞서 싸우다 스페인 출신 수도

사들은 살해되고 원주민들은 독립군에 편입되었다. 독립 이후 베네수엘라 정부는 원주민에 대한 정책이 없었다. 20세기 초에는 고무농장의 붐에 따라 푸네스 대령이 지휘하는 정부군이 쳐들어와 원주민들을 대량으로 살해했다. 이 푸네스 대령은 1921년에 차베스의 증조부인 마이산타와 연합한 반 고메스 독재자 게릴라 대장인 에밀리오 아레발로 세데뇨군에 진압된다. 이런 억압과 학살에 대해 베네수엘라 원주민들은 자세히 기억하고 있다. 그들이 가지고 있는 기억을 중시하는 구어문화 때문이리라.

1999년에는 베네수엘라의 대형 수력발전소로부터 브라질로 가는 고압송전선이 지나가는 동남부의 원주민들이 송전탑을 부수는 사건이 일어났다. 이미 이 지역은 금광이 있어 개발이 진행되면서 원주민들의 권리가 침해되고 있었다. 차베스 정부는 송전사업은 계속하되 원주민들의 거주지인 숲의 침해는 최대한 피하는 정책을 취했다. 1999년 12월에는 유명한 라틴아메리카 원주민운동 지도자이며 1992년 노벨 평화상 수상자인 과테말라의 리고베르타 멘추가 카라카소에와 새 헌법에 담긴 원주민 보호의 정신에 대해 연설했다.

이런 흐름을 반차베스 백인 기득권 세력은 싫어한다. 1970년대 중반 중동전쟁 이후 원유가의 상승으로 베네수엘라에 오일달러가 엄청나게 들어올 때는 중간계급과 기득권계급은 하층계급에 대해 여유있는 태도를 가진다. 그러나 경제위기 이후 원주민과 흑인에 대해 잠재하고 있던 인종주의가 다시 모습을 드러낸 것이다. 1980년대 후반부터 이에 대한 비판적 반작용으로 원주민과 흑인의 인권을 위한 사회운동세력이 강화된다. 이로 인해 58년 이후의 양당민주주의 체제의 몰락은 더욱 가속화된 것이다.

그리고 2002년의 반차베스 쿠데타 당시도 기득권계급의 분노에는 흑인과 원주민에 대한 인종적 차별주의가 배태되어 있었다. 특히 대지주들은 토지 없는 농민운동의 지도자들을 약 200명 이상 암살했다. 라틴아메리카가 스페인의 식민지였을 때 "경제적 필요"에 의해 아프리카로부터 많은 수의 젊은 아프리카인들이 강제로 라틴아메리카로 끌려와 노예가 되었다. 이 당시의 상황을 기록한 훔볼트에 의하면 15세에서 20세까지의 젊은 아프리카인들은 피부에 코코넛 오일을 발라 검은 피부가 반짝거리도록 한 채 노예로 팔리기 위해 매일 아침 노예시장에 진열되었다. 노예를 사고 싶은 사람들은 마치 말의 건강을 검사하듯이 이들의 치아를 열어보곤 했다. 베네수엘라의 경우, 18세기 말까지 공식 노예무역이 지속되었는데 약 10만 명이 노예로 입국했다. 이 같은 노예무역을 합리화하는 담론은 신학자들이 만들어냈다. 소위 말하는 "노예신학"이다. 이들은 성경에서 제멋대로 햄족, 노아 등의 이야기를 가지고 아프리카인들은 노예로 사는 것이 하느님의 뜻이라고 하였다.

그리고 18세기 말에 베네수엘라에서는 백인 지배계급이 혼혈인들이 돈을 주고 "백인" 증명을 구입할 수 있는 법령을 공포하였다. 19세기 독립 이후에도 백인 크리오요들이 노예제도를 존속시켰다. 자유주의자들도 아프로-베네수엘라인들과 원주민에 대해 백인의 우월성의 보장을 요구하였다. 그리고 혼혈에 의해 주민의 질이 떨어지는 것을 염려해 유럽으로부터의 대규모 이민을 장려한다. 하지만 독립 후 시간이 지나면서 혼혈을 긍정적으로 인정하고 인종적 평등에 기초한 자유주의적 민주주의의 이데올로기를 만들어낸다. 이 이데올로기는 베네수엘라만이 아니라 멕시코와 대부분의 라틴아메리카국가들에서 그런 것처럼 실제로는 흑인과 원주민에 대한 사회경제적 차별을 가리는 가림막의 기능을 가지고 이들을 눈에 안 보이는 타자로 배제시킨다. 이 같은 배제를 숨긴 채 라틴아메리카의 지배계급과 엘리트 지식인들은 20세기 초에 국민국가 형성을 위해 노력한다. 무엇보다 인종적 민주주의 이데올로기는 인종 사이의 불평등한 권력관계를 숨기고 사회계급의 존재를 부인하는 역할을 한다. 흑인과 원주민들은 국민국가에 편입되기 위해서는 그들의 문화적 정체성을 부인해야만 한다.

이런 이데올로기 담론을 만든 대표적인 지식인이 멕시코의 호세 바스콘셀로스다. 바스콘셀로스와 같은 엘리트 자유주의 지식인들은 흑인과 원주민의 고유한 문화를 몸으로 이해할 수 없다. 다만 이들 다양한 문화까지 녹여내는 메스티소 문화를 통해 한 나라의 문화를 균질적으로 통합할 수 있다고 머리로 상상한다. 베네수엘라의 경우, 이런 주장을 바로 '원주민주의'라고 한다. 이는 근대성과 자본주의적 국가발전을 지향함은 물론이다. 가장 중요한 포인트는 원주민들이 가지고 있던 공동소유, 공동경작의 땅을 없애는 것이다. 즉, 원주민주의는 원주민을 말살하고 소수의 과두지주들을 키우려는 프로젝트인 것이다. 1983년의 경제위기 이후 서서히 도입되기 시작한 신자유주의체제는 베네수엘라의 인구 70%를 가난에 빠지게 만든다. 1999년 차베스 집권 후 만들어진 제헌의회의 구성에서부터 차베스 정부는 원주민과 흑인의 풀뿌리 사회운동단체들이 적극 참여하게 만든다. 이렇게 만들어진 새로운 헌법은 다른 의미를 많이 가짐은 물론이지만 특히 백인 크리오요들과 가난한 원주민들 사이의 사회관계를 베네수엘라 역사상 최초로 바꾼 사건이라고 할 수 있다. 구체적으로는 원주민의 고유한 인식론 체계와 사회경제적 권리를 인정한 헌법 제121조를 들

수 있다. 약 30개의 원주민 종족으로 이루어진 전국 원주민 운동단체
는 2002년 4월의 반차베스 쿠데타 당시 이를 강하게 비판하였다. 그
리고 차베스 정부는 10월 12일을 "대륙 발견의 날" 대신에 "원주민
저항의 날"로 부르기로 하였다.

　제임스 페트라스와 헨리 벨트마이어에 의하면 라틴아메리카의 어
느 정부도 차베스 정부만큼 원주민과 흑인의 사회적 계층 상승과 농
지구입에 있어 인종주의적 벽을 깨트린 정부가 없다. 이는 이 글의
맨 위에서 언급한 대로 라틴아메리카가 유럽중심의 '라틴'의 틀을 넘
어서는 장기적으로 매우 중요한 방향선회로 평가할 수 있다. 앞으로
도 차베스혁명이 성공하기 위해서는 베네수엘라의 상층부 중간계급
과 기득권계급이 미국식 문화를 선호하는 것을 추종하는 대신 탈인
종주의적 방향으로의 삶의 방식의 가치관으로 바뀔 수 있도록 하는
사회문화정책의 집행이 매우 중요하다. 이런 탈인종주의의 '라틴' 이
후의 흐름은 개인적 자아 외에 모든 이들의 의식이 열리고 자유롭게
발전하기를 원하는 코뮌적 사회주의의 흐름과 상응한다. 이런 꿈을
이미 1950년대에 꾼 사람이 프란츠 파농이다.

5.4. '탈발전'의 철학

　우리는 보통 태양이 지고 어두워지면 밤이 왔구나 하고, 그 다음날
아침에 태양이 뜨면 아침이구나 하게 되지만, 사실은 정확하게 지구
의 반쪽이 어두워지기 시작하면 동시에 나머지 반쪽은 서서히 세상
을 깨우는 태양 빛이 뜬다. 지구의 움직임이 얼마나 '상호보완적'인가
를 알 수 있다. 생태시스템 전반이 순환적, 역동적임을 강조하며, '사

회경제, 연대경제'의 의미는 지식, 상품, 서비스가 사회 상층부로부터 사회 밑바닥으로까지 순환되고 보완적이게 하는 반면에, '닫히고 정태적인 신자유주의 경제 모델'은 생태 시스템을 고갈시켜 생존을 불가능하게 한다.

우리나라의 태극기 한가운데에도 음과 양의 상징이 있나. 하지만 언제부턴가 우리는 오직 양(성장)만을 무한정 추구하고 있다. 그러면서 '동물적 경쟁'의 삶의 시스템을 당연한 것으로 받아들이게끔 우리 자신을 세뇌하고 있다. 이제는 긴 착각에서 벗어날 때가 됐다. 그렇지 않고 지금처럼 대안적 경제 모델의 토론과 논쟁도 침체된 채, 단지 우리 경제의 활력을 되찾기 위한 수준의 문제의식에 머문다면, 그 어떤 외국 모델을 깊이 연구한다 하더라도 실패하고 말 것이다.

멕시코에는 우리에게도 잘 알려진 선인장으로 만든 술 '떼낄라' 말고도 건강에 좋은 음료수가 많다. 예를 들어, 꽃잎으로 달여 마시는 '하마이까'나 '따마린도'라는 것이 있다. 아르헨티나와 파라과이, 우루과이 등 소위 '메르코수르' 나라들에서는 '마떼' 차가 유명하다. 우리 사회에서도 이 마테차가 비만예방 효과로 인해 대중에게 인기가 있는 것으로 알고 있다. 그러나 신자유주의적 문화가 우세한 지역 예를 들어, 멕시코에서는 문화의 획일화, 상업화에 의해 코카콜라 등의 탄산음료의 소비가 어마어마하다. 건강에 안 좋은데도 습관적으로 콜라를 마신다. 비만과 심장병, 당뇨병 등의 성인병에도 안 좋은 것을 무조건 마셔대니 안타까운 일이 아닐 수 없다.

반면에, 베네수엘라, 콜롬비아, 브라질 등에서는 파파야, 과야바 등의 열대 과일을 갈아 만든 천연주스를 많이 마신다. 생태적 사회를 만드는 것은 이렇게 음료를 마시는 일상생활에서부터 출발할 수 있다. 현재, 베네수엘라, 볼리비아, 에콰도르 등에서 이루어지고 있는 새로운 패러다임의 변화는 우리의 상상을 넘어선다. 예를 들어, 에콰도르에서는 1990년대 사회운동의 전위로 원주민운동(CONAIE)이 성장하면서 2004년에는 서구문명과 원주민문명의 상호적 대화와 공존을 유토피아로 하는 범학제적인 대학(Universidad Intercultural de las Nacionalidades y Pueblos Indigenas "Amawtay Wasi" – 이 말은 "지혜의 집"을 뜻함)이 설립되었다. 그리고 2007년에 새로운 헌법이 제정되면서 유럽 중심적 합리주의 문명과 원주민 문명이 상호 수평적으로 인정되는 '복수국민국가'의 규정이 들어가기도 한다. 적어도 선언적으로는 단일국민국가의 근대성의 기본전제가 허물어진 것이다. 이 같은 변화는 우리가 라틴아메리카를 이전의 잣대로 인식해서는 안 되는 이유 중의 하나다.

이산화탄소의 방출 증가는 굴, 홍합 등 연체동물을 위험하게 한다. 수많은 어민들에게 심각한 일이 될 것이다. 또한 갈수록 꿀벌도 사라지고 있다. 그리고 다국적기업들에 의해 콩, 면화, 옥수수에 이어 사탕수수도 유전자 조작으로 경작되고 있다. 점점 더 신선한 식품을 먹는 일이 어려워지고 있다. 그렇지만 많은 정부가 생태, 환경, 녹색을 정치적 수사로만 이야기하고 있다. 이렇게 되는 이유 중 하나는 '비즈니스의 세계적 거인들에 의한 쿠데타'로 불리는 신자유주의 세계화 때문이다. 구체적인 예를 들면, 세계무역기구는 일본에게 수입식품의 농약 잔류성분의 허용한도 수치를 높게 하도록 강요하였고 여러 나라의 석면사용 금지조처를 제거하도록 하였다. 자연과 생태를 중시하는 태도는 당연히 농업을 중시하게 된다.

볼프강 삭스에 의하면 인류 미래의 삶의 지속을 담보해주는 영역이 농업이다. 물, 생물 다양성, 토지의 비옥화, 사막화 등의 문제와 직접적으로 연결되어 있기 때문이다. 삭스에 의하면 사회적 시각에서 보더라도 가난한 사람들의 70%가 농촌에 살고 있으므로 일반 주민 전체의 생존권적 기본권의 시각에서 보아도 농업정책은 매우 중요하다. 삭스는 또한 현재의 생태위기 대안으로 가족농(소농)과 소기업을 중시하고 있다. 이 같은 정책방향을 적극적으로 추진하는 나라 중의 하나가 베네수엘라다.

차베스 정부는 대통령 비상 수권법을 통해 2001년 11월에 "농업발전과 토지에 관한 법률"을 통과시켰고 2002년 2월에 도시의 가난한 대중이 점유한 토지 소유의 합법화에 대한 법령 1.666을 통과시켰다. 이 두 개의 법률은 베네수엘라의 부의 민주화를 추구하는 도구이다. 토지에 대한 재산권을 확보하기 위해 농촌과 도시에 "토지위원회"가 구성되었다. 농촌의 토지개혁에 대해 대지주들이 한편, 그리고 국가와 가난한 농민이 다른 편으로 양자 사이의 갈등이 커졌다. 이 갈등이 점점 더 격렬해짐으로써 2002년 4월의 반차베스 쿠데타의 중요한 요인 중의 하나가 된다. 그리고 인권단체의 보고에 의하면 2004년까지 적어도 약 50명의 농민들이 "토지위원회"를 지키다가 암살되었다. 대농장 소유자들 즉, 지방토호들이 농민, 원주민, 생태 운동 단체들의 적극적인 활동에 강한 거부감을 보이는 것을 쉽게 이해할 수 있다. 이들 중 일부는 배후에서 돈을 주고 '사병(이를 민병대로 번역하는 것은 오해의 소지가 있다)'을 시켜 농민, 원주민을 암살하는 일도 주저하지 않는다. 우리로서는 상상이 안 가는 폭력과 희생의 역사가 중남미에서는 오랫동안 계속되고 있다.

라틴아메리카의 전통적인 대농장을 "라티푼디오"라고 부른다. 현재 차베스 정부는 이들 대농장주와 힘겨루기를 하고 있다. 대농장의 유휴지에는 빈농들이 점유하고 조합방식으로 유기농 농사를 짓고 있다. 이 유휴지를 유상 매입하여 국유화하는 방식으로 차베스 정부는 농민들의 점유를 합법화시키고 있다. 무상몰수는 없었다. 이들 농민들은 무식하지만 언젠가 고갈될 석유대신에 농업이 더 중요함을 인식할 정도로 문제의 핵심을 잘 알고 있다. 바로 '내발적 발전' 전략의 중요성을 알고 있는 것이다.

또한 가난한 도시 실직노동자들의 고용정책으로도 농업을 중시하고 있다. 농지개혁의 움직임은 2004년 차베스가 국민소환 국민투표에서 승리한 뒤에 적극 추진되었다. 약 13만의 농민가구들이 이 농지개혁의 수혜자이다. 이 같은 농업중시의 개혁은 베네수엘라에서 아주 새로운 정책적 변화를 의미한다. 왜냐하면 베네수엘라는 농업이 GDP의 6%만을 차지하고 전체인구의 12%만이 농촌에 거주할 정도로 농업이 버려져 왔기 때문이다. 대농장 소유를 무너뜨리려는 농지개혁은 1910년의 멕시코 혁명에서도 에밀리아노 사파타의 꿈이었지만 오랫동안 좌절되어왔다. 라틴아메리카 정치 · 경제 · 사회개혁의 최대과제이다. 라틴아메리카의 좌파 사회주의운동 세력에게 농지개혁이 가장 중요한 어젠다였다. 사회정의를 확립하는 핵심적 사안이기 때문이다. 90년대 들어와 활발해진 브라질의 "무토지 농민운동"은 물론이고 멕시코 치아파스의 사파티스타 운동도 여기에 초점이 맞춰 있음은 물론이다.

라틴아메리카의 소수 기득권계급의 입장에서는 농지개혁을 받아들이지 않았지만 일부 국가에서는 급진적 개혁을 추진하려고 하였다. 예를 들어, 브라질에서 쿠바혁명 이후 1960년대 초반에 급진적 농지개혁정책을 추진하려고 하자 곧바로 1964년에 군부쿠데타가 일어난다. 브라질의 경우가 이후 라틴아메리카 군사 독재정권 출현의 시발점이었다.

베네수엘라 헌법 제127조에 "모든 사람은 건강하고 생태적으로 균형 잡힌 환경과 삶을 즐길 권리를 가진다. 국가는 환경, 생물다양성, 유전자원, 생태적 과정, 국립공원, 천연기념물, 기타 생태적 중요성을 가지는 지역을 보호할 것이다"라고 되어 있다. 이처럼 베네수엘라에서는 생태와 환경에 대한 권리가 헌법적 권리로 인정되고 있으며 유전자조작식품의 수입도 법으로 금지되어 있다. 이 같은 정책은 매우 중요한 함의를 가진다. 우파가 집권하고 있는 멕시코에서 또르띠야, 고기, 야채 등의 '식품안전성'이 외국산 수입품의 대량 유통으로 흔들리는 점을 생각해보면 더욱 그렇다.

그린피스 멕시코는 유전자 조작 쌀이 멕시코에 수입됐다고 밝힌 바 있다. 미겔 앙헬 누녜스에 의하면, 베네수엘라 정부는 유전자 조작 농산물 수입을 금할 뿐 아니라 화학비료, 제초제, 살충제 없는 농업을 위한 실험기관을 2006년 8월, 바리나스 주에 열었다. 2006년 10월에 같은 바리나스 주에서 "남미생태농업대학"이 "비야 깜뻬시나"와 베네수엘라 정부가 연대하여 중남미 전체를 향해 '열린' 대학의 성격으로 만들어졌다. 주로 농민, 원주민, 흑인 자녀들을 농민운동 단체들과 상호 연대시키는 전략으로 선발하였고, 생태농업의 학부 과정으로 단지 생태농업기술만을 가르치는 것이 아니라 전인적인 인문학 과정을 병행한다. 학교 이름에 브라질 민중교육의 선구자인 빠울로 프레이리의 이름이 들어가는 것만 보아도 그 의미를 알 수 있다.

다국적 농업기업들에 의한 유전자 조작 농산물 경작, 지나친 화학

비료 투입 등의 여러 문제가 일어나는 것에 대해 '지속가능한 내발적 발전'을 통해 '식량주권'을 구체화하려는 것이다. 사실 베네수엘라는 석유에 크게 의존하는 석유국가라서 오랫동안 농업에는 소홀히 해왔다. 식량 및 먹거리를 대부분 수입에 의존해왔다. 그래서 다른 라틴아메리카 국가들에 비해 유난히 도시화 비율이 높다.

차베스 정부는 새 헌법에서부터 식량주권 문제를 중시하며 대규모 기업농보다는 소규모 농업을 발전시키려 애를 쓰고 있다. 대부분의 베네수엘라인들이 도시에 살고 있으므로 '도시농업'이 매우 중요하다. 그레고리 윌퍼트도 석유에만 올인하는 산업구조(총 수출액의 80%가 석유임)가 서비스 부문의 이상 확대와 수출이 가능한 농업 및 기타 산업의 발전을 억제하고 임금 및 물가의 지속적인 상승을 초래했다고 지적한다. 그러므로 시민의 복지를 위해서도 값싼 국내의 신선한 유기농업의 발전이 필요하다. 하지만 아직까지는 농업에 관한 한 상당한 적자를 기록하고 있다.

예를 들어 2000년 현재, 약 12억 달러 상당의 농업 적자를 보이고 있다. 특히, 유전자 조작 문제는 최근 농산물을 통한 연료개발 즉, '바이오 에너지' 이용 작물 때문에 더욱 커지고 있다. 실비아 리베이로에 의하면, 다국적기업들이 멕시코에 유전자 조작 옥수수를 재배할 것을 요구하고 있으나 멕시코 사회의 반대로 이뤄지지 않고 있다.

'비야 깜뻬시나'는 사회적 영향력이 매우 큰, 전 세계에 걸친 농민운동 단체다. 이 단체의 활약으로 인해 우리가 예전에 많이 듣던 세계식량농업기구(FAO)의 역할이 상대적으로 퇴색되고 있는 느낌이다. 이미 WTO의 무력화에는 이 단체의 '농산물 자유무역 반대'라는 영향력이 많이 작용했다는 평가가 있다. 물론 이데올로기적 지향점은 미국과 유럽 국가들에 의한 신자유주의 주도권에 반대하는 것이다.

'농민의 길'은 1992년 4월에 중미, 북미, 유럽 등의 농민운동 지도 자들이 니카라과의 마나구아에서 모인 대회에서 설립하게 되었다. 첫 번째 대회는 1993년 유럽의 벨기에에서 열렸고 두 번째 대회는 1996 년 멕시코에서 열렸으며, 네 번째 대회는 2004년 브라질 상파울루에 서 열렸다. 2007년에는 아프리카의 말리에서 '식량주권에 대한 세계 포럼'을 주최한 바 있다. 상설 사무국은 온두라스의 수도인 테구시갈 파에 있다. 1990년대 초는 중남미의 이데올로기, 정치지형이 좌파 쪽 으로 기우는 데 중요한 시기였다. 이를 주도한 것은 농민운동을 포함 한 사회운동단체들이었고 '농민의 길'도 유럽 등의 선진국 운동단체 들과 연대한 것이 효율적인 전략이었다. 현재 전 세계 56개 국가들로 부터 많은 운동단체들이 참여하고 있고, 이들이 다루는 의제들은 '식 량주권, 농업개혁, 신용 및 외채문제, 농촌 여성의 참여, 농촌 발전' 이외에 다른 사회단체들(예를 들어, 브라질의 MST-'토지 없는 사람 들의 운동')과 연대전략의 마련 등 다양하다.

특히 '식량주권' 문제에 있어 '농민의 길'은 농산물의 생산자와 소 비자를 균형 있게 배려하는 가격보장을 목적으로 농산물시장 통제를 위한 국제사무국의 창설을 건의하고 있다. 또한 '소농의 보호와 물, 토지, 종자 및 신용에 대한 공정한 접근'을 보장할 것을 요구하고 있 다. 그리고 이 단체는 단순히 농민운동에 머무는 것이 아니라 보다 폭넓은 사회운동의 다양성을 포용하는 다문화적 성격을 가지고 있다. 농민 이외에 중소 규모의 농업생산자, 농촌여성, 원주민공동체, 땅 없 는 사람들, 농촌청년들, 이주농업노동자들을 모두 아우르고 있기 때 문이다.

그리고 베네수엘라 정부는 다양하고 창의적인 방식으로 각각의 동네에까지 뿌리를 내리는 소기업 조합운동을 활성화시키고 있다. 소기업 조합운동이 중요한 것은 신자유주의 세계화가 차별과 억압에 근거하는 데 반해 가난한 사람들 스스로의 '연대적 경제'의 전략사업이기 때문이다. 이같은 소기업 조합운동은 베네수엘라만이 아니라 아르헨티나, 브라질 등에서도 활성화되어 있다. 다시 말해, 신자유주의 세계화가 생태위기와 사회적 양극화의 심화로 인한 경제위기, 두 가지 위기를 불러오는 원인이므로 이에 대한 대안으로 '소농과 소기업'을 중시하게 된 것이다.

디아나 까리보니에 의하면, 무정부주의(아나키즘) 철학에 기대고 있는 사회적 생태주의는 전통적인 방식의 환경보존운동을 비판하면서 지배와 차별에 기초한 자본주의 사회를 지구가 겪고 있는 사회경제적 위기, 생태적 위기라는 이중위기의 원인으로 바라보고 있다고 한다. 무정부주의에 대해서는 일반대중의 부정적 인식과 편견이 크게 작동한다. 무정부주의는 자본주의에 반대한다는 점에서 사회주의와 비슷하나 국가권력의 정당성을 이론적으로 거부한다는 점에서 아주 다르다. 중요한 것은 무정부주의(아나키즘) 사상은, 토지는 땀 흘려 일하는 사람의 것이고 물, 자연자원, 땅은 모든 사람에게 속한다는 것을 주장하는 점에서 본래적인 의미의 생태주의자일 수밖에 없다.

이론적 탐구보다 중요한 것은 남미의 변화하는 현실이다. 남미에서 좌파사상의 두 축 중 하나로 사회주의와 강력하게 작동했던 무정부주의 운동의 오랜 역사를 이해한다면 현재 베네수엘라와 아르헨티나 각각의 '노동자 공동경영'과 '파산한 기업들을 사장 없이 노동자가 운영하는 조합운동' 모델의 맥락의 깊이가 간단치 않음을 알 수 있다. 사회적 생태주의는 방법론적으로는 철학, 역사, 인류학, 생물학, 생태학을 아우르는 인문학과 사회과학, 자연과학을 가로지르는 범학제적 시각을 가지고 있다. 우루과이의 수도인 몬테비데오에 "라틴아메리카 사회생태연구소"가 있다. 사회적 생태주의는 단순히 환경보존을 중시하는 것이 아니라 인간이 자연에게 가하는 착취와 인간이 인간에게 가하는 차별과 억압이 직접적으로 서로 연결되어 있음을 비판하는 좌파이론이라고 할 수 있다. 그런데 생태의 문제의식을 자본주의체제 비판과 연결시키는 것은, 최근 금융위기를 거치면서 상당수 지식인들이 주장하고 있다. 그러나 여기서 한걸음 더 나아가 근대성에 대한 인식의 단절까지 나아가는 것이 라틴아메리카 인문사회과학계의 최근의 특징이다. 1990년대 이후의 이런 비판 담론을 근대성・탈식민성 담론(기획)이라고 한다.

아담 스미스의 국부론이 1776년에 나오면서 인간은 이기적・합리적 경제동물이란 인식 위에 세워진 자본주의체제가 2008년의 금융위기 이후 근본적인 문제를 보여주고 있다. 라틴아메리카의 시각에서 세계체제를 해석할 때 자본주의의 시발은 콜럼버스가 라틴아메리카를 발견(?)한 1492년이다. 이 시각에서 보면 자본주의의 역사는 약 5백년이다.

이 같은 주장을 하는 대표적인 학자들은 『라틴아메리카, 만들어진 대륙』의 월터 미뇰로와 『1492년 타자의 은폐』의 엔리케 두셀이다. 주로 에콰도르, 볼리비아, 페루, 콜롬비아, 베네수엘라 등의 학자들과 이들 나라 출신의 미국학자들로 이루어진다. 신자유주의 정치경제체제의 밑에 숨어 있는 근대성・식민성의 거부와 새로운 탈식민성의 비전 제시를 위해 이들은 인식론적 단절을 제시하고 있다.

예를 들어 이 그룹의 일원인 미국 듀크 대학 교수인 월터 미뇰로는 "세계화는 신자유주의의 반혁명"이라고 언급하고 있으며 탈식민성의 구체적인 예로 에보 모랄레스 정부의 의미를 강조하고 있다. 토지를 상품으로 보는 점에서는 개인소유-국유화의 대립이건 또는 자유주의-사회주의의 대립이건 마찬가지인 데 반해 볼리비아 원주민들은 토지를 어머니의 품으로 생각하여 소유할 수 없다는 '다른' 인식을 가짐을 지적하고 있다. 다시 말해 오직 신자유주의체제에 반대하며 대안을 연구하는 차원이 아니라 전체 서구 근대문명의 지식과 권력의 인식론적 전제이며 일종의 권력관계인 근대성에 대해 전혀 다른 패러다임으로 비판을 가하며 문명의 전환을 촉구한다.

말도나도 또레스는 "서구 근대철학의 최대의 문제는 그 급진적인 회의주의를 선별적으로 적용한 데 있다. 결코 진지하게 그리고 체계적으로 식민성에 대해 질문을 던지지 않았다"고 말해 서구 근대성의 편향성 또는 제국 중심성을 지적하고 있다. 또한 거대담론이 사라지면서 세계-체제가 대표되지 않고 그러므로 눈에 안 보이게 되었다. 그러나 분명히 사라진 것은 아니다.

하지만 대부분의 대중은 눈에 안 보이는 이 체제의 성격을 잘 모를 수밖에 없다. 흔히 근대체제 즉, 자본주의·자유민주주의의 쌍생아가 시작된 것을 18세기 계몽주의 이후로 본다. 그러나 라틴아메리카 사람들(원주민들)은 '근대성·식민성'을 몸으로 격렬하게 치르는 체험을 이미 16세기 초부터 겪었다. 페루의 사회학자인 아니발 끼하노는 "근대성·자본주의는 스페인의 중남미 정복 때(1492년)에 시작되었다"고 주장한다. 식민성이란 인종주의에 기초한 위계서열적 차별성을 말한다. 이 식민성이 근대성과 자본주의 발전의 동력이었다는 비판이다.

16~17세기의 유럽인들은 라틴아메리카의 원주민 문명을 이해할 수 없었고, 그들과 다른 삶의 방식을 무조건 야만적이고 열등한 것으로 생각했으며 그들을 정상적인 인간으로 생각하지 않아 학살과 착취를 감행했다. 이를 통한 원초적 자본축적이 유럽에서 이루어짐으로써 유럽에서 자본주의가 발전하게 된다. 신자유주의 세계화는 전 지구적 차원에서 자본주의 질서의 강제적 재구성이다. 근대성의 문화적·정치 지리적 지도의 폭력적 재구성이다. 이런 폭력성은 바로 근대성 자체로부터 오는 것이다. 근대성이 합리성의 의미 외에 다른 요소 즉, 폭력성, 차별성의 식민성을 필연적으로 가지고 있기 때문이다. 근대성과 함께 생긴 식민성이란 위계서열적 차별성이다. 그리고 그것은 인종주의에 다름 아니다.

인간의 아름다움을 강조하던 르네상스 시대인 16세기에 유럽 세력은 라틴아메리카의 신대륙을 정복하면서 자본주의체제를 작동시킨다. 그리고 유럽인들은 검붉은 피부를 가진 원주민은 인간이 아니라고 경멸했다. 인종주의는 히틀러의 유태인 학살에서 시작된 것이 아니라 바로 라틴아메리카에서 시작된 것이다. 그럼에도 이 문제를 인식하지 못하는 것이 유럽중심의 합리주의 철학과 인식론 체계의 한계라는 주장이다. 동시에 이 식민성은 삶의 일상적인 인식적 태도와 방식으로 무의식적으로 또한 집단적으로 작동하고 있다. 그리고 이것이 자본주의가 작동하기 위한 기본적 동력이 되고 있다. 자본주의의 문제를 마르크스주의적 관점이 아닌 시각에서 근대성에 대한 비판과 함께 '북'의 억압과 배제에 시달린 '남'의 시각에서 문제제기를 하고 있다. 이는 다시 말해, 마르크스주의 자체도 근대성의 한계를 가지고 있다는 인식이다.

그리고 탈근대의 주장을 기존의 다양한 포스트주의 담론으로 접근하지 않는다. 예를 들어, 포스트 식민주의의 문제제기는 자본주의의 구조적 문제에 대한 강한 비판적인 인식이 결여되어 있다는 점에서 근대성·탈식민성 기획과 다르다. 세계체제론이 나오게 된 맥락이 무엇인가 ? 민족-국가주의, 제국주의의 패러다임이 가고 새로운 '제국' 즉, 신자유주의 세계체제가 등장했기 때문이다. 왜냐하면, 근대성에 기초한 민족(국민)국가의 당위성이 민주주의와 사회적 공공성에 의존해왔는데, 신자유주의에 의해 이런 가치들이 크게 위축되었기 때문이다. 신자유주의체제는 정치, 경제, 사회, 문화를 가로지르고 우리의 일상적 삶을 통제하고 지식과 권력의 결합이 강화된다.

따라서 범학제적 연구의 필요성과 문화의 재의미화가 대두된다. 즉, 비판적 문화연구 담론과 그 맥락이 상응한다. 또한 근대성의 식민성 은닉에 대한 비판이란 시각에서 사회적 생태주의와 그 철학적 궤도를 같이한다. 유럽(문명)에 의한 자연(야만)의 착취와 지배는 당연한 일이라는 근대성의 인식 속에는 처음부터 반생태적 속성이 내장되어 있기 때문이다.

울리히 벡은 "국가가 가지는 사회부조적인 정책들, 연금제도, 사회복지, 지방정부의 사회 인프라 정책의 예산들과 노조의 조직력, 임금협상의 발전된 시스템, 공공지출, '과세 정의'를 위한 조세제도 이런 것들이 세계화의 사막의 태양 아래 녹아버리고 있다"고 지적한다. 또한 "다국적기업들이 투자 장애요인을 제거하는 것이 노동, 사회복지, 재정, 환경, 생태적 규범들의 제거로 연결되고 있다"고 한다. 즉, 자본주의가 그동안 안에 내장하고 있던 식민성이 전면에 나서면서 민족

국가의 주권이 약화되고 사회적 생태적 공공성이 허물어지고 있다. 즉, 20 대 80 또는 10 대 90의 사회를 만들어내는 차별과 억압의 식민 성이 두드러지고 있다.

하지만, 이를 개방화와 선진화로 기만적으로 포장하고 있다. 그렇게 할 수 있는 이유는 바로 근대성 속에 두 가지 서로 다른 속성, 즉 발전성과 식민성이 동전의 양면과 같이 함께 내장되어 있기 때문이다. 현재 라틴아메리카 학자들은 라틴아메리카에서 활발한 새로운 원주민운동과 사회운동이 민주주의의 재구성과 정치사회체제의 급진적 변혁의 새로운 상상력과 비전을 태동시키고 있음을 주목하고 있다. 근대성의 신념은 무한대의 진보 또는 발전에 있다. 그 무한적인 발전주의 이데올로기는 신자유주의시대에 들어와 과거에 이윤 및 시장영역에 편입시키지 않았던 영역들-예를 들어 열대우림의 바이오 다양성에 대한 전통적 지식 등-까지 지속적으로 자본의 영역으로 편입시키고 있다. 콜롬비아 열대우림의 원주민과 흑인의 사회운동세력은 동질적 근대 국민국가의 이데올로기에 맞서 서로 다른 가치관과 문화를 하나의 국가 안에 병행시켜 단지 정체성의 존중차원이 아니라 법적으로 소수자의 자기 결정권을 주장하고 있다. 탈발전의 정치생태학이 개입하는 지점이 바로 여기에 있다. 자연과 생태에 대한 존중의 가치관을 가진 원주민 운동의 저항을 기초로 하여 무한한 발전의 근대성에 대하여 생태적 대안과 협력과 연대의 '사회적 해방'을 재구성하려는 것이다.

그 방식은 공리주의적 경쟁에 기초한 개인적 소유권이 아닌 원주민의 오랜 문화 속에 녹아 있는 집단적 소유권의 조합운동과 '장소'를 지키려는 운동을 통해서이다. 에스코바르는 근대성·식민성을 비판하고 신자유주의 세계화에 반대하여 대안적 세계화를 꿈꾼다. 근대적 발전주의가 아닌 다른 궤도의 사회관계와 사회와 자연의 관계를 정립할 수 있는 대안적 '다른 세계'의 가능성을 인식하고 있다. 이 같은 인식과 실천의 새로운 사회적 행위자로 라틴아메리카의 사회운동을 주목하고 있다. 2001년부터 포르투 알레그레 시에서 시작된 <세계사회 포럼>의 '다른 세상이 가능하다'는 꿈에 동의하는 것이다.

에스코바르는 탈발전의 정치생태학을 통해 세계화에 대한 대안적 담론으로 '장소'의 방어를 주장하고 있다. 대안적 세계화의 핵심적 가치는 형평성을 중시하는 재분배와 '차이'의 인정이다. 특히 위계서열적 차별성을 거부하는 '문화적 차이'의 인정은 매우 중요하다. 신자유주의체제는 전 지구적으로 금융자본의 우월한 지위의 확보뿐만이 아니라 문화의 동질화를 추구하기 때문이다.

그러므로 문화의 동질화에 의한 로컬의 고유한 '장소'의 사라짐은 단지 '토지'의 사라짐을 의미하는 게 아니라 해당되는 로컬리티의 생태체계의 구성과 성격에 맞는 특정의 '용법' 즉, 문화적 모델을 보이지 않게 하는 것이다. 에스꼬바르 외에 볼프강 삭스 등이 탈발전의 문제의식을 드러내고 있다. 탈발전의 '장소'는 모든 교환을 자본주의체제의 등가성의 원칙에 의해 정의되는 가치법칙의 예외가 실천되는 곳이다. 근대성은 곧 진보의 동의어이다. "근대성이 가지는 진보의 신앙은 자꾸 현실 그대로의 세계를 허물어뜨리고 장소를 느끼고 순환을 느끼고 지속을 느끼고 문화를 느끼는 생생한 감각이 있어야 할 자리에 추상의 세계, 동질적 공간, 직선적 시간, 과학, 돈으로 이루어지는 비-세계를 들이미는 초월의 필사적 모색이다(스베르트, in 삭스, 2010, 416)." 이 같은 지적은 관념적 서구 철학에 대한 비판이다. 또한 가상이 현실보다 중요해지는 포스트모더니즘 문화에 대한 비판이기도 하다.

16세기의 라틴아메리카의 형성에서 중요한 점은 세계 시장체제와 자본-임금 관계를 축으로 하여 라틴아메리카 원주민 노동력에 대한 착취와 통제가 이루어져 왔다는 점이다. 라틴아메리카 정복 이전에는 임금관계가 아니라 '노예'로서 착취를 했다. 그러므로 이것은 역사적, 사회학적으로 새로운 모델이었다.

1861~1865년의 미국의 남북전쟁도 미국의 자본주의체제 편입을 두고 일어난 전쟁이었다. 이리하여 근대성·탈식민성 담론 그룹의 주장은 사회적 생태주의의 '소농, 소기업 조합운동'과 맥락을 같이한다. 물, 땅, 숲에 근거해 사는 소농을 희생시켜서는 안 되고 소농, 소기업, 소규모 가게(예: 가난한 사람들의 무허가 노점상들을 보호하고 이들에 대해 특혜적 금융을 제공하는 전문은행의 설립 등)를 살리는 것이 민주주의의 재생을 위한 전략이 되기 때문이다. 에스꼬바르가 주장하는 바람직한 비전은 생태주의와 '탈발전' 또는 저성장주의다. 어정쩡한 '지속가능한 개발'의 철학과는 다르다. 탈발전주의의 대안은 베네수엘라에서 '내발적 발전론'으로 구체화되고 있는데, 그 정반대 방향은 '외발적 발전'이다.

우리의 경우 1970년대부터 저임노동을 강도 높게 투입하는 방식으로 아주 빠른 경제성장을 이끈 전략이 '외발적 발전' 전략이다. 그러나 이제는 아니다. FTA, 대기업 위주의 수출주도경제가 역대 정부가 그렇게 강조하는 국가경쟁력의 확보전략도 되지 않고 일반대중의 인간다운 삶의 보장과는 거리가 멀다는 것이 증명되고 있지 않은가? 베네수엘라에 신자유주의정책이 도입되기 시작한 것은 1980년대 초의

에레라 깜뻰스 대통령 시절이었다. 경제개혁을 한다고 소농에 대한 지원을 없앴다. 그러나 이 당시만 해도 제대로 농민운동이 조직화되지 못해 저항에 실패했다. 비영리와 연대를 바탕으로 한 탈발전의 철학을 사회과학의 시각에서 이야기하자면 알레한드로 오초아 아리아스의 "지속가능한 내발적 발전"이라는 개념과 만나게 된다. 대외지향적 개방을 통한 발전이 아니라 대내시장 중심의 발전전략이란 점에서 과거 1950년대에서부터 1970년대까지 라틴아메리카의 많은 포퓰리스트 정부들이 추진한 '수입대체 산업화모델'과 비슷한 점이 있지만 신자유주의를 극복하고 지속가능한 친생태적 소농과 유기농업을 중시하는 발전전략이란 점이 차별성을 보인다.

그러나 가장 큰 차이점은 '내발적 발전' 모델이 이 책에서 필자가 계속 강조하는 탈식민성에 기초한다는 점이다. 다시 말해 1950~1970년대는 자본주의의 황금기로서 발전주의 철학이 힘을 가지고 있던 시기로써 발전의 미래 모델이 유럽의 선진자본주의 사회였다. 그러나 헌법 제116조에 규정된 '내발적 발전' 모델은 라틴아메리카 고유의 장소와 라틴아메리카 대중의 가치관과 철학을 중시하는 발전관으로서 탈근대성, 탈유럽 중심성을 보인다.

차베스는 2004년의 연설에서 '내발적 발전' 모델이 신자유주의체제가 다국적기업 등의 힘을 통해 일국의 주권의 힘까지 무력화시키는 흐름을 거부하는 것을 강조하였다. 즉, 신자유주의 이데올로기에 대항하는 대안 모델인 것이다. 따라서 가난한 대중을 파편화된 개인의 경쟁으로 모는 것이 아니라 조합을 중심으로 자발적인 공동체를 사회적 행위자로 인정하는 데서부터 출발한다. 앞에서 강조하였듯이 미션 "고개를 돌려라"와 함께 실업을 줄이고 국가주권을 지키는 철학을 구체화하고 있는 것이다.

사실 우리는 오랫동안 '지속가능한 발전'이란 말을 들어왔다. 그러나 그뿐이다. 계속해서 성장과 발전의 이데올로기는 우리를 압도하고 있다. 우리나라의 경우 오히려 '지속적인 발전'을 추구해왔다고 해도 과언이 아니다. 기존의 시각에서는 당연히 추구해야 할 목표, 즉 발전을 이루기 위해 기술적으로 어떻게 할 것인가가 문제이지 그 목표가 무엇을 의미하는지는 묻지 않고 있다. 이렇게 된 이유는 주류 경제학 자체가 사회과학으로서의 이데올로기 비판의 성격을 저버리고 오직 수학적·기술적 가정의 조합으로 타락한 데 있을 것이다. 그리하여 인간은 개인으로 간주되고 집합적으로 보더라도 합리적 인간 즉, 자신의 이익을 추구하는 것으로만 가정한다. 중요한 것은 경쟁에서 이길 수 있는 개인의 노력이다.

'내발적 발전'의 철학은, 알레한드로 오초아 아리아스에 의하면 인간을 생존에 급급한 개인의 시각이 아니라 '지속가능한 발전'을 구현하기 위한 집단적 시각을 통해서 '시민'과 '사회적 과제'와 '사회적 자본'의 문제를 재정의하고 재구성하는 데서부터 출발한다. '지속가능한 내발적 발전'은 어떤 전제를 포함한 완결된 경제 이론적 틀이 아니다. 하나의 문제의식이다. 다시 말해 인간을 둘러싼 구체적·현실적 동기를 중시하는 학습의 과정으로 이해한다. 그리고 작은 지역을 중요시한다.

차베스 정부의 '내발적 발전' 전략이 가장 잘 들어맞는 분야는 농업이다. 집권하자마자 "농업발전과 식량을 위한 국가계획"을 수립하고 식량주권을 강화하는 것을 목표로 하고 있다. "기초적 농업계획"에 의해 식용유, 쌀, 사탕수수, 목축업, 목초, 커피, 카카오, 수산업, 양식업의 발전을 기하고 "전략적 농업계획"에 의해 옥수수, 면화, 과일, 야채재배의 발전을 기하고 있다. 이를 위해 획기적으로 농업에 대한 금융을 늘린다. 2000년에는 전년 대비 5%의 농업생산의 증가를 이룬다. 특히 중요한 작물이 베네수엘라 사람들의 기본식품인 옥수수와 수출작물인 커피이다. 그럼에도 불구하고 베네수엘라에서 오랫동안 다져진 소수의 다국적기업 위주의 농업생산, 유통구조는 쉽게 개혁되지 못하고 있다. 전 세계적으로 눈을 돌려도 마찬가지다.

예를 들어, 전 세계 69개국의 약 150여 개의 농민운동 단체들의 연합체인 "비야 깜뻬시나"에 의하면 다국적기업인 네슬레는 개발도상국에서 모유의 수유보다 우유가 아기들에게 더 좋다는 캠페인을 벌이고 있다고 비판하고 있다. 또한 "비야 깜뻬시나"는 바이오연료, 유전자 조작식품, 농산물개방 등을 비판하고 있다. 다국적기업들에 의해 자원의 사유화가 일어나면서 가난이 더욱 구조적으로 심해지는 것을 비판하는 것이다.

현재, 베네수엘라는 오리노코 강 유역의 세계최대의 매장량을 자랑하는 원유개발도 뒤로 미루고 있고 유기농업을 중점적으로 발전시키고 유전자 조작 농산물의 수입을 금지하고 있다. 그리고 많은 사회운동단체들이 환경, 생태에 대한 교육을 시민들과 청소년들에게 시키고 있다. 무엇보다 원주민문화의 가치관을 중시하고 그들의 전통적인 소농방식을 지원함으로써 자연스럽게 생태농업을 발전시키고 있다. 도시의 변두리에서 집도 없이 가난하게 사는 주민들을 설득하여 '야노스'로 불리는 들판에서 농업을 하도록 하고 싶은 게 베네수엘라 정부의 의도이다. 이를 위해 농촌의 놀고 있는 거대한 유휴토지를 대지주로부터 유상몰수하게 된다. 대부분 목축업 또는 농업에 활용되기 위해 이 토지는 집 없는 가난한 농부들에게 분배된다. 그런데 직접 농부들에게 주는 것이 아니라 농부들로 이루어진 조합에게 소유권을 주고 농부들은 거주하는 주택을 위해서도 매년 정해진 임대료를 지불한다.

차베스는 이런 경우 뛰어난 연설능력을 농민들에게 발휘한다. 또한 외딴 지역의 버려진 공단 부지에 여러 인센티브를 주면서 소규모 공장을 유치하는 정책을 기획한다. 이같은 정책들은 오랫동안 베네수엘라의 농민들이 대거 도시로 이주한 과거의 흐름을 뒤바꾸는 것을 의미한다. 지역의 총체적 삶의 질의 발전을 중시하고 그 성과가 해당 공동체 내에 머물게 하는 것이다. 이제는 계획이 아닌 비전과 자유로운 상상력이 필요한 때이다. 누가 그런 자유로운 상상력을 가지고 있는가? 엘리트가 아니라 일반대중, 시민들이 가지고 있다.

알레한드로 오초아 아리아스에 의하면, 중요한 것은 여태까지의 방식과 정반대의 접근을 해야 한다는 점이다. 발전은 사회에 대해 질문을 던지는 것으로 이해해야 한다. 차베스도 이런 외딴지역을 방문하면 그곳에 정착하고 싶은 사람들이 무엇을 원하는지를 질문한다. 사회가 기능하기 위한 가장 기본적인 측면들부터 집합적 정체성의 핵에 이르기까지.

여기서 '사회적 과제'가 도출된다. 사회적 과제란 시스템적 활동을 통해 인간이 의미를 형성하고 타자와 함께 세계를 만들어내는 것을 의미한다. 다시 말해 사회적 과제란 존엄성 있는 삶을 찾는 것이고 공공적 행복의 실현에 근거한다. 사회적 과제를 정부나 엘리트가 정해주는 것이 아니라 주민들 스스로가 결정하는 것이다. '지속가능한 내발적 발전'은 이 같은 대안적 비전이다. 따라서 기존의 '경제 발전'

모델과는 많이 다르다. 무엇보다도 후자의 경우, 시민, 토지, 국가는 시장에 의해 지배되는 질서 안에서 경제활동에 기여함의 시각에서만 고려될 뿐이다. 전자 즉, '내발적 발전'의 경우는 시장의 개방으로 선도된 세계화의 통합 과정과 국가 사이의 통상장벽의 제거에 의해 희미해진 안쪽과 바깥 쪽 사이의 구별을 재조정하는 것으로부터 시작한다.

다시 말해 점점 거대한 시장으로 이해되는 세계 안에서 주권의 행사에 대해 토론을 펼칠 것을 제안한다. 쉽게 말해 '대의제 민주주의'와 '시장'에 기대는 신자유주의를 깨트리기 위해 지역적 차원에서 '직접적 참여민주주의'를 실천하는 것이다. 이와 같이 '내발적 발전'은 구체적인 작은 지역을 중시하고 NGO, 즉 시민단체, 사회운동단체가 중심이다. 그 단체가 해당 지역에 기반하고 있건 아니건 간에.

그러므로 베네수엘라의 '내발적 발전'의 전략에서 관료체제를 비켜가는 '주민위원회'의 역할이 중요하다. 주민위원회를 중심으로 다양한 '미션'사업들과 주민들의 경제적 자립을 위한 '조합운동'이 연계되고 있다. 그리고 지역 활동을 널리 알리기 위한 다양한 '대안적 공동체 대중매체(예를 들어, Vive TV)'가 지원하고 있다. 신자유주의가 우리에게 주는 압박은 사회운동의 집단적 형성을 막고 시민과 대중을 개인화, 파편화시키는 데 있다.

이와 반대로 '내발적 발전'은 반신자유주의의 흐름을 만들어 나가는 데 도움이 될 가치, 능력, 태도를 강조하고 보존하기 위해 서로 다른 다양한 입장과 지역적 의제 또는 계획을 '아래로부터' 모아가는 데 그 중요성이 있다. 다시 말해 신자유주의의 폐해를 직접 체험하는 주민들로부터 대안적 제안이 나올 수 있도록 부추기는 것이다. 특히 사회적 연대와 문화적 체험을 중시한다. 이런 자극과 대안의 과정을 거치면서 신자유주의에 대한 저항력이 커질 수 있는 것이다.

알레한드로 사엔스에 의하면, 중남미도 오랫동안 지역균형발전과 경제통합을 위해 중앙정부에 의한 '국가발전계획'이 있어 왔다고 한다. 그러나 이런 프로그램들은 모두 '위에서부터' 내려오는 성격을 가진다. 그러므로 진정한 지역의 발전보다는 국가의 거시적 경제지표 성장이 목적이었다. 중요한 것은 신자유주의가 진행되면서 '국가기능의 변혁과 위기'가 진행되고 국영기업의 민영화가 추진되고 중앙정부의 권능이 축소되면서 영토적·정치적 기능이 '지방화'되었다는 점이다. 그리고 중남미에게 1980년대가 신자유주의의 시대였다면 1990년대는 '민주주의의 재정의의 시대'였다. 다시 말해 '국가기능의 축소', '지방화'와 맞물려 시민사회가 다양한 방식으로 정치적 권능을 축적, 표현, 강화시킬 수 있었던 것이다. 이로써 시민사회의 저변으로부터 정책제안이 지방정부에 영향을 끼치고 주민들의 구체적인 활동 공간인 지역의 문제와 요구들이 그 정치적 경로를 찾게 된 것이다. 그리고 정부에 의해 다루어지지 않는 공간을 시민단체, 사회운동단체들이 활발하게 점유하게 된 것이다.

'내발적 발전'의 철학은 알레한드로 오초아 아리아스에 의하면 인간을 생존에 급급한 개인의 시각이 아니라 진정으로 '지속가능한 발전'을 구현하기 위한 집단적 시각에서 '시민'과 '사회적 과제'와 '사회적 자본'의 문제를 재정의하고 재구성하는 데서부터 출발한다.

또한 그는 "기능주의적 발전 패러다임은 세 가지 특징을 가진다. 첫째, 발전은 일직선적이고 예측 가능한 과정이다. 둘째, 발전을 추동하는 행위자와 발전의 대상이 되는 다른 행위자를 서로 연결시키는 가치관의 부여가 그 조건을 이룬다. 셋째, 발전의 결과는 원 -결과의 관계로만 제한되고 규정된다"고 지적하면서 일직선적 진보 대신에 현재에 머물면서 사회와 자연의 두터운 신뢰와 통합을 중시하는 대안적 발전의 비전을 제시한다.

오초아 아리아스에 의하면, 어느 사회가 '사회적 자본'을 보존하고 풍부하게 하느냐 아니냐는 그 사회가 그려온 역사에 달려 있다고 한다. 그리고 이 '사회적 자본'은 해당 사회의 유지와 장래의 발전을 보장하는 의미에서 주변 여건에의 '응답'과 '통합'의 능력을 통해 드러난다고 한다. 쉽게 말해 '대의제 민주주의'와 '시장'에 기대는 기존의 자본주의와 자유주의적 민주주의의 틀을 깨트리기 위해 지역적 차원에서 '참여·직접민주주의'를 실천하는 것이다. 이와 같이 '내발적 발전'은 구체적인 작은 지역을 중시하고 시민단체와 사회운동단체가 중심이다. 중남미는 가톨릭 국가들이 대부분이다. 굳이 해방신학이 아니더라도 가톨릭교회의 영향으로 중남미 곳곳의 가난한 지역에서는 가톨릭의 가치관에 의한 인권 운동단체의 활동이 강하다. 일반적으로 어디나 그렇지만, 지역의 사회운동단체의 활동에 장애가 되는 것은 경직된 관료체제이다. 그러므로 베네수엘라의 '내발적 발전'의 전략에서도 관료체제를 비켜가는 '주민평의회'의 역할이 매우 중요하다.

신자유주의가 우리에게 주는 압박은 사회운동의 집단적 형성을 막고 시민과 대중을 개인화, 파편화시키는 데 있다. 이와 반대로 '내발적 발전'은 반신자유주의의 흐름을 만들어 나가는 데 도움이 될 가치, 능력, 태도를 강조하고 보존하기 위해 서로 다른 다양한 입장과 지역적 의제 또는 계획을 '아래로부터' 모아가는 데 그 중요성이 있다고 알레한드로 사엔스는 지적하고 있다. 다시 말해 신자유주의의 폐해를 직접 체험하는 주민들로부터 대안적 제안이 나올 수 있도록 부추기는 것이다. 특히 사회적 연대와 문화적 체험을 중시한다.

베네수엘라의 이런 내발적 발전의 철학에 다른 나라들의 사회운동 세력도 큰 관심을 보이며 연대하고 있다. 예를 들어, 2005년 4월에 열린 "제3차 볼리바리안 혁명과 사회적 연대에 대한 글로벌 회의"에서는 여러 라운드 테이블의 회의를 통해 농업개혁, 주택, 노동자 경영, 시민참여, 대안적 미디어, 원주민운동, 여성, 교육 운동 등의 다양한 주제를 가지고 토론하였다. 이런 자극과 대안의 과정을 거치면서 신자유주의에 대한 저항력이 커질 수 있는 것이다. 차베스가 카라카소에서 태어난 시몬 볼리바르를 혁명의 상징으로 삼은 것도 21세기 사회주의혁명의 이념을 '내발적' 변화에서 찾고 있기 때문이다.

그래서 그 모델의 이미지도 베네수엘라의 독립영웅을 강조한 것이다. 단순하게 생각하면 차베스의 21세기 사회주의도 사회주의인 것은 당연하므로 마르크스를 내세워야 하겠지만 그렇게 하지 않은 것은 대안적 비전의 철학과 방법론이 가지는 '내발적' 경로에서 온 것이다. 에스꼬바르는 '공간, 자본, 근대성'의 헤게모니적 지배에 반대하는 '장소, 비-자본주의, 지역 문화'를 강하게 긍정한다. '공간'은 대도시나 소도시나 차이가 없는 획일적 중대형 매장, 프랜차이즈 점포 등의 확산과 최신금융기법의 세계적 확산을 상징한다. 이에 반해 '장소'는 소농, 소점포 등이 가지는 지역의 다양한 고유문화와 인간적 삶의 결을 중시하는 전략으로 이해된다. 그리고 '비-자본주의'는 현실사회주의의 폭력적 '안티자본주의'가 아니라 자본주의와 시장을 유지하면서도 거기에 매몰되지 않고 생태적 소농과 주민들 또는 노동자들 스스로에 의한 다양한 조합운동을 활성화시키자는 것이다. '경쟁과 차별, 지배와 억압'이 아닌 '연대와 협력'의 철학이 담긴 새로운 대안적 비전이다.

이 같은 비전이 추상적·관념적 주장에 머무는 것이 아니라 현재 베네수엘라, 볼리비아, 에콰도르, 아르헨티나를 비롯한 남미 많은 나라들에서 현실적으로 실천되고 있다. 그 출발점은 에콰도르, 볼리비아 같은 국가들의 경우 새로운 헌법제정이다. 이들은 급진적 상상력을 가지면서도 현실적으로 점진적으로 천천히 가는 변혁방식을 보이고 있다. 다시 말해, '느린 식품, 건강한 농업, 느린 무역'을 지향하는 것으로 보인다.

울리히 벡이 언급한 것처럼 서로 상극인 신자유주의와 마르크스주의는 역설적으로 '경제의 최고 우위'라는 점에서 함께 닮아 있기도 하다. 특히 신자유주의시대에는 모든 것을 경제의 문제로만 환원시켜 보려는 경향이 강한 담론들이 언론 매체를 주도하고 있다. 그러므로 신자유주의체제에 대한 비판력과 대안적 비전을 만들어내려면 '지금, 여기'의 우리 국면에 대한 경제 전문적인 분석이 아니라 아주 복합적인 인식을, 지식인들이 아니라 일반대중이 할 수 있어야 한다. 라틴아메리카의 많은 나라들에서 1990년대 이후 실제로 이 같은 인식의 커다란 변화가 이루어지고 있다. 반복해서 강조하고 싶은 점은 라틴아메리카의 변화를 밑에서부터 눈에 보이지 않게 이끈 힘들 중의 하나가 지식인들에 의해서가 아니라 평범한 대중에 의한 신자유주의와 전통적 마르크스주의, 이 둘 모두를 지양하고자 하는 '생태주의와 비자본주의'의 비전이 큰 의미를 가지게 되었다. 성장과 발전에 집착하며 소위 말하는 글로벌 스탠더드의 삶의 방식을 따라가면 갈수록 종속과 식민의 수렁에서 빠져나올 수 없다는 것을 알게 된 것이다. 거꾸로 오래전부터 이들에게 존재해왔던 '오래된 미래'의 생태적 삶의 방식 즉, 상호연대와 비대칭적, 선물주기 방식의 교환의 틀을 새롭게 창의적으로 실험하는 것이 의미가 있음을 인식한 것이다.

사실 이 같은 흐름의 잠재적 노력은 라틴아메리카의 인문학과 예술분야에서 우리가 생각한 것보다 훨씬 전부터 시작되었는데 '문화적 혼종성·경계성'과 '정체성 탐구'의 화두를 가지고 1950년대부터 지속되어 왔다. 문화의 혼종성이란 의미는 남미문화는 유럽적이면서도 유럽적이지 않다는 뜻이다. 남미의 전통문화는 원주민문화와 동시에 스페인(유럽)문화가 함께 전통문화로 되어 있다. 애매한 경계에 있는 것이다. 획일적인 신자유주의체제의 문화와는 서로 아귀가 맞지 않는다. 어느 면에서 사회적 생태주의를 포함한 최근 남미의 새로운 좌파 비전도 이미 이때부터 그 씨앗이 마련되고 있었다고 생각한다. 그 핵심적 흐름은 경계를 넘어서는 유연성이다. 도그마를 거부하는 유연성이 세계적으로 유명한 철학자들의 담론 속에 있는 것이 아니라 일상문화 속에 살아있는 곳이 라틴아메리카이다. 미국이 군사·정치·경제의 강대국이었으면서도 소비주의에만 중독된 문화적 획일성, 이념 지형의 협소함과 이로 인한 엘리트와 일반대중의 엄청난 격차 그리고 사회를 바라보는 자유로운 상상력과 비판 담론의 부재 등으로 인해 현재의 엄청난 금융위기와 체제위기를 낳았다고 많은 지식인들이 지적하고 있다.

라틴아메리카의 중요한 정치적·경제적·사회적·문화적 분기점은 1950년대였다. 그 후 많은 시간이 흘렀는데, 노암 촘스키가 지적하듯이 오랫동안 남미를 억눌러온 어떤 힘이 이제 서서히 걷히는 느낌이 든다. 남미의 좌파정부들이 생태를 중시하는 문화적 배경에는 '원주민·농민'문화가 그 맥락으로 있다. 이들 원주민들은 우리의 전통농업의 오랜 지혜에서 보듯이 자연친화적 생활문화를 가지고 있고 우리처럼 건강에 좋은 약초에 대한 지식 등이 풍부하다. 결국, 생태를 중시하는 정책을 펼친다는 것은 원주민들의 소농체제를 중시한다는 것과 동의어라고 할 수 있다. 현재, 베네수엘라의 차베스 정부에 의해 적극적으로 생태, 소농, 식량주권을 강조하는 정책이 펼쳐지고 있다. 원주민 스스로가 조직되어 그들의 목소리를 내고 있고 예를 들어 볼리비아의 경우에는 실제 정치권력을 중남미 역사상 처음으로 원주민이 쟁취하고 있다.

코카 잎을 재배하는 원주민이 농민들의 대표이고 그 자신이 원주민 출신인 에보 모랄레스가 볼리비아의 대통령이 된 것은 위에서 이야기한 5백년에 걸친 스페인에 의한 식민주의, 민족해방, 영국과 미국에 의한 재식민주의와 탈식민주의의 긴 과정에 커다란 이정표가 되는 현재형 사건이다. 에보 모랄레스 아이마, 그는 2006년 1월, 볼리비아의 대통령에 취임한다. 원주민 출신인 그는 볼리비아의 가난한 농민들이 많이 재배하는 코카 잎 경작 농민이었고 이들 농민노조의 지도자였다. 코카 잎은 마약 조의 원료로도 이용되지만 그는 순수식용, 약용식물임을 강조하고 있다. 그는 2005년의 대통령선거에서 54%의 지지를 얻어 29%에 머문 경쟁자를 물리치고 대통령에 당선되었다. 그의 정당인 '사회주의운동(MAS)당'은 상하양원을 장악했고, 9곳의 지방 정부 중 3곳에서 승리하였다. 거의 모든 주요 전자, 인쇄 미디어에서 네거티브 보도를 일삼았는데도 승리하였다고 한다. 이같이 압도적인 표차로 당선된 경우는 최근 50년의 볼리비아 역사에서 없었다. 이 당시 진보적 지식인들도 모랄레스를 전형적인 '포퓰리스트'로만 간주했다.

예를 들어 미국의 사회학자인 제임스 페트라스는 석유와 가스자원의 국유화 조치도 없을 것이며 남미의 오랜 병폐인 대토지소유자의 독점적 농지운영을 거부하는 토지개혁 조치 등도 없을 것이라고 진단하였다. 그러나 실제로 에보 모랄레스 정부가 취한 첫 번째 정책은 IMF와의 관계를 단절하는 것이었다. 그리고 2006년 5월, 천연가스 자원의 국유화를 밀고 나갔다. 이 국유화 정책의 효과는 컸다. 알베르또 끄루스에 의하면 집권한 지 1년 만에 경제성장률이 4.1%에 이른다. 이 정도 거시경제 수치 면에서 남미경제 상황에서 양호한 편이다. '텔레수르' 보도에 의하면, 볼리비아, 베네수엘라, 아르헨티나 세 나라는 2007년 8월, 가스에너지 통합협정인 '따리하 협정(Acuerdo de Tarija)'을 맺었다. 가스 수출국들끼리의 일종의 '가스 OPEC' 협정이라고 할 수 있다. 볼리비아 정부로서는 아르헨티나와 베네수엘라의 지원을 받아 확실한 가스 생산 프로젝트를 따낸 셈이다. 예를 들어, 아르헨티나 정부는 볼리비아에 4억 5천만 달러의 차관을 제공하여 천연가스 액화분리공장 건설을 지원하게 되었다. 또한 2007년 8월, 볼리비아 정부는 '토지법'을 공포하였다. 이 법률은 농민과 원주민들에게 보다 형평성 있는 토지재분배를 증진할 것이며 이로써 '사회경제적 기능'을 강화하겠다는 정부정책의 중요한 축이 열린 것이다. 국고에 여유가 생기면서, 오랫동안 추진하지 못했던 '사회정책'-문맹퇴치사업, 농업조합의 트랙터 구입을 위한 연성 크레딧(아주 유리한 조건의 신용융자), 약 2천 명의 쿠바 의사 등을 통한 외진지역에의 의료보건사업 등-을 추진하게 된다.

여기에 대해 기득권층은 강력하게 저항한다. 대표적인 예가 대토지 소유 농장주들이 많이 거주하는 동부지역 일부 주의 지방자치운동이다. 전통적으로 볼리비아는 중앙집권제를 유지하고 있었는데 지방자치를 둘러싸고 좌우파가 대립하고 있다. 흥미로운 것은, 대통령 선거운동 당시 '볼리비안 노동자 연맹(COB)'과 광산노조 등이 석유, 가스 등의 국유화와 헌법제정의회 소집을 요구하면서도 모랄레스를 적극적으로 지지하지 않고 거리를 두고 지켜보았다는 점이다. 그런데도 일반노동자, 농민들이 대거 지지하여 대통령에 당선된 것이라고 한다. 에보 모랄레스로 대표되는 중남미 원주민들은 자신이 살고 있는 대지를 '어머니'로 생각한다. 중남미 원주민들은 엄청난 가난에 시달리지만 자신들의 삶의 양식(또는 사회적 자본)을 그대로 보존하고 있다. 물론 가난은 벗어나야 한다. 하지만 인권·자유의 해방과 함께 가난을 벗어야 한다는 것이 라틴아메리카의 진보적인 일반시민들, 지식인들 그리고 가톨릭교회의 시각이다. 어떤 '영성'적 흐름이 있다고 할 수 있다. 우리는 '영성'이라고 하면 어떤 초월적인 것을 연상시키는 편견을 가지고 있다.

그러나 『정치와 영성의 해방』의 저자인 리바니오에 의하면 "초월의 눈을 간직한다는 것은 세계와 역사로부터 우리를 분리시키는 것이 아니라 오히려 세계와 역사 안에 있는 교만과 모순의 요소들을 드러내준다. 개개인이 그러한 것들을 절대화시키려고 할 때 초월에 대한 이해를 그곳에 투사시켜 그러한 절대화를 막는 것이다"라고 한다. 다시 말해 신자유주의, 시장만능이데올로기의 절대화에 맞서 싸우는 것이야말로 영성적임을 알 수 있다.

최근 에보 모랄레스는 이런 중남미 원주민 문화를 인류의 '도덕적 자산'으로 인정해야 한다고 주장하고 있다. 정말 큰소리를 잘 치는 것이 중남미 사람들인 것 같다. 최근 유엔본부를 뉴욕에서 다른 나라로 옮겨야 한다고 주장하고 있기도 하다. '기후변화' 문제와 연관해 미국의 앨 고어는 적극적으로 생태환경의 중요성을 인식시키는 활동을 하고 있다. 그러나 그에게 '생태적 영성'이란 단어를 붙이는 데 거부감이 든다. 왜냐하면, 거액의 강연료를 받으며 강연하고 백만장자인 고어는 환경문제의 절박함을 지적하고는 있지만, 신자유주의체제를 거부하며 대안적인 사회연대의 가치를 강조하고 있지는 않기 때문이다. 다시 말해 '서구의 문화적 이성 또는 근대성'의 충실한 엘리트 후계자인 그에게는 환경문제와 자본주의, 민주주의의 위기를 연결시키는 문제의식은 빠져 있기 때문이다.

이에 비해 에보 모랄레스는 중남미 원주민공동체가 가지고 있는 깊은 철학적 사색을 보여준다. 에보 모랄레스 볼리비아 대통령이 2007년 9월, 유엔총회에서 행한 연설의 일부를 조금 길지만 들어보자. "세계는 지금 기후변화로 인해 열이 나고 있으며, 자본주의 발전 모델이라고 불리는 질환을 가지고 있습니다. 인류는 지난 만 년 동안에 이산화탄소 방출량의 10%를 내보냈다면 최근 200년간은 산업발전으로 인해 30%를 방출했습니다. 2005년은 그동안의 천 년 역사 중 가장 더운 해였다고 합니다. 다양한 연구에 의하면 생물 종 4만여 종중 약 만6천 종이 멸종의 위험에 처해 있습니다. 이런 어두운 미래 앞에서 다국적기업들은 계속 앞으로 나아갈 것만을 제안하고 있으며 기계를 녹색으로 칠할 것을 제안하고 있습니다. 다시 말해 비이성적 성장과 소비주의를 지속하자고 합니다. 저는 세계은행의 보고서를 읽어보았습니다. 이 보고서는 기후변화의 충격을 완화하기 위해 몇 가지 제안을 하고 있습니다. 석유에 대한 보조금 지급 중단, 물에도 가격 매기기, 청정에너지 분야에의 민간투자 활성화 등등 이것은 마치 질병을 생산하고 그 질병으로 돈을 벌자는 거지요. 바이오 에너지 분야도 마찬가지입니다. 1리터의 에탄올 생산을 위해서는 12리터의 물이 필요하고 1톤의 바이오 연료를 생산하기 위해서는 평균 1헥타르의 토지가 필요합니다. 이런 상황 앞에서 우리는 (원주민, 가난하고 정직한 주민들) 우리의 근원(어머니 대지를 존중하는 것, 안데스 지방에서는 대지를 '빠차마마'라고 부른다)과 다시 만나기 위해 멈출 때가 되었다고 믿습니다. 우리 중남미 원주민들은 생명과 자연을 지키기 위한 첨병(아방가르드)이 될 것을 역사가 부르고 있다는 것을 알고 있습니다. 더 이상 GDP 성장에 대해 이야기할 수 없습니다. 우리는 '인간 개발지수와 생태 흔적지수'를 채택해야 합니다. 미국과 유럽은 그들의 소비 수준을 낮추고 우리 모두는 빠차마마의 같은 나그네임을 인정할 필요가 있습니다."

라틴아메리카는 전 세계에서 농업의 생물다양성이 가장 광범한 지역 중의 하나이다. 그리고 옥수수, 감자 등 인류가 기초적으로 필요로 하는 농산물의 원산지이기도 하다. 그런데 2008년 1월 1일부터 멕시코에 들어오는 미국과 캐나다의 모든 농산물이 완전히 개방되었는데 멕시코 사람들의 주식인 옥수수가 엄청나게 들어오고 있다. 2008년 1월 31일 멕시코시티 중심부에서 농민단체는 격렬하게 시위하면서 나프타의 농업관련 조항의 재개정을 요구하며 무제한의 개방과 세계화에 제한을 가할 것을 요구하였다. 하지만 멕시코 정부는 이를 받아들이지 않고 있다. 민주주의가 위축되고 있는 것이다. 1990년대는 우리에게나 라틴아메리카에게나 매우 중요한 시기였다. 라틴아메리카의 많은 나라들은 이 시기부터 절차적 민주주의의 허상을 깨트리고 신자유주의의 질곡에서 벗어나 진정한 민주주의를 향한 변화의 길에 들어선다. 예를 들어, 중남미 예수회 지역회의의 2007년 어젠다는 "다른 민주주의를 요구하고 실천한다"였다. 그리고 2008년의 그것은 "정치는 죽었다. 정치 만세"이다. 얼마나 변화의 열망이 큰가를 알 수 있다. "사람들이 사회를 이루고 모여 사는 목적은 필요성을 만족시키기 위한 것이다. 자본주의는 소수를 부유하게 만들면서 다수를 약탈하기 위해 생산한다. 자, 다른 세계를 위해, 우리의 지구를 파괴하는 자본주의의 파괴가 아닌 대안을 위해 싸웁시다. 이 지구가 망한다는 이야기는 과장이 아니다. 이 지구 상의 삶이 사라질 수 있다." 이 언급은 차베스가 한 말이다. 그는 인간을 중심에 놓는 '21세기 사회주의'를 강조하고 있다. 그 핵심사상은 더불어 사는 '대안세계의 추구', '개발시대 이후의 대안', '저성장'의 철학이다.

피에르 쌍소는 『느리게 산다는 것의 의미』라는 책에서 "어느 한 기간을 정해놓고서 그 안에 모든 것을 처리하려고 서두르지 않아도 되고, 시간에 쫓기지 않아도 되는 그런 삶을 선택할 수도 있다는 말이다. 그것은 모든 것이 우리를 서두르게 만들고 있는 이 사회 그리고 우리가 자발적으로 그 요구에 따르고 있는 이 사회 속에서 건강한 삶을 유지하기 위해 절실하게 필요한 과제"라고 했다. 저성장의 철학은 비영리와 연대에 기반을 둔다. 이런 의미에서 베네수엘라가 역점을 두고 실천하는 중남미 각국의 대중의 이익을 위한 연대와 중남미 통합의 노력은 바로 저성장의 철학을 구체화시켜 나가는 전략의 하나라고 인식할 수 있다. 신자유주의의 문화적 맥락에서 유토피아적 상상력이 '근대성'과 '진보'의 담론에 익숙한 식자들로부터 무시당하고 있다. 그들은 헐벗고 가난한 사람들이 가지는 다른 '이성'에 대해 이해하고 설명하고 접근하려는 노력을 할 수 없기 때문이다. 우리는 오랫동안 '지속가능한 발전'이란 말을 들어왔다. 그러나 그뿐이다. 계속해서 성장과 발전의 이데올로기는 우리를 압도하고 있다. 우리나라의 경우 오히려 '지속적인 발전'을 추구해왔다. 즉, 근대성을 철저히 추구하고 있다. 기존의 시각에서는 당연히 추구해야 할 목표 즉, 발전을 이루기 위해 기술적으로 어떻게 할 것인가가 문제이지, 그 목표가 무엇을 의미하는지는 묻지 않는다. 이렇게 된 이유는 주류 경제학 자체가 사회과학으로서의 이데올로기 비판의 성격을 저버리고 오직 수학적·기술적 가정의 조합으로 타락한 데 있을 것이다.

그리하여 인간은 개인으로 간주되고 집합적으로 보더라도 합리적 인간 즉, 자신의 이익을 추구하는 것으로만 가정한다. 이와 같은 삶의 방식을 우리는 헐리웃 영화 등에서 소위 '아메리칸 웨이 오브 라이프'로 쉽게 그리고 구체적으로 이해할 수 있다. 중요한 것은 경쟁에서 이길 수 있는 개인의 노력이다. 더구나 신자유주의는 무한경쟁을 강조하고 있는데 이와 같은 이데올로기 공세로 인해 우리는 오랜 시간 동안 마치 믹서기에 들어있는 것과 같은 무한 긴장의 삶의 방식을 갖게 되었다. 멕시코의 사파티스타 운동이 치아파스 지역에 비-자본주의적 공간의 형성을 주목할 만하다.

"사파티즘은 자율주의에 관한 견해와 사상보다는 차라리 '자율적 공간의 창출'이라는 쪽에 무게를 더 싣는다. 또 다른 '공간' 정치적 기획인 이른바 신자유주의와 첨예한 대립각을 세운다(권용선, 2007, 181)." 즉, 공동체적 연대의 공간과 개인적 사유재산의 공간 사이의 대립을 의미한다. 콜롬비아의 경우, 이는 단지 경제적 변화만을 뜻하지 않고 원주민 사회의 특정한 문화적 모델이 사라짐을 의미한다.

그러므로 사라지는 '장소'를 단지 '토지'의 사라짐으로 이해하는 것은 옳지 않다. 이 장소의 사라짐이 장소에서의 육체적 만남을 통한 사회의 특정한 삶의 체험에 기초한 고유한 지식의 전달까지 단절되게 한다. 그러나 주류적 관점에서 이 같은 신자유주의 세계화에 의한 장소의 파괴와 팽창은 보편적 역사의 '발전' 과정이다. 그리고 유럽 중심적 시각에서 볼 때, 세계체제를 다시 위계서열화(식민화)시키며 재배치하는 과정일 뿐이다. 콜롬비아 태평양 연안의 열대우림지역은 세계적으로 바이오 다양성이 풍부한 곳으로 유명하다. 바이오 다양성 문제는 담론투쟁의 시각에서 바라보아야 한다.

예를 들어, 흑인과 원주민의 사회운동세력은 국가와 자본의 기득권층의 열대우림에 대한 경제적·문화적 가치 부여와 전혀 다른 담론을 제시한다. 즉, 갈등을 형성하는 문화정치를 통해, 바이오 다양성의 보존과 활용에 대해 독특한 시각을 보여주고 있다. 문화정치는 담론투쟁을 의미하게 된다. 문화정치는 다양한 사회적 행위자들 사이에 서로 다른 의미적·문화적 실천을 놓고 충돌과 모순이 전개되는 과정이다. 사회운동세력은 바이오 다양성을 자신들 고유의 문화와 장소의 방어와 연결시키며 정치생태학의 대안적 프레임을 제공하고 있다. 더 이상 지배계급의 테크노크라틱하고 경제적인 처방만으로 담론이 한정될 수 없게 하고 있다. '다른' 의미의 담론 생산은 공동체와 사회운동세력 등 소외된 로컬리티들이 대안적 세계화의 중심이 되게 하고 있다.

바이오 다양성에 대한 네 가지 서로 다른 담론들을 본다면, 첫째 글로벌 중심적 다국적 제약기업의 시각으로 지적재산권을 통한 자원의 보존(?)과 지속가능한 이용을 강조한다. 그러나 실제로는 반다나 쉬바가 지적하듯이 다국적기업들이 "자연에 대한 일방적 지배의 관점에 서 있는 인간 중심의 자유주의의 가치관으로 바이오 다양성의 생명에 대해 주인이 되고 이를 상품화시키는 일종의 바이오 해적 행위"의 과정을 보여주고 있다. 둘째는 주권의 시각으로 제3세계 국가들의 시각이다. 전자의 입장을 존중하며 타협적·협상적 태도를 견지한다. 셋째는 환경보호의 원칙론을 주장하는 바이오민주주의의 시각으로 진보적 시민단체의 것이다. 넷째는 문화적 자율성과 '차이'를 주장하는 좌파적 사회운동세력의 시각이다.

이들의 주장은 바이오 다양성을 자원(상품)의 문제로 보는 것이 아니라 총체적 삶의 방식의 방어로 본다(Escobar & Pardo, 2007, 293). 즉, 이들은 자연과 사회 사이의 관계의 관점에서 아주 중요한 상징적 의미를 가지는 상호성과 협력에 기초한 새로운 생산체계를 요구한다. 개인의 이익을 우선하는 자본주의적 프레임을 넘어서는 비-자본주의적 시각을 보이는 것이다. 자연과의 관계뿐이 아니라 공동체 안에서도 '타자에 대한 배려'를 중심으로 자본주의적 가치법칙을 넘어서려 하고 있다. 이들의 세계관은 모든 사회구성원의 필요의 온건한 만족을 위한 자연의 창의적 이용을 중시한다.

소우사 산토스에 의하면, 생명의 파편적 비전(유전학)과 전통적 지식을 오직 잠재적 자본주의 가치로만 계산하려는 시도들이 국가입법과 국제적 협정에서 이루어지고 있다. 이는 원주민이 주장하는 바이오 다양성에 대한 전통적 지식의 집단적 권리를 거부하는 것이다. 원주민사회는 비파편적 지식과 비분리적 생물학적·경제적·사회적 실천의 행위자로서 자신을 총체적 사회로 인식한다. 콜롬비아의 열대우림지역의 사회운동세력이 총체적 삶의 방식, 즉 바이오 다양성에 대한 집단적 소유권의 방어에 이르게 된 과정을 살펴보면 다음과 같다.

1970년대 초부터 콜롬비아와 라틴아메리카의 원주민들은 그들의 생존권을 위한 투쟁을 전개했다. 콜롬비아는 1991년에 원주민 권리를 인정하는 법률 21호를 통과시켰다. 그러나 아직 다국적기업의 공세 앞에서 원주민의 집단적 소유권의 명시적 보호의 법률이 구비되어 있지 못했다. "초코(Choco)"지역에서 흑인들은 가톨릭 선교사들의 도움을 받으면서 1980년대부터 조직운동(OREWA)을 시작했다. 이 운동 (OREWA)은 목재회사, 광산회사, 도로건설, 수력발전소 건설 등과 투쟁했다. 1991년 헌법 개정 의회에서 결국 1993년에 법률 70호로 흑인 공동체를 위한 문화적·영토적 소유권이 인정된다. 1998년까지 140 개 이상의 로컬 네트워크 연합조직이 결성된다. 흑인들은 각 주에 조직(palenques)을 만들고 전국적으로는 연합조직으로 연계된다. 이들은 급진적 정치조직으로 그들의 문화적 차이-유럽 중심적 개인주의에서 집단적 소유-를 방어한다. 이 같은 사회운동은 배제, 지배와 착취의 다양한 형식에 대한 투쟁이었다. 기득권층과 대결하면서 창의적 결과와 해방적 관계를 발전시켰다. 이들은 국가, 자본, 과학, 바이오 다양성 등 근대성과 만남을 통해 정치적 정체성의 형성을 이루었다. 국가는 이 지역에 새우양식장을 만들어 생태계를 교란시켰다.

1997년부터 처음으로 집단적 소유권이 주어지기 시작했다. 결국 문제의 초점은 '근대성'에 있다. 근대적 주류 헤게모니 담론이 광대한 열대우림지역을 인간이 살지 않는, 적대적이고 야만적인 곳으로 설정하고 그곳을 국민경제와 국가의 생산에 기여하기 위해 종속시켜야 할 필요가 있는 땅으로 표현하고 있기 때문이다. 그런데 이곳에 사는 원주민들은 생태적 시스템에 해가 적은 아주 높은 지속가능한 생산 방식을 개발하였다. 근대성이 자연과 사회의 관계에서 전자에 대한 후자의 착취와 억압을 의미하는 관계설정 방식과는 다름을 알 수 있다. 즉, 열대우림지역의 공간의 용법이 서로 다르고 따라서 공간의 의미가 다르게 된다. 그러므로 그곳을 자본주의 확장의 공간이 아니라 '장소'로 호명하게 된다. 이 '장소'의 재긍정은 세계화 담론의 핵심인 공간, 자본, 근대성의 지배에 반대하는 비-자본주의와 로컬의 문화에 기초하여 세계를 재인식, 재구성하기 위한 가능성을 보여준다. 장소를 지키는 로컬의 문화가 세계를 재구성하는 힘은 비-자본주의에서 온다. 열대우림지역의 사회운동세력도 이 같은 실천을 통해 자본의 공격으로부터 '유기적 자연'을 방어할 것이다. 유기적 자연이란 의미는 자연을 자본의 이용대상으로만 인식하는 것을 거부한다는 뜻이다. 이로써 근대성의 아주 전형적인 식민화를 막을 수 있는 대안적 문화 정치를 건설할지도 모른다.

라틴아메리카의 사회운동이 이렇게 변혁의 에너지를 크게 가지는 맥락은 바로 '문화적, 종족적 혼종성' 덕분이다. 라틴아메리카 사회가 하나로 통합되는 동질적 단일성을 가지고 있지 않은 것이 변혁적 에너지가 커지는 데 긍정적이라는 해석이다. 미국의 흑백인종 분리정책과는 매우 다른 맥락을 가지고 있다. 그 출발은 인종적 혼혈성에 있다. 예를 들어, 브라질 사람들 중 자신이 백인이라고 생각하는 사람들의 51.6%의 모계가 원주민과 흑인에 있고 거의 대부분의 브라질 백인들의 부계는 포르투갈에서 왔고 모계 중 60%는 원주민과 흑인에서 왔다. '혼종성'이 라틴아메리카의 역사와 인식론 체계에 끼친 가장 큰 영향은 끊임없이 라틴아메리카 지식인들이 '라틴아메리카인은 누구인가 또는 라틴아메리카의 역사를 어떻게 만들어갈 것인가'의 정체성 탐구에 몰두하도록 하여 라틴아메리카가 유럽 중심적 인식론에 빠지지 않고 독립적 철학이 정립되는 데 기여했다.

라틴아메리카의 문화적 혼종성은 유럽 중심적 개인주의적 글쓰기 문화와 원주민문화에 뿌리를 둔 연대성이 강한 구어문화의 병존을 의미한다. 문화적 혼종성은 그 자체로 대단한 것은 아니다. 주류 헤게모니적 영토 안에 편입될 수도 있고 아닐 수도 있는 지속적인 문화적 재구성 또는 재창조를 의미할 뿐이다. 하지만, 문화적 혼종성이 강하면 어느 정치사회적 사건에 대해 '문화적 차이'를 유지하며 해결할 수 있는 가능성이 커진다. 다시 말해 쉽게 지배담론의 영토화에 포섭되지 않게 된다. 근대성의 진전은 비-유럽적 이질적 고유문화의 파괴를 전제한다. 비-유럽지역의 고유한 사상과 가치판단에 대해 유럽 중심적 공리주의에 기초하여 문화적 균질성을 폭력적으로 강요하는 것이 근대성의 기본적 경로이기 때문이다(러미스, in 삭스, 2010, 113-114).

균질성의 강요에 대한 실천적 저항은 근대성과 자본주의의 정상적 전략에 변혁을 가져옴으로써 '다른 주체'의 생산에 기여할 수 있게 된다. '다른 주체'라는 의미는 근대성과 자본주의의 주류적 흐름에 포섭되면서 자신의 문화적 정체성을 유지하려는 전략을 훨씬 넘어선다. 다시 말해, 지배적인 신자유주의체제에 포섭되면서도 타자와의 만남과 대화를 통한 고유한 문화적 정체성을 유지하는 것으로 만족하는 '다문화주의'의 틀을 넘어서야 한다. 서구 마르크스주의의 결론 중 하나는 자본주의의 계급-상품 구조가 단순히 경제라는 특수한 '영역'에 국한되는 현상이 아니라 정치에서 예술, 종교에 이르는 사회적 총체를 중층 결정하는 구조화 원리라는 점이다.

그러나 자본주의의 이 총체적 차원은 오늘날의 다문화주의적 진보 정치에서 중단되고 있다. 그것의 반자본주의는 오늘날 자본주의가 성적·인종적 억압 등을 산출하는 방식의 수준으로 축소된다. 오늘날의 비판적 담화에서 '노동자'라는 용어가 사라지고 '이민자·이민노동자들'에 의해 대체되거나 지워진다는 사실(지젝, 2009, 141-143)이 이를 증명한다. 이런 의미에서 탈발전 담론은 오늘날의 새로운 좌파적 총체성 담론이라고 하겠다. 바로 콜롬비아 태평양연안의 흑인, 원주민 운동의 사례가 이를 잘 보여준다. 이들은 단지 그들의 문화적 정체성을 유지하는 데 그치지 않고 바이오 다양성에 대한 전통적 지식의 집단적 소유권을 인정받음으로써 새롭게 '다른 주체'로 출현하게 되었다.

이를 통해, 비-유럽권 지역에서도 문화적 동질성이 강한 지역보다 라틴아메리카는 문화적 혼종성으로 인해 근대성이 강요하는 이분법적 '타자' 배제의 시스템이 덜 작동하는 것을 알 수 있다. 이분법이지 않은 라틴아메리카 대중의 일상적 실천은 국가와 근대과학의 통제적이고 도구화시키는 시도에 반대하는 반헤게모니적 힘으로 작동한다. 이 실천은 근대성의 일직선적 서사적 배치에 저항하고 개인적인 것과 집단적인 것 또는 역사적인 것과 마술적인 것 사이를 오락가락한다(Escobar, 2007, 366). 이를 통해 우리는 문화적 혼종성의 인식론적 태도가 대안적 세계화를 위한 체제 변혁에 도움이 됨을 알 수 있다.

왜냐하면 현재의 라틴아메리카 사회운동세력의 다양한 대안적 세계화의 흐름은 완전히 자본주의체제를 거부하는 것이 아니라 일종의 혼종적 태도 즉, 자본주의·비-자본주의의 병행적 과정을 중시하기 때문이다. 1940~1950년대 이후 현재까지 전 세계에 걸쳐 오랫동안 발전이 근대 국민국가의 발전과 연계되어 전 세계적인 지배담론으로 기능해왔다. 유럽 중심적 근대성의 발전담론은 제2차 세계대전 후 1950~1960년대에 가난한 나라에 대해서도 선진국 모델인 산업화와 도시화를 통한 인프라 투자를 통해 자동으로 정치적·사회적·문화적 진보를 이룰 수 있다고 주장했다. 일종의 '트리클 다운' 이론으로 선진국의 부와 풍요가 많은 나라들에 확산될 것이라는 믿음이었다. 그리고 근대화 담론이 정치적·사회적·문화적 비용에 상관없이 유일하게 미신과 낡은 사회적 관계를 청산할 수 있다는 믿음으로 작동하면서 조상대대로의 전통적인 철학은 폐기되어야 하는 것으로 인식했다.

그러나 그 실제결과는 믿음대로 이루어지지 않았다. 그 후 1980년대 이후 추진된 신자유주의 세계화는 양면적인 효과를 가져왔다. 한편으로는 "많은 남반구 국가들이 돈이 없어 쩔쩔매던 처지에서 차세대 공업국으로 변신하여 경제적 부국들과의 거리를 좁혔다. 1949년에 빈국이 부국을 언젠가 따라잡을 것이라던 트루먼 대통령의 장담이 이런 나라들에서 정말로 실현된 셈이었다(삭스, 2010, 9)."

그러나 다른 한편으로, "발전이 일국 국민경제의 통합과 함께 이루어지는 일국 중산층의 형성보다는 초국가 경제 복합체의 확산과 함께 이루어지는 만국 중산층의 형성을 뜻하게 되었다(삭스, 2010, 10)." 일국의 국민경제 발전과 병행하는 대중의 삶의 질의 통합적 발전은 환상이었고 사회적 양극화가 전 세계에 걸쳐 확산되었다. 오히려 대부분의 주변부 국가들의 일반대중에게는 참혹한 결과를 초래했다.

아담 스미스의 '보이지 않는 손'에 의해 약속된 유토피아와 달리 사회적 양극화로 인한 다수 대중의 빈곤의 급증과 생태적 사막화만이 남게 되었다. 이런 의미에서 세계화가 초국적 흐름인 것은 분명하다. 발전 담론을 받아들이는 한, 중심부 국가들과 주변부 국가들은 함께 이데올로기적으로 발명된 발전의 궤도 위에 놓이게 되고 주변부 국가들은 늘 주변부로 인식될 수밖에 없다. 이미 현실적 맥락을 잃은 신기루의 궤도인 것이다. 경제적 근대화와 투자를 통해 자동으로 발전할 수 있다는 기계적 환상을 주변부 국가들이 아직도 가지게 되면서 왜 발전하여야 하고 왜 발전 모델이 유럽 중심적 모델을 따라야만 하는지에 대한 인식론적 성찰은 사라지게 된 것이다.

이 같은 문제의식과 관련하여 더글라스 러미스는 흥미로운 언급을 한다. "문제의 해법은 빈곤의 문화를 발전으로 가는 길 위에 두어 빈곤의 문화를 크게 바꾸는 데 있는 것이 아니라 과잉의 문화를 역 발전으로 가는 길 위에 두어 과잉의 문화를 크게 바꾸는 데 있다(러미스, in 삭스, 2010, 124)"고 한다. 우리는 이런 담론을 대할 때 지나친 유토피아로 생각한다. 그러나 어느 지역의 고유의 삶의 방식 자체가 탈발전의 틀 안에 있을 경우 그 로컬 문화의 유지는 결코 유토피아가 아니라 실재이다. 열대우림지역의 원주민, 흑인들은 개인의 자기이익을 절대시하지 않고 정치적 자율성과 문화적 정체성을 소중히 한다. 기존의 국가, 자본의 논리와 커다란 '문화적 차이'가 있다.

그러나 거기에 머물지 않고 경제사회적 변혁의 실제 대안을 중시한다. 예를 들어, 태평양 연안 지역의 흑인운동지도자들은 이렇게 이야기한다. "우리가 '문화적 차이'에 대해 정확하게 언제부터 말하기 시작했는지 모른다. 정부는 계속해서 민주주의와 발전을 말한다. 우리는 자율과 우리가 누구인지를 결정할 권리가 있다고 대답한다. 서로 다름을 인정하고 정체성을 건설하는 것은 매우 어렵고 힘든 일이다. 그러나 이 과제를 게을리 했기 때문에 현재 자본의 공격 앞에 우리가 취약하게 된 것이다. 현재, 대안적 사회, 경제적 제안들을 수립하고 실행하는 것이 가장 중요한 정치적 임무다. 이에 따라 이 지역에 살고 있는 흑인과 원주민 등의 주민들은 자신들의 문화적・생산적・사회적 정체성의 영토인 '장소'의 방어를 위해 벌목, 공장건설, 도로 및 수력발전소 등의 건설을 반대하며 저항하기 시작한다."

여기서 흑인과 원주민 등에 의한 사회운동이 중요한 문화정치의 행위자로 출현한 것이다. 자신들의 고유한 문화적 정체성을 자율적으로 지키기로 한 것이다. 원주민운동단체는 전통적 지식은 원주민의 집단적 재산이라고 선언한다. 이들 종족의 집단적 소유권이 보장되기 전까지 바이오 다양성에 대한 연구프로젝트가 유예될 것을 제안한다. 바이오 다양성을 포함한 생태적 중요성을 가지는 문화정치를 만들어냈다. 바이오 다양성에 대한 지배담론과 사회운동의 정치생태학 사이의 거리가 엄청난 것은 분명하다. 그들은 일국 안에 그들 고유의 권위와 규범을 가지는 다른 사회가 존재할 권리를 얻기 위해 국민-국가에 도전하고 있다. 바이오 다양성에 대한 전통적 지식의 집단적 소유권을 선언하는 단계는 바로 국민-국가 모델에 대한 도전과 회의로 나아가게 된다.

예를 들어, 근대의 단일국민-국가를 넘어서는 '복수-국민국가'의 모델은 이미 에콰도르의 경우에 뚜렷이 드러난다. 에콰도르의 원주민들은 1972년부터 토지문제를 둘러싸고 본격적 투쟁에 나섰으며 1986년 '원주민종족연맹(CONAIE)'을 결성한다. 이들은 2008년 에콰도르가 '복수국민-국가'의 조항을 헌법에 삽입할 때까지 투쟁을 멈추지 않았다. 에콰도르의 원주민운동이 가지는 '복수국민-국가' 운동이 고유한 자신들 문화의 정체성 유지의 차원을 넘어서 서로 다른 문화와 인식론체계 사이의 병행적 대화를 중시하는 상호문화성의 가치를 가진다. 콜롬비아의 태평양 연안의 원주민과 흑인의 사회운동의 경우에도 열대우림지역의 바이오 다양성에 대한 자본주의적 공격을 방어하고 그들 고유의 전통적 지식에 대한 집단적 소유권을 보장받기 위해 근대적 국민-국가의 균질적인 틀에 도전하고 있다. "그들 사회운동세력은 일국 안에 그들 고유의 권위와 규범을 가지는 다른 사회가 존재할 권리를 얻기 위해 국민-국가에 도전한다. 이 같은 해방적 담론은 국가의 권력을 '나누는 권위'로 변혁할 것을 추구한다(Escobar & Pardo, 2007, 312)." 국가의 주권을 나눌 수 없는 신성한 것으로 인식하는 근대성의 범주를 넘어서는 것이다. 원주민과 흑인들은 그들의 '장소'를 지킴으로써 경제적 이익만이 아니라 사회적·문화적 정체성의 확보를 요구하는 수준도 뛰어넘어 그들의 자율성과 자기-결정권을 요구하는 것이다. 그러나 권력의 독점성의 인식에서 벗어나지 못한 지배세력은 이를 거부하고 있다. 그 부정의 역사는 사실 오래이고 길다. "16세기에 라틴아메리카 원주민들의 '영혼'과 '문명'을 부정하고 원주민의 정치적, 시민적 권리를 부정한 것이 오늘날에도 원주민들의 경제적 문화적 자기-결정권의 부정으로 변모되고 있다(Estermann, 1998, 8)." 콜롬비아 태평양연안에서의 흑인과 원주민사회운동세력이 획득한 '집단적 소유권'은 근대적 국가권력 안에 다른 정체성과 다른 생태적 가치를 가진 권위를 인정한 것이다. 이는 두 가지 문제의식을 우리에게 시사한다. 발전에 대한 저항과 함께 근대국가의 대의정치 형식에 대한 문화적으로 새로운 '복수의 상상력' 또는 '복수의 지식의 정치생태학'을 의미한다(Escobar, 2007, 358). 혹자는 이 같은 복수의 상상력이 가뜩이나 신자유주의체제에 의해 약화된 국가를 더 약화시킬지도 모른다고 생각한다. 하지만 신자유주의체제는 자본축적에 대한 국가의 기능을 오히려 강화시켜왔다. 그러나 대중이 국가에 대해 가지는 신뢰와 헤게모니 기능은 약화되었다. 그러므로 이 같은 복수의 상상력의 실천은 국가에 대해 대중이 잃어버린 '신뢰와 헤게모니(Sousa Santos, 2005)'를 복귀시킬 것이다. 그리고 자본주의체제의 무한발전이 가져오는 생태 파괴적 움직임을 저지하기 위해서는 근대성이 근거하는 근대 국민-국가의 신화를 넘지 않으면 안 된다. 원주민, 흑인사회운동의 복수의 상상력은 근대성이 함축하는 폭력성 대신에 '돌봄'의 가치에 의존하므로 자본주의체제의 '가치법칙'을 넘어서는 비전을 구체화한다. 또한 대중이 사회적 주체로 출현한 제3세계의 사회운동의 체험에서 볼 때 이들이 단순히 제3세계의 범주 안에 갇혀 있는 것도 아니다. 오히려 현재의 글로벌 자본주의 문명의 바깥에서 제1세계에 대한 대안적 실험도 구체적 가능성으로 보이고 있다. 제1세계인 유럽에서도 생태적 파괴를 극복하기 위해서는 탈발전의 철학이 필요하기 때문이다. 16세기 이래 오래 지속된 단일하고 균질적인 근대-국가의 프레임을 넘어설 단초의 가능성을 라틴아메리카에서 제공하고 있다. 다시 말해, 라틴아메리카의 흑인, 원주민 등의 사회운동이 지향하는 가치가 비현실적이지 않은 것이다. 전혀 불가능한 것을 추구하는 유토피아가 아니다. 결국 근대성에 대한 인식의 단절 또는 기본적 전제에 대한 인식론적 변혁이 필요하다. 카오스에서 질서로의 일직선적 진보를 근대성으로 인식하는 것이 아니라 식민성을 버리고 개인주의 또는 인본주의로부터 사회적, 생태적 연대로 나아감이 중요하다.

다시 말해, 라틴아메리카 원주민, 흑인, 농민들의 '장소'를 위한 투쟁은 교환가치보다는 사용가치를 중시하는 '문화적 차이'를 드러내는 투쟁이다. 예를 들어, 안데스 지역 농민들의 세계관은 인간과 자연 사이에 구별이 없고 개인과 공동체, 사회와 신들 사이에도 구별이 없다. 이에 비해 마르크시즘을 포함한 유럽의 인식론 체계는 인간을 자연에서부터 분리된 존재로 생각하므로 인간이 자연을 처분할 수 있고 지배 소유할 수 있게 된다. 원주민 철학의 실재는 본질이 아니라 바로 관계라고 할 수 있다.

탈레스로부터 유럽철학은 존재하는 것의 아르케를 찾고 있다. 아르케는 현실의 환원 불가능한 원칙인 근원적인 것을 말한다. 즉, 아르케는 '실재'로서 인식된다. 여기에 반대되는 짝이 되는 개념이 '우연성'이다. 아르케는 본질로서 '스스로 존재하는 것'이고 후자는 '타자 속에 있다.' 안데스 지역의 철학에서는, 아르케는 실재적 존재가 아니라 관계이다. 라틴아메리카 철학의 '시작(아르케)'에는 관계가 있다 (Estermann, 1998, 95). 살아 있는 세계는 모든 생명체끼리의 상호적 '돌봄'의 관계를 통해 지속적으로 재창조되는 것이다. 유럽에서도 근대성과 자본주의가 막 시작된 16세기만 하더라도, "거지는 잘 챙기고 잘 먹여서 내보냈다. 17세기 초에는 거지의 머리를 박박 밀었다. 그다음에는 채찍으로 후려쳤다. 그리고 17세기가 끝날 무렵이면 억압은 극단적 수단으로 기울었고 거지를 죄수로 만들었다(브로델, in 삭스, 2010, 133 재인용)." 근대성이 '돌봄' 대신에 폭력성을 함축함을 잘 알 수 있다. 그리고 관계된 존재들의 본질과 의지를 긍정한다. 이 같은 상호존중과 '돌봄'의 가치관과 극단적으로 다른 것이 바로 근대성과 시장 근본주의의 식민성이다. "타운센드가 말하길 굶주림은 제아무리 흉맹한 동물이라도 순하게 길들이는 법이며 또 제아무리 비비 꼬인 꼴통들이라도 그들에게 예의, 공손함, 순종과 복종 등을 가르치는 법이다. 무릇 그들(빈민들)에게 일하고 싶은 맘이 들도록 자극하고 부추길 수 있는 것은 오직 굶주림뿐이다.

타운센드는 인간이 실제로 짐승이며, 바로 그렇기 때문에 최소한의 정부만 있어야 한다고 주장한다. 이 새로운 관점에서 보자면 자유로운 사회란 두 가지 인종으로 구성된 것으로 생각할 수 있으니 그 두 인종이란 재산 소유자들과 노동자들이다. 18세기 중반 이후로 전국적 시장이 발전하고 있었다(폴라니, 2010, 341-344)." 이 인용문이 폴라니 사상의 핵심이다. 그리고 그 '돌봄'도 결코 동질적으로 모델화된 패키지가 아니다. 동질적으로 모델화되면 '돌봄'이 권력으로 변질되기 때문이다. 지속적인 재구성이 있을 뿐이다. 라틴아메리카 농민들은 근대성의 도구들도 무조건 배척하는 것이 아니라 자신들의 고유한 세계관을 잃지 않으면서도 이들을 이용하는 것을 배운다. 이 같은 상호적 돌봄의 가치관에서 출발하여 사회정의를 지키려는 사회운동이 실제로 현실권력을 쟁취하면서 신자유주의에 대한 대안적 미래의 씨앗이 라틴아메리카에 심어지고 있다. 탈발전 담론은 환경을 보호, 관리하면서 성장을 지속하자는 '지속가능한 개발'을 지향하는 것이 아니다. 오히려 이를 비판한다. 그리고 신자유주의 세계화에 맞서 싸우는 라틴아메리카 및 비-유럽권의 대안적 세계화를 위한 사회운동의 움직임을 주목한다. 가장 중요한 문제의식은 근대성·식민성이 인본주의에 바탕하고 있음을 인식하는 것이다. 원주민과 흑인들은 열대우림지역의 바이오 다양성을 자원의 문제, 경제적 문제로 인식하는 것이 아니라 총체적 삶의 방식으로 인식한다. 이들 원주민들은 사회관계와 함께 사회와 자연의 관계도 상호성과 협력, '타자에 대한 배려' 또는 '돌봄'의 관계에 근거한다. 비자본주의적, 탈식민성의 생태적 가치이고 <코뮌주의>적 삶의 방식의 실천이다.

고병권에 의하면 근대의 사적 소유권 개념에서는 인간을 대지로부터, 자연으로부터 분리된 초월적 존재로 가정하므로 인간에게 처분권이 있다고 생각한다. 그러나 원주민들에게는 땅을 소유한다는 것이 그 속에 살고 있는 존재들과 공통의 관계를 구성한다. 즉, 코뮌주의의 소유를 의미한다. 차베스혁명이 추구하는 코뮌주의의 삶의 방식이란 근대성과는 "다른" 발전을 지향하는 것이다. 하나의 공동체 안에서 평범한 대중 누구든지 진정한 자유의 확장이 이루어지는 과정을 발전으로 인식하고 있기 때문이다.

이런 점에서 차베스혁명은 아마르티야 센의 발전의 철학과 닮아 있다. 아마르티야 센은 경제발전으로 얻는 소득의 증대는 주민의 복지와 자유에 기여하는 요소들 중의 하나일 뿐이라고 주장한다. 즉, 유일한 것이 아니라고 한다. 센은 '인간발전'을 중시한다(2006, 123-124). 한편 근대성이 항상 진보를 이야기하며 '미래'를 강조하는 것에 비해 차베스혁명은 많은 대중의 구체적 삶의 행복과 자아실현을 중요시한다는 점에서 '현재'의 폭을 두텁게 하는 것이라고 할 수 있다. 미래보다 현재를 중시한다는 점에서 포르투갈의 사회학자인 보아벤투라 데 소우사 산토스의 철학과 닮아 있다. 또한 차베스는 경쟁 위주의 자본주의 모델의 교육이 잃게 만든 진정한 기독교적 가치를 지향하는 공존의 철학을 깨우치는 교육 시스템을 만들겠다고 2005년 5월에 연설했다. 해방신학에서 신약복음을 "가난한 자를 위한 선택"으로 해석하는 시각과 연결된다.

| 참고문헌

권용선(2007), 「생태적 문화사회와 여성의 새로운 삶?」, 『코뮌주의와 문화사회』,
 문화 · 과학, 제50호, 2007 여름, 문화과학사, pp.169-184.
리바니오(1990), 『정치와 영성의 해방』, 박종열 역, 문학과 지성사.
볼프강 삭스 외(2010), 『반 자본 발전사전』, 이희재 역, 아카이브.
슬라보예 지젝 외(2009), 『우연성, 헤게모니, 보편성』, 박대진, 박미선 역, b.
안토니오 네그리(2008), 『다중』, 세종서적.
엔리케 두셀(2011), 『1492년 타자의 은폐』, 박병규 역, 그린비.
월터 미뇰로(2010), 『라틴아메리카, 만들어진 대륙』, 김은중 역, 그린비.
쟈크 랑시에르(2008), 『정치적인 것의 가장자리에서』, 길.
조희연(2009) 「환호와 위기 속에서 전개되는 베네수엘라 혁명, 그 성격과 함의」,
 메이데이, pp.213-244.
칼 폴라니(2010), 『거대한 전환』, 홍기빈 역, 길.
피에르 쌍소(1998), 『느리게 산다는 것의 의미』, 김주경 역, 동문선.
Beck, Ulrich(2008), ?Qué es la globalización?, Madrid: Paidós.
Boudin, Chesa(et al.)(2006), Venezuelan Revolution, New York: Thunder's Mouth
 Press.
Burbach, Roger & Piñeiro, Camila(2007), "Venezuela's Participatory Socialism",
 Socialism and Democracy, Vol. 21, No.3, pp.181-200.
Ciccariello-Maher, George(2007), "Dual Power in the Venezuelan Revolution",
 Monthly Review, 2007, sep., pp.42-56.
Collins, Sheila D.(2005), "Breaking the Mold? Venezuela's Defiance of the
 Neoliberal Agenda", New Political Science, Vol.27, No.3, pp.367-395.
Estermann, Josef(1998), Filosofia Andina, Quito: Abya-Yala.
Ellner, Steve & Salas, Miguel Tinker(2007), Venezuela Hugo Chavez and the
 Decline of an "Exceptional Democracy", Lanham: Rowman & Littlefield
 Publishers, INC.
_____(2011), "The Challenge to a "Model Democracy", in Jan Knippers
 Black(ed.), Latin America its problem and its promise: A multidisciplinary
 Introduction, Westview Press, pp.399-412.
_____(2010), "Latin America at a Cross Roads", Cultural Studies, Vol.24,
 No.1, pp.1-65.

Escobar, Arturo(2000), "El lugar de la naturaleza y la naturaleza del lugar: ?globalización o postdesarrollo?", in Edgardo Lander(ed.), La colonialidad del saber: eurocentrismo y ciencias sociales. Perspectivas latinoamericanas, Buenos Aires: CLACSO.

_____(2007), La invención del Tercer Mundo, Caracas: el perro y la rana.

Escobar,Arturo & Pardo, Mauricio(2007), "Social Movements and Biodiversity on the Pacific Coast of Colombia", in Another Knowledge is possible, Boaventura De Sousa Santos(ed.), New York: Verso.

Fernandes, Sujatha(2005), "Barrio Women and Popular Politics in Chavez's Venezuela", Latin American Politics and Society, vol.49, no.3, pp.97-127.

Gindin, Jonah(2006), "Chavistas in the Halls of Power, Chavistas in the Streets", in Prashad, Vijay (eds.), Dispatches from Latin America, Cambridge: South End, pp.86-92.

Goldfrank, Benjamin(2011), "Los Concejos Comunales: ?Avance o retroceso para la democracia venezolana?", Iconos, no.39, Quito, pp.41-55.

Gott, Richard(2005), Hugo Chavez and the bolivarian revolution, London: Verso.

Harnecker, Camila Pineiro(2008), "Principales desafios de las Cooperativas en Venezuela", Cayapa, Año 8, no.15, enero-junio 2008, pp.37-60.

Hawkins, Kirk A.(2010), "Who mobilizes? Participatory Democracy in Chavez's Bolivarian Revolution", Latin American Politics and Society, Vol.52, No.3, fall 2010, University of Miami, pp.31-66.

Irazabal, Clara & Foley, John(2010), "Reflections on the Venezuelan Transition from a Capitalist Representative to a Socialist Participatory Democracy: What are planners to do?", Latin American Perspectives, Vol.37, No.1, pp.97-122.

Lander, Edgardo(2005), "Venezuelan Social Conflict in a Global Context", Latin American Perspectives, Vol.32, No.2, pp.20-38.

_____(2007), "Venezuelan Social Conflict in a Global Context", Venezuela Hugo Chavez and the Decline of an "Exceptional Democracy", Lanham: Rowman & Littlefield Publishers, INC, pp.16-34.

Lebowitz, Michael A.(2008), "The Spectre of Socialism for the 21st Century: Build it now!", Links International Journal of Socialist Renewal, http://www.links.org.au.

Lopez Maya, Margarita(2005), Del viernes negro al referendo revocatorio, Caracas: Alfadil.

Lupu, Noam(2010), "Who votes for Chavismo?", Latin American Research Review, vol.45, issue 1, pp.7-32.

Morales Espinoza, Agustin(2002), "El sector agrícola y el abastecimiento alimentario en los países exportadores de petróleo: el caso venezolano", Revista Venezolana de Economia y Ciencias Sociales, Vol.8, No.2, pp.103-128.

Mouffe, Chantal(2000), The Democratic Paradox, New York: Verso

Muller Rojas, Alberto(2001), Epoca de Revolución en Venezuela, Caracas: Ediciones Solar.

Nikolas Kozloff(2007), Hugo Chavez, New York: Palgrave Macmillan.

Ochoa Arias, Alejandro(2006), Aprendiendo en torno al Desarrollo Endógeno, Mérida.: Universidad de los Andes.

Petras, James(ed.)(2004), América Latina: imperialismo, recolonización y resistencia, Quito: Abya-Yala.

Petras, James & Veltmeyer, Henry(2009), Espejismos de la izquierda en América Latina, Buenos Aires: Lumen.

Saenz, Alejandro(1999), "Contribuciones al desarrollo endógeno: participación comunitaria, poder local, ONGs", Scripta Nova, Universidad de Barcelona.

Sen, Amartya(2006), "Desarrollo como libertad", Cuadernos del Cendes, ano. 23, no.63, pp.123-138.

Sousa Santos, Boaventura de(2005), "La crisis del reconformismo", in Reinventar la democracia. Reinventar el estado,
http://sala.clacso.edu.ar/gsd1252/cgi-bin/library?e=q-000-00...0bu..., pp.1-2.

Zizek, Slavoj(2001), El espinoso sujeto, Buenos Aires: Paidós.

<인터넷 매체>
http://aporrea.org
http://www.rebelion.org
http://venezuelanalysis.com

06.
베네수엘라 혁명:
코뮌주의적 사회주의혁명
-주민평의회, 조합운동과
'노동자 공동경영'-

차베스와
베네수엘라
혁명

　새로운 대안적 사회관계의 형식을 실험하는 것은 동시에 민주주의를 재정의, 재구성하는 것이다. '주민평의회'와 '생산수단의 사회화'가 가지는 의미도 사회적 주체의 재구성과 민주주의의 재구성에 있다. 글로벌 자본주의의 맥락에서 민주주의의 위기는 '대의성'의 위기로 드러나고 있고 국가의 위기는 "헤게모니와 신뢰의 위축과 동시에 자본축적 기능의 지나친 비대(Sousa Santos, 2005, 1)"로 드러나고 있다. 상식적으로 언급되는 신자유주의체제의 국가는 '약한 국가'로 알려져 있으나 사실은 자본축적 기능의 측면에서 강한 국가로 나타나고 있다. 이 같은 강한 국가, 강한 시장이 만들어내는 약한 사회에 대한 구조적 위기의 대안으로 베네수엘라의 21세기 사회주의혁명은 헤게모니와 신뢰의 위축을 치유하기 위해 '주민평의회'를 통해 '강한 사회'를 제시하고 있다. 그리고 지나친 자본축적 기능의 비대화에 대한 대처방안으로 조합운동의 '생산수단의 사회화'를 제시하고 있다. 차베스체제는 바로 이런 인식론적 전환 또는 단절을 보여준다. 전통적 좌파의 인식과는 매우 다름을 확인할 수 있다. 그 구체적 경로는 '생산수단의 사회적 소유제' 또는 '사회적 생산기업'으로 불리는 '노동자 공동경영'과 '조합운동'이다. 이 같은 정책 실천에서 드러나는 베네수엘라 혁명의 의미는 무엇일까? 일부 학자들은 이런 흐름을 전면적 국유화로 대표되는 마르크스주의 또는 현실사회주의로 가는 전 단계로 이해하기도 한다.

그러나 베네수엘라 혁명은 헌법 제112조와 제115조에서도 자본주의적 사적 재산권을 인정하고 있는 데서 알 수 있듯이 마르크스주의 또는 현실사회주의를 지향하는 것이 아니다. 그리고 과격하게 자본주의체제를 거부하고 있는 것도 아니다. 예를 들어, 차베스 정부는 국제 금융기관들로부터 신규 외채는 들여오고 있지 않지만 전임정부가 국제금융기관들과 맺은 공공 외채는 정확하게 납부하고 있다(Boudin et al., 2006, 125).

조합운동을 뒷받침하는 법률은 두 개로 하나는 마이크로 금융법(2001년 제정)이고 다른 하나는 조합에 관한 특별법(2001년 제정)이다. 조합운동에 대해서는 헌법 제70조, 118조, 184조, 308조에 규정되어 있다. 이미 관련 법률이 2001년에 제정된 것을 주목해야 한다. 2002년 반차베스 쿠데타 이전에 제정된 것이다. 이때에 이미 '사회적 경제'의 모델을 구상한 것이다(Wilpert, 2007, 76).

그러나 실제로 집행에 들어간 것은 석유공사의 경영자와 노조지도부가 주도하여 차베스의 실각을 노리는 <경영자 파업>이 진행되며 이를 통해 국가 경제에 심대한 타격을 주고자 많은 개인기업들이 공장폐쇄로 저항하는 도전을 진압한 뒤에 시작된다. 2003년 4월에 전력회사 '까다페'에서부터 노동자 공동경영이 실험적으로 시작된다(Harnecker, 2005, 8). 파산한 기업주에 의해 폐쇄된 공장을 노동자들이 점거하고 국유화를 요구한 것에 대해 정부가 공동경영을 실시하게 된 것이다. 노동자 공동경영은 2005년 Invepal과 Inveval에서 그 추진이 모델화된다. 이사회의 구성이 절반은 노동자로 절반은 국가가 임명한 관료들로 이루어진다. 회사 주식은 노동자들 조합이 49%, 국가가 51%의 주식을 소유한다. 국가가 대주주이지만 거의 대등한 정도로 노동이 경영에 참여하는 것이다.

조합운동과 노동자 공동경영기업에 대한 투자는 정부가 공적 자본을 투입한다. 이들 모두의 구조적 특징은 "생산자들의 민주적 결정에 의해서 사회화된 경제"가 움직이는 것이다. 조합운동은 "더 많은 시민이 더 좋은 사회권을 정복하기 위한 대안적 실천을 의미하고 새로운 주체들을 창조하여 더 많은 경제적 평등을 위한 다양한 연결에 기초한 새로운 문화적 헤게모니를 구축하는 것이다(Vich, 2005, 8)." 조합운동은 노동의 소외와 사회적 차별이 없는 노동, 이익의 평등한 분배와 '사회정의'를 지향한다. 사적 소유도 아니고 국유화도 아닌 생산수단의 사회화를 지향한다. 인간 자신을 민주주의의 제도 또는 이념보다 우위에 놓겠다는 발상이 베네수엘라 혁명이다. 새 헌법 제20조에 보면 "모든 사람은 자신의 개성을 자유롭게 발전시킬 권리를 갖는다. 타인의 권리와 공공 사회질서의 제한을 제외한 다른 제약 없이"라고 되어 있다. 이런 낭만적(?) 규정이 들어 있는 헌법은 아마 거의 없을 것 같다. 베네수엘라의 21세기 사회주의혁명에 대해서는 애매성이 가장 큰 특징으로 보고 있다.

왜냐하면 이마누엘 월러스틴도 자신의 책 『역사적 자본주의, 자본주의 문명』에서 언급한 것처럼 인류 역사상 정통의 사회주의혁명이 현실화되었던 적이 한 번도 없기 때문이다. 20세기에 레닌의 러시아혁명이 실현한 현실사회주의체제는 마르크스가 고전적으로 제시한 사회주의와 거리가 있다. 마르크스의 노동착취이론에 근거하여 레닌에 의해 계급 없는 사회 건설을 목표로 한 소련은 프롤레타리아 독재를 통해 그 목표를 이루려고 했다. 그러나 그러한 구체적인 방법의 귀결은 역사상 초유의 전지전능한 국가체제의 등장이었고, 공산당 최고 엘리트에게 권력이 집중되는 고도의 국가자본주의적 관료사회의 출현이었다. 그 후의 역사는 우리가 잘 알고 있다. 결국 민중은 소외되었고 사회주의 건설에 실패하였다. 한마디로 역사적 실패였다.

그러나 그것이 마르크스의 사회주의의 실패는 아니다. 현실적으로 소련에서 실험했던 현실사회주의의 실패였다. 그렇다면 마르크스의 사회주의 사상은 무엇인가? "노동자계급의 해방은 노동자계급 자신의 사업이어야 한다"고 정식화한 '노동자계급의 자기해방' 사상, 즉 '아래로부터의 사회주의' 사상이다. 구체적으로는 "공동 소유한 생산수단으로 노동하는 자유인들의 연합과 의식적 계획적 통제하에서 이루어지는 자유롭게 연합한 사람들의 생산"을 조절하고 참된 개인적 소유를 실현하는 "통일된 협동생산"으로 구체화된다(정성진, 2006, 170). 이를 코뮌주의로 호명한다. 현재의 차베스혁명이 특히 "주민평의회"를 통해 이런 역사의 교훈에 얼마나 날카롭게 대응하고 있는지 인식할 필요가 있다. 마르틴 게데스도 "혁명의 목표가 분명한 것만으로는 안 되고 어떤 경우에도 민중, 대중, 시민이 주역의 자리를 잃어서는 안 되며 자신의 해방의 과정에 대한 주권을 잃지 않도록 경로를 분명히 정의해야 한다"고 하였다. 그러므로 베네수엘라 혁명의 의미를 자유주의적 계몽적 가치인 자유, 평등, 박애 중의 평등의 회복으로만 바라보는 것은 미흡한 시각이라고 생각한다. 아예 체제 바깥으로 밀려나 '타자화'되고 배제된 사람들의 사회적 공공성을 확보해준다는 의미에서 분명히 베네수엘라의 변혁은 새로운 '혁명'이라는 이름에 값하고 주민평의회로 대표되는 대중이 주역이 되는 "주인공적 참여"민주주의를 목표로 하고 있고 사회적 연대의 소규모 공동체 즉, 코뮌을 강조하는 것은 분명하다. 그리하여 2004년부터 공동체 문화를 강조하는 국영방송인 Vive TV가 중요한 역할을 수행하고 있다.

결국, 20세기 현실적 사회주의라는 의미의 마르크시즘과 거리가 있음을 알 수 있다. 스티브 엘너에 의하면 무엇보다 마르크시즘과 다른 것은 지나친 경제중심주의에서 벗어나 '사회'적 연대와 '사회'적 조합운동을 중시하기 때문이다. 그리고 또 다른 중요한 차이는 전통적인 마르크시즘과 달리 조직노동세력이 아니라 사회의 가장 아래에 위치하는 '사회적으로 배제된 세력', 예를 들어 길거리에서 행상하는 노조에 가입하지 않은 비공식 노동자들을 우선시하기 때문이다. 이들을 베네수엘라의 정치·경제·사회문화적 삶의 흐름에 "주인공으로" 참여하도록 하고 특히 작은 동네의 '로컬'의 수준에서 이들 스스로가 정책 결정을 하도록 한다. 정통 좌파 마르크스주의의 사회과학 이론과는 상당히 괴리가 있음을 알 수 있다.

생산력을 증대하고 이에 따라 프롤레타리아트 조직 노동자들의 정치세력화가 사회주의혁명의 진지가 될 것이라고 생각한 엘리트 중심 모델을 차베스는 거부한다. 그리고 정치적으로도 현실사회주의 모델이 모두 일당 독재의 체제를 실현한 데 비해 차베스 정부는 반차베스 야당 진영에 의해 여러 가지 공격과 논쟁이 많음에도 불구하고 비폭력적인 의회주의와 다당제를 고수한다. 그리고 아주 잦은 선거를 통해 대중이 정치과정에 적극적으로 참여하는 경험을 많게 하는 선거민주주의도 고수한다. 그리고 미션사업, 조합운동, 주민평의회를 통해 아주 많은 대중이 직접민주주의의 경험을 일상적으로 사회화한다.

엘너는 이런 베네수엘라 모델을 '사회에 기초한 민주주의'로 부르고 있다. 그러나 이 모델은 소수 엘리트를 중시하는 "자유주의" 모델과 충돌한다. 대부분의 차베스 진영의 이론가들은 베네수엘라의 비조직, 비공시 노동자대중이 정치적 의식은 매우 날가로운데 급진적 변혁의 주인공이 될 실질적 경험, 조직적 기율 및 기술이 부족하다고 지적한다. 그러므로 "주민평의회"와 공동경영과 조합운동이 현실적으로 기대하던 성과를 잘 내지 못한 것도 이런 부족한 경험 때문이라고 한다. 여기서 잠깐 주민평의회, 공동경영, 조합운동 등의 성과를 도표로 파악해보자.

사업 · 항목	미션	주민평의회	조합운동	공동경영
시작연도	2003년	2003년	2003년	2003년
기능	사회적 공공성의 확대	주인공적 참여민주주의	사회경제	노동자와 관료(경영자)의 공동경영
개수	약 30여 개 (2009년 현재)	약 15,000여 개 (2009년 현재)	30,000~70,000여 개 (2009년 현재)	—
평가	매우 성공	상대적 성공	비효율성	상대적 실패

그러나 노동자들의 경험부족만이 이유가 아니라 스티브 엘너가 지적하듯이 차베스 정부의 관료들의 기획력과 통제력 부족, 아니 나아가서 이들 관료 세력들(경영자 그룹)의 지나치게 현실지향적인 중도적 애매성으로 인해 차베스진영의 돌파력이 약화되었기 때문이다.

이런 맥락에서 공동경영 실패의 대표적인 사례로 '알카사(ALCASA)'를 들 수 있다. '알카사(ALCASA)'는 공동경영이 2005년에 시작된 알루미늄 생산 국영기업이다. 이 기업은 베네수엘라에서 두 번째로 큰 알루미늄 생산 공장이다. 이 기업은 규모가 크고 다른 중소기업들에 전후방 효과가 높은 전략적으로 중요한 기간산업에 속한다는 점에서 공동경영이 주목되었다. 물론 가장 중요한 산업인 석유부문에는 아직 공동경영이 적용되고 있지 않다. 특히 다른 공동경영기업들과 달리 노동자들의 공장 점거와 국유화 요구로부터 공동경영이 시작된 것이 아니다. 중앙정부에 의해 시도된 것이다. 중요한 기업에서부터 시작하여 생산의 사회관계의 변화를 통해 급진적 민주주의를 실천하려는 정치적 목적이 강했다. 기업의 모든 의사결정에 노동자의 통제를 급진화시키려는 것이었다. 기층노동자들로부터 각 팀의 대변인을 직접 선발했다. 이들 대변인으로 이루어지는 노동자 위원회를 구성한다.

그러나 이들은 전통적인 의미의 '대의제적' 성격의 대표들이 아니다. 진정으로 기층노동자들의 요구를 전달하는 것이다. 만약에 이들의 역할에 기층노동자들이 불만을 가지면 즉각 소환할 수 있다. 회사 경영진들도 이들의 요구를 존중해야 한다. 노동자 위원회에서 해결되지 못하는 문제는 노동자 전체 총회를 회사 정문 입구에서 열어 결정한다. 이 노동자 전체 총회가 이 기업의 공동경영의 최고 의사결정기관이다. 각 부서의 노동자 대표가 30명 그리고 3명의 경영자 대표가 선발되어 노동자 위원회에 참여한다. 실질적으로 공동경영의 의미는 이들과 중앙정부와의 관계를 뜻한다(Bruce, 2008, 112-113). 그러나 이 모든 이야기는 2007년 들어서며 달라진다. 그동안 사장으로 공동경영을 적극 추진해온 카를로스 란츠는 사임했다. 그리고 공동경영은 예상과 달리 더 이상 계열사에 파급되지 못했다. 각 부서의 노동자 위원회도 그 기능이 정지되었다. 반차베스 세력이 노조를 장악했다. 이렇게 된 이유는 기술적 실수가 잦았고 재정적 압박과 노골적인 사보타지가 계속되어 정상적인 생산이 위협을 받았고 경영자 그룹과 공장 인근의 조합들 사이의 알력과 갈등이 생겼기 때문이다. 과거에는 이들 공장 인근의 조합들과의 협력이 커다란 성공사례로 선전된 바 있다. 한마디로 경영자 그룹이 과거의 자본주의적 경영방식을 선호하였기 때문이다. 그리하여 ALCASA는 공동경영 실패의 대표적 사례로 거론되고 있다. 또한 차베스 진영 내의 좌파 혁명이론을 중시하는 급진적 세력은 지나치게 전면적 국유화 및 사회주의혁명 전략을 주장하며 차베스의 노선을 비판하는 등 혼선을 더했기 때문이다.

공동경영과는 다른 흐름으로 2002년 아르헨티나의 경제위기 이후 작은 호텔같이 파산한 소기업들을 국유화하여 조합을 만들어 노동자들이 스스로 자율경영을 하는 "노동자 복구기업"의 경우처럼 베네수엘라에서도 2009년부터 커피원두를 볶는 Fama de America 기업을 국유화시킨 후 노동자들이 자율경영을 하는 "노동자 통제(Worker's Control)"의 사례도 늘고 있다. 그러나 그런 사례는 아직 소수이다. 결국 차베스 정부는 시간을 두고 대중의 민주주의의 정치적 경험이 성숙되는 과정을 통해 자연스럽게 국가와 지방 관료기구의 제도적 권위적 장치들을 약화시키고 극단적인 정치적 대립을 통해 반차베스 진영을 고립시키는 헤게모니 전략을 구사하고 있다.

예를 들어, 기초 물품 부족으로 인플레가 증대되어 2007년 국민투표에서 패배한 것을 계기로 사회정책의 상대적 후퇴와 필수품의 생산증대와 국유화 전략을 집중한다. 그리고 2009년과 2010년 상반기에 사회정책의 예산이 삭감되어 3만 개의 주민평의회 중 1만 2천 개만이 계약이 갱신된다(Ellner, 2011). 그러나 엘너는 이 같은 정치지형의 변화에 대해 지나치게 현실 추수적인 분석만을 수행하여 이데올로기적 지향점을 놓치고 있는 것이 아닌가 한다. 이데올로기적 지향점은 마르크스의 "아래로부터의 사회주의", 즉 코뮌주의와 친연성이 깊다. 이런 의미에서 정성진의 "마르크스의 아래로부터의 사회주의 개념이 베네수엘라의 차베스체제 등과 공통점이 없다(정성진, 2006, 170)"는 지적은 선뜻 수긍이 되지 않는다. 베네수엘라 정부는 2003년부터 조합운동과 노동자공동경영으로 불리는 "사회적 생산기업" 모델을 통해 사회적 소유의 실험을 진행해왔다. 그리고 기업 내에 노동자들의 참여관리를 허용하는 노동자평의회를 조직하여 일반 주민들의 주민평의회와 균형을 맞추려고 노력하고 있다. 물론 이 모델이 베네수엘라 경제의 중심적 위치를 차지하지 않고 대부분의 베네수엘라 경제 영역은 사적 소유로 되어 있지만 장기적·점진적 변혁의 방향을 제시한 것은 분명하기 때문이다.

정성진이 베네수엘라 혁명의 코뮌주의의 성격에 대해 부정적인 견해를 표하는 것은 스페인의 '몬드라곤' 운동이나 유럽과 브라질 등의 '연대 경제' 즉, 조합운동이 자본주의체제의 극히 일부의 '섬'의 실험이라는 평가와 함께 베네수엘라의 그것을 병치시키기 때문으로 보인다. 그러나 필자가 생각하기에 베네수엘라 혁명은 유럽 국가들의 사회민주주의적 시각의 조합운동과 달리 장기적으로 자본주의를 극복하여 '아래로부터의 사회주의' 또는 '21세기 사회주의'를 실현하려는 비전을 가지고 있다. 마르크스는 유토피아적 사회주의를 비판하고 과학적 사회주의를 내세웠다. 이 과학적 사회주의를 해석하고 현실에서 실험한 사람이 레닌이다. 그러나 그 현실사회주의 또는 국가 사회주의는 실패로 끝났다.

차베스가 다시 실험하고 있는 새로운 사회주의는 무슨 비전을 내걸고 있는가? 분명한 것은 대중이 주인공이 되는 사회를 만들려고 한다. 그리고 실현이 불가능한 유토피아가 아니라 현실적으로 실천하고 있다. 구체적인 정책수단은 주민평의회, 조합운동 그리고 노동자 공동경영과 노동자평의회 등이다. 이들 수단들을 꿰뚫는 가치 또는 의미는 필자가 보기에 코뮌주의적 사회주의혁명이다.

마르크스는 코뮌주의를 미래사회에 도달해야 될 긍정적으로 가치 있는 비전으로 제시하지는 못했다. 오히려 자본주의체제를 지양하기 위한 "현실적 운동"으로서 안티테제로서 부정적 대항수단으로 인식하였다고 할 수 있다. 간단한 경구 또는 단어를 통해 그 이미지를 일부 표현했지만 자세히 설명하지 못했다. "각 사람의 자유로운 발전이 만인의 자유로운 발전의 조건이 되는 하나의 연합체"가 나타날 것을 표현했을 뿐이다. '공산당 선언'의 초기 초안에서 엥겔스는 "사회의 모든 구성원들이 자신의 능력과 힘을 완전한 자유 속에서 발전시키고 사용할 수 있는 사회를 조직할 것"을 목적으로 하며, 마르크스도 "협력 속에서 각자의 자유로운 발전이 모든 사람의 자유로운 발전의 조건이 되는 사회를 만들 것" 목적이라고 하였다(Lebowitz, 2009, 42 재인용). 베네수엘라 혁명의 중요한 수단인 조합운동과 노동자 공동경영에서 드러나는 코뮌주의의 흐름과 베네수엘라 경제의 중심적 흐름인 자본주의적 사적 소유의 병행을 서로 양립할 수 있는 것으로 파악하는 것이 중요하다.

마르크스가 말하듯 개인적 소유란 타자와의 공존적 관계를 내포하기 때문에 자본주의적 사적 소유가 코뮌주의에서는 생산수단의 공유에 입각한 개인적 소유로 전환되는 것이다. 이런 해석에 입각하여 토지에 대한 공공적 소유, 생산수단에 대한 협동조합적 소유, 주택에 대한 코뮌적 소유, 소비수단에 대한 개인적 소유 등의 복합적 소유형태들의 접합구조를 코뮌주의적 소유체제로 볼 수 있다(심광현, 2007, 30-31). 또한 마르크스가 구상했던 코뮌주의 사회는 '선물경제'가 지배하는 사회이고 삶의 목적이 부의 축적이 아니라 삶의 풍요로움을 더하는 데 있는 사회이다. '선물경제'의 이데올로기는 베네수엘라의 사회정책인 '미션'뿐이 아니라 라틴아메리카 통합운동의 핵심적 가치이다. 칼 폴라니의 『거대한 전환』의 핵심적 주제이기도 하다. "공동 노동의 관습은 생산물의 기준을 질적으로나 양적으로 그 극대치까지 끌어올리는 경향이 있다. 어떤 사회에서는 모든 교환행위가 상대에게 선물을 일단 거저 주고 난 뒤 상호성의 관계를 통해 보답받기를 기대하는 식으로 수행되는 경우도 있다(폴라니, 2010, 185-187)." 즉, 사회적 생산능력의 발전만이 아니라 구성원들의 '향유능력'의 발전이 중시되는 사회이다. 현재, 라틴아메리카를 관통하는 키워드는 '민주주의'의 재정의(Sousa Santos, 2005)이다. 중요한 것은 차베스혁명이 추구하는 사회주의도 고정된 이념적 도그마와 본질을 지키는 체제가 아니라 끊임없이 운동적 맥락을 가지는 체제이다. 사회주의만이 아니라 민주주의도 "하나의 정치제도가 아니라 사회적 계급적 각축과정을 통해서 새롭게 구성되는 역사적, 현재적 구성물"이다(조희연, 2010, 281-282). 끊임없이 재정의되는 것이다.

쿠바의 시인이자 독립운동가인 호세 마르티는 말한다. "경제의 과학은 노동과 부 사이의 다양한 갈등을 해결하는 총체이다. 영원한 법칙을 가지는 것이 아니라 지속적으로 개혁되고 정의되어져야 한다.

각국은 특유한 경제적 맥락을 가진다. 우리의 삶에는 우리 방식의 해결이 있다(Molina, 2007, 197 재인용)." 사회주의도 라틴아메리카의 고유한 특성을 가지고 해석할 필요가 있다. 차베스체제는 사회주의를 마치 고지를 점령하듯이 고정된 목표로 삼는 것이 아니라 자본주의를 우회하면서 점진적으로 넘어서는 방식을 택하고 있다. 자본주의와 지금 당장 전면 대결을 의미하는 것이 아니다. 그러므로 사유재산권의 보장도 헌법이 인정하고 있다. 전면적 국유화 등은 차베스혁명의 목표가 아니다. 점진적으로 자본주의를 압도할 새로운 사회주의 또는 코뮌적 사회주의를 지향한다. 대중이 스스로 사회주의 실천의 주인공이 될 때까지 상당기간 동안 자본주의·사회주의의 투 트랙 전략으로 나아가는 것이다.

베네수엘라 혁명은 라틴아메리카의 토양에서 라틴아메리카의 대중이 견인하는 혁명으로 원주민문화에서 시작하는 비자본주의적 문화적 조건과 맥락-구체적으로 강한 사회적 연대-에 기대고 있다. 그리고 이 문화적 아비투스는 강한 유토피아적 성격을 가진다. 마르크스주의와 다른 점이 이런 성격 때문이다. 마르크스가 유토피아를 강하게 선호하지 않은 것이 지식인이기 때문인지 모르겠다. 베네수엘라 혁명은 당장의 자본주의체제를 거부하고 이를 없애기 위한 목적보다는 미래의 유토피아의 가치를 지향하는 것이다. 이 가치는 아주 오래 전부터 라틴아메리카 대중이 가져왔고 현재도 가지고 있는 것으로 이를 대중 스스로가 강한 주인공적 주체로서 실현하도록 돕는 데 베네수엘라 혁명의 의미가 있다.

다시 말해 미래의 유토피아적 비전이 있고 동시에 이를 위한 현실적 삶의 구체적 노력이 있는 것이다. 언술과 담론은 마르크스와 레닌

같은 지식인의 몫이다. 사회적 연대의 비전과 현실적 삶은 대중의 몫이다. 이 대중의 몫이 자유주의와 신자유주의라는 정치, 경제체제로 인하여 억눌려온 것을 풀어 해방시키자는 것이 베네수엘라 혁명의 가치가 아닐까? 왜 마르크스는 코뮌주의를 미래의 강력한 상상력의 비전으로 제시하지 못했을까? 마르크스도 유럽의 철학자, 사회학자로서 유럽 중심적 위계서열적 인식체계 즉, 식민성의 틀 안에 있었기 때문이 아닐까? 다시 말해 위계서열의 철폐에 대해서 자본주의체제 비판만큼 열정적이지 않았기 때문이 아닐까?

이런 의미에서 라틴아메리카 학자들에 의한 자본주의체제와 식민성(위계서열적 차별)에 대한 동시적 비판과 새로운 비전 제시는 경청할 만하다. 우리 사회의 일부 지식인들은 예를 들어, 문화·과학의 이론가들은 코뮌주의의 미래상을 '문화사회'로 표현한다. 그러나 사회적 연대 모델이 병행하지 않으면 문화적 활동을 통해 비자본주의적 삶의 전망을 만들어낼 수 있을지 회의적이다. 아무튼 이들이 주장하는 문화사회의 의미는 "문화적 활동이 중심이 되어 개인들의 자기실현, 비자본주의적 삶을 향한 다양한 주체들이 자신의 주체적 역능을 강화하여 자본주의적 삶으로의 회귀를 거부하는 사회의 유토피아적 전망(강내희, 2007)"을 가리킨다. 그리고 이들은 문화사회를 임금노동이 중시되는 노동사회에 대비시킨다. 문화사회의 비전은 생산능력의 발전보다 개인적 문화 향유능력의 발전을 중요시한다.

그러므로 자유의 확보를 위해 노동시간의 단축을 중시한다. 현재 우리가 살고 있는 시대는 고용 없는 성장이 지속되는 것이 특징이다. 그리고 청년실업문제를 비롯하여 고용문제가 심각한 상황이다. 비정규직과 아웃소싱이 범람하는 것도 이런 고용 없는 성장과 관련이 있음은 물론이다.

 이에 노동자들의 근무시간을 줄여 고용을 유지하는 대안은 노동자들의 삶의 질을 높인다는 차원에서도 바람직하다고 할 수 있다. 사회적·문화적으로도 테일러주의, 포드주의를 벗어나 소위 탈근대 사회의 흐름과 상응한다고 할 수 있다. 중요한 것은 근무시간 줄이기가 '노동해방'의 시각에서 노동자들에 대한 억압, 정치적 탄압과 문화적 지배관계에 대항한다는 점에 있다. 이런 의미에서 공동경영이 시행되고 있는 베네수엘라 국영기업인 "알카사(ALCASA)"의 근무시간 줄이기 운동은 주목할 만하다. 이 회사의 2005년 3월의 제1차 노동자 총회에서부터 '근무시간 줄이기' 운동이 시작되었다. 위에서 언급한 '사회적 생산기업' 모델과 함께 '근무시간 줄이기' 운동이야말로 20세기 초반에 있었던 소비에트 사회주의 모델과 다른 점이다. 왜냐하면 실제로 전통적 사회주의 사회에서는 소위 '천리마 운동'의 예에서 볼 수 있듯이 노동자들에 대한 억압적 과잉 노동이 지배했기 때문이다.

 베네수엘라의 '근무시간 줄이기' 운동이 지향하는 것은 단순히 근무를 양적으로 적게 하는 것에 그치는 것이 아니라 노동자와 그 가족의 삶의 질과 인간적 발전을 목표로 한다. 현재, 베네수엘라에서는 두 가지 문화적으로 중요한 일이 벌어지고 있는데 하나는 다양한 대안적 대중매체의 출현과 또 하나는 폭발적으로 사회문화 운동이 활발하다는 점이다. 이런 현상과 위에서 언급한 노동자의 '근무시간 줄이기' 운동은 서로 밀접한 관련이 있다. 많아진 여가 시간을 활용해 노동자들이 다양한 문화, 예술 활동에 직접 참여할 수 있기 때문이다. 베네수엘라 혁명은 생산능력의 발전과 동시에 사회적 연대의 틀 안에서 사회적 약자의 개인적 문화향유능력의 발전을 중요시한다. 계급에 따른 문화에 대한 차별적 접근이 거부된다. 사적 소유 또는 국가 소유가 아니라 사회적 소유를 중시한다. 베네수엘라 혁명은 자본주의와 사회주의 둘 다 중시하는 병행 전략을 구사하고 있다. 왜냐하면 경제정책에서도 자본의 사유화와 사회주의화가 동시에 진행되고 있으며 베네수엘라의 대중문화도 개인적 욕망 충족을 중시하는 미국적 라이프스타일과 동시에 반제국주의의 사회주의적 열정이 동시에 존재하기 때문이다. 또는 과정을 중시하며 전략적으로 느린 행보를 하고 있다.

예를 들어, 주민평의회와 노동자 공동경영제도, 다양한 실험적 성격의 조합의 구성 등의 급진적 민주주의 또는 사회주의를 실천하면서도 사유재산제를 인정하고 시장의 메커니즘을 존중하고 미국과의 교역이 증가하는 것을 볼 수 있다. 우리가 흔히 사회주의혁명 하면 연상되는 강제적·폭력적 수단에 호소하지 않고 지나칠 정도로 합법적 수단을 중시한다. 베네수엘라 혁명이 코뮌적 사회주의를 지향하는 혁명이란 언술은 당연히 논의의 출발점이 마르크스가 될 것이다.

마르크스는 『공산당 선언』에서 사적소유의 철폐를 코뮌주의의 과제로 삼았다. 그리고 『독일 이데올로기』와 『1844년의 경제학 철학 초고』에서 코뮌주의의 개념을 발전시켰지만 자본주의 비판의 내용에 비해 너무 빈약하다. 러시아에서의 20세기 현실사회주의혁명은 국가 소유를 통해 사적소유의 철폐를 지향했지만 "자유와 정의의 실종"으로 실패한다. 현실사회주의가 국가권력의 장악을 중요시한 것은 근대성의 틀 안에 갇혀 있었기 때문이다. 근대적 대의 정치의 관념 안에 머물고 있었다. 그리고 반혁명세력과의 전쟁에 대비하는 적대적 계급 투쟁 전략을 중시하였으므로 공동체적 코뮌주의 실험과는 거리가 멀었다.

이진경은 스피노자를 인용하며 만남을 통해 서로의 능력의 증가를 야기하는 관계를 강조하는데 이 같은 우정의 관계가 코뮌주의의 출발점이다. 그러므로 베네수엘라의 코뮌적 실험인 '주민평의회' 등이 근대적 대의민주주의의 틀을 넘어서는 실험을 하고 있는 것은 의미가 크다. 왜냐하면 대중이 주체가 되는 우정의 관계를 만들기 위해서 대의적 근대국가의 정치방식을 벗어나야 가능하기 때문이다. 주민평의회는 대중이 엘리트에 의해 지도되는 대상이 아니라 스스로 자발적으로 중요한 흐름을 만들 수 있는 공간과 조건을 가지기 때문이다. 그런 의미에서 주민평의회는 계급조직이라기보다 대중조직을 지향한다. 코뮌주의는 "사회적 소유"를 지향한다. 근대성에 의해 구성된 자유주의와 자본주의는 "사적 소유"를 일종의 자연권으로 신성시한다. 예를 들어 프랑스의 인권선언은 자유, 평등, 안전과 함께 소유를 네 가지 기본권으로 적시하고 있다(고병권, 2008).

그러나 사적 소유는 근대의 국가폭력 즉, 식민성이 없다면 성립하지 못했다. 16세기 초 근대 초엽에 사적소유가 강력한 국가 폭력으로 탄생한 맥락은 바로 라틴아메리카에 대한 유럽세력의 정복 때문이었다. 라틴아메리카 원주민을 타자로서 추방하고 배제한 것이 영국에서 일어난 엔클로저 운동이 발생시킨 폭력적 방법에 의한 사적 소유의 특징과 상응하기 때문이다. 20세기 현실사회주의혁명은 사적 소유를 국가 소유로 바꾸면 문제가 해결될 것이라 믿었다. 그러나 사적 소유가 국가폭력에 의해 생겨난 것이라면 국유로 바꾼다고 문제가 해결될 수 없었다. 당연히 그 실험은 실패로 끝났다.

근대성은 '인본주의'를 매우 중요시한다. 이 같은 '인간'의 이익을 우선하는 이념은 자본주의와 현실사회주의 모두에 공통이다. 이에 비해 베네수엘라 혁명이 가지는 주민평의회, 조합운동과 소농의 유기농업 등 코뮌적 사회주의 이념은 인간중심의 근대성에서 벗어나 인간과 자연, 생태와의 상호성의 관계를 중시한다.

고병권(2008, 134)에 의하면 "코뮌주의에서 소유한다는 것은 어떤 것에 대해 처분의 권력을 행사하는 게 아니라 그것이 사물이든 사람이든 그것과 공통의 관계를 수립하는 것을 의미한다." 그러므로 베네수엘라 혁명의 코뮌주의를 이해하기 위해서는 소유보다는 관계를 중시하는 라틴아메리카의 고유한 문화인 원주민 문화를 이해해야 할 것이다. 왜냐하면 우리의 상식을 뒤집는 맥락이 많기 때문이다.

예를 들어, 라틴아메리카의 구어문화의 크고 작은 종족사회의 지도자인 족장(Cacique)은 실제로 권력을 가지고 있지 않았다(클라스트르 2009, 15). 그러나 그들은 막강한 사회적 권위를 가지고 있었다. 원주민 사회에서는 위신에 대한 욕망을 권력에 대한 의지로 대체하는 것을 허용하지 않았다. 이 같은 철학은 폴라니의 『거대한 전환』의 인식론과 상응한다. 가장 중요한 점은 이런 사회에서는 강제적 명령-복종관계가 성립하지 않고 정치적 결정이 위계서열(폭력과 식민성)과 무관한 사회라는 점이다. 그러나 명령-복종관계의 부재는 정치권력의 부재로 인식하는 게 유럽의 정치철학의 개념이다. 의사결정은 전원합의에 의한다. 아주 급진적인 코뮌적 사회주의의 원형을 보는 것 같다. 왜냐하면 원주민 사회는 "국가 없는 사회, 국가에 대항하는 사회(클라스트르 2009, 232)"이기 때문이다. 그리고 또 하나 특이한 점은 라틴아메리카의 원주민 사회가 노동시간이 짧으면서도 경제적 여유는 충분히 누리고 대부분의 시간을 사냥, 어로, 놀이와 음주 등 즐거운

시간에 할애했다는 점이다. 즉, 고도의 문화사회였던 것이다. 더 많이 일해서 과잉의 잉여를 만들도록 하는 강제(권력)가 없었기 때문이다. 이런 점들이 라틴아메리카의 원주민 문화가 다른 지역과 다르게 오늘날의 라틴아메리카의 정치적·문화적 정체성의 초석을 놓는 데 결정적으로 기여한 요인이라고 생각한다.

클라스트르의 연구에서 흥미로운 것은 족장이 '평화의 중재자'이고 피통치자들의 끊임없는 요구를 거절하지 않고 그들에게 무작정 선물을 잘하고 설득과 중재를 위해 말을 잘하는 것이 그 조건이라고 한다. 고병권도 레비스트로스를 인용한 글에서 원주민 족장의 지도력은 그의 권력이 아니라 능력에서 오는 것이라고 한다. 족장에게 부여된 어떤 지위나 권력 보장된 영향력이 아니라 그가 남들을 위해 필요한 일을 하고 필요한 물건을 조달해줄 능력, 한마디로 남들에게 무언가를 선물할 수 있는 능력에 의해 확보된다.

이런 연구를 통해 라틴아메리카의 오랜 코뮌주의적 정치문화를 이해할 수 있다. 또한 차베스가 이런 라틴아메리카 원주민 문화의 족장의 성격을 어느 정도 구현하고 있는 것 같다. 이 같은 문화적 직관은 가르시아 마르께스의 『백년의 고독』이란 소설과 에두아르도 갈레아노의 에세이인 『불의 기억』에 잘 드러나 있다. 이 같은 점들을 고려하면 라틴아메리카의 정치문화의 뿌리는 유럽 중심적 합리주의 근대성과는 거리가 멀다고 하지 않을 수 없다.

근대성의 요지는 강제와 종속이 권력의 핵심임을 인정하기 때문이다. 또 한 가지 상식은 이런 라틴아메리카 원주민 사회는 "생계경제" 사회로서 가까스로 생활을 겨우 이어가고 경제적 잉여는 생산할 수 없는 것으로 간주하는 것이다. 그러나 실제로 라틴아메리카의 고대 사회는 많은 사회들이 종종 공동체의 연간 필요소비량에 맞먹는 잉여 식량을 생산했다(클라스트르 2009, 18). 이런 오해는 고대사회에 대한 근대성 또는 "과학적" 허위의식에서 나온 것이다. 즉, 원시인들을 "기술적인 저발전 상태에서 생계경제의 어려움을 겪고 있는 사람들"로 보기 때문이다. 16세기에 이런 라틴아메리카 원주민 사회와는 전혀 다른 정치적·경제적·사회적 맥락을 가진 유럽사회에서 온 정복자들이 라틴아메리카의 원주민 문화를 제대로 인식할 수 없었을 것이다. 오직 그들을 '야만인'으로 이해할 수 있을 뿐이었다. 구어사회가 문자사회보다 덜 성숙했다고 말할 수 없다. 이렇게 그들을 미성숙한 존재들로 인식하게 된 맥락은 헤겔로 대표되는 근대성의 일직선적 진보(역사)관에서 온 것이다. 대표적인 담론이 민족주의와 진화주의이다.

그러나 라틴아메리카에서도 아스테카 제국이나 잉카제국은 위계질서의 권력체제가 있었기 때문에 스페인 정복자들은 상대적으로 덜 낯설어 했다. 유럽인들에게 권력 없는 사회란 상상할 수 없었기 때문이다. 코뮌주의의 시각은 유럽의 엘리트와 대중의 사회관계에 대한 기존의 시각을 전복한다. 기존의 시각은 엘리트가 대중에게 대중영합적으로 다가가든 또는 대중을 계몽적으로 이끌어가든 대중을 대상화된 실체로 보았다.

예를 들어, 20세기 현실사회주의의 전위당 노선은 대중을 계몽하여 이끌어가려는 노선이었다. 대중을 미래의 사회주의 유토피아로 이끌어가려고 하고 두 개의 서로 적대적인 실체로 인식하는 계급을 중시하는 점에서 현실사회주의 노선은 철저한 근대성의 철학을 내포하고 있다. 그러나 라틴아메리카 원주민문화는 지배자가 피통치자들 즉, 대중의 요구를 끊임없이 거절하지 않고 그들의 힘, 능력, 흐름을 믿고 따른다.

　로자 룩셈부르크는 대중을 실체가 아닌 흐름으로 파악하는 혜안을 보인다. 그리고 대중을 대상이 아닌 자발적인 주체로 보았다는 점에서 그녀의 시각은 라틴아메리카 원주민문화의 성격과 상응한다. 이런 의미에서 베네수엘라의 주민평의회와 조합운동 등은 대중을 거대한 능동적, 적극적인 주체적 흐름으로 본다는 점에서 기존의 현실사회주의 노선과 다름을 알 수 있다. 그러므로 차베스가 대중을 "대중(pueblo)"으로 호명할 때 이를 기존의 20세기 사회주의혁명 노선에 고정된 동질적 실체인 인민, 민중이란 의미보다는 거대한 자발성의 불특정한 흐름으로 파악하는 것이 필요하다. 그렇다고 대중을 소비주의의 대상으로 전락한 불특정의 실체인 대중(masa)으로 이해해서는 안 될 것이다. 중요한 것은 '대중' 안에 동질적인 흐름이 아닌 서로 다른 '차이'들이 흐르고 있다는 것이다. 따라서 차베스를 지지하는 대중 안에도 서로 다른 특이성과 다양성이 당연히 존재하는 것이다.

　베네수엘라 혁명이 지향하는 코뮌주의는 대중 안의 서로 다른 차이들이 서로 돕는 관계를 구성하는 것을 말한다. 생산수단의 국유화만이 사회주의혁명의 길이 아니다. 베네수엘라 혁명은 기존의 계급투쟁적 시각의 경직된 논리를 뛰어넘는다. 현재 이 혁명은 중간계급의 군부와 민간의 사회운동의 결합이고 이 둘을 접합시키는 이념은 코뮌적 사회주의에 기초한다. 그러므로 베네수엘라 혁명은 석유를 비롯한 가스, 철강, 시멘트, 정보통신, 전기, 사회 서비스 등의 전략부문은 국유화하였지만, 20세기 현실사회주의와 같이 생산수단의 전면적 국유화가 핵심이 아니다. 대자본가들은 은행, 금융, 유통, 생산, 수송,

서비스 산업 등의 중요한 경제 분야를 전부 장악하고 있다. 베네수엘라 혁명은 그레고리 윌퍼트에 의하면 '개개인의 자기 발달'과 '모든 사람의 행복'을 동시에 실현하는 것을 사회주의로 인식하고 있다. 1999년의 헌법정신의 핵심적 가치도 바로 이것이다. 이는 다른 말로 표현하면 "급진적 민주주의"로 이해할 수 있다.

조희연이 이런 시각을 견지하고 있다. 그러나 조희연은 어떤 경로를 거쳐 이 급진적 민주주의가 사회주의와 접합되는지 그 방향에 대해서는 애매하게 처리하고 있다. 필자가 생각하기에 그 방향이 바로 코뮌주의의 모습이라고 생각한다. 무엇보다도 신자유주의가 가난한 대중을 배제함으로써 민주주의를 후퇴시키는 상황에서 베네수엘라 혁명은 반신자유주의, 즉 가난한 대중에게 강력한 사회공공성의 정책과 주민평의회를 통해 "주인공적 참여민주주의"를 실험하고 조합운동과 노동자 공동경영을 주민 스스로 실험함으로써 민주주의를 급진화시키고 있다고 평가되기 때문이다.

여기서 실험을 이해하는 엘리트의 자세가 필요하다. 왜냐하면 이미 엘리트들은 친차베스 진영의 관료라고 하더라도 무의식적으로 대중의 능력을 무시하는 성향을 가지기 때문이다. 그리고 주민평의회와 조합운동은 서로 밀접한 관련을 가진다. 주민평의회가 커다란 조직으로 의사소통의 창구가 되고 그 안에서 주민들이 서로 작은 공동체 조합을 만들어 실험하는 구조를 가지기 때문이다.

예를 들어, 주민들 중에 어떤 사람이 작은 식당을 여는 게 소원이었지만 개인적 역량이 되지 못해 실천하지 못했다면 정부의 지원을 받아 동료들과 조합을 만들어 식당을 열 수도 있다. 이런 '자조, 자립, 협동적'사고는 얼핏 생각해보면 과거 우리 사회의 "새마을운동"을 연상시키는 요소가 있는 것 같다. 그러나 전자는 주민이 주인공이 된다면 후자는 정부가 주도한다는 의미에서 정치적 지향점과 가치관과 맥락이 아주 다르다. 베네수엘라에서는 우리 경우의 근대화와 성장 위주의 새마을운동이 아니라 이런 흐름을 "내발적 발전"의 명칭으로 부른다. 그 이유는 작은 사업이지만 주민들 스스로의 발의와 조합결성과 정부지원을 합쳐 실행함으로써 경제, 사회개발의 총체적 발전전략과 연계되는 맥락을 가지기 때문이다. 반면에 우리의 경우는 수출지향적인 공업발전 전략에 의해 황폐화되는 농촌을 보호하고 통제하는 의미를 가져 총체적인 경제, 사회발전 전략과는 유리되어 있었다. 대부분의 경우, 이런 자조, 협동적 프로젝트는 주로 가족농업, 운송, 도로 및 주택 건설, 교육 등에 집중된다. 그러나 많은 경우 앞에서도 언급했지만 정부지원의 과정 중에 가난한 주민들의 소박한 소망을 이해하지 못하고 무의식적으로 과거의 관행에 젖어 정부 관료들이 이들의 새로운 아이디어를 무시하는 경우도 많다.

하지만 주민평의회와 조합운동의 진정한 가치는 설사 실패의 가능성이 있더라도 주민 스스로의 희망대로 프로젝트를 지원하는 것이 중요하다는 것을 각급 정부 관료들이 인식하는 것이 필요하다. 왜냐하면 개인적 실험이 아니라 공동체적 집단적 실험이므로 설사 실패하더라도 얻는 것이 많기 때문이다. 이런 의미에서, 주민 대중이 개인적 주체가 아니라 공동체가 되는 코뮌주의야말로 민주주의의 진짜 이름이라고 장-뤽 낭시는 지적하고 있다. 국가의 필연성을 넘는 공동체의 구성은 주민대중의 오랜 욕망이었기 때문이다.

2006년에 차베스는 경제, 생산모델을 사회화하고 자본에 대한 노동의 우위를 확보하고 사회적 소유를 강조하는 것으로 새로운 사회주의 모델을 제시했다(Chavez, Robinson 2008, 334 재인용). Lebowitz(2009, 41)는 "인간 사회의 궁극적 목적이 인간의 총체적 발전을 보장하는 것이어야 하며 우리의 선택은 분명하다. 사회주의인가 또는 야만주의인가"라고 묻고 있다. 헌법 제299조는 베네수엘라 대중의 "전반적 인간발전"을 보장하고 있다. 특히 개인들로 하여금 '주인공적 참여민주주의' 실험을 통해 자신의 자아실현을 스스로 체험하고 배우도록 하고 있다. 즉, 차베스혁명의 궁극적 가치는 '개인의 자유와 자아실현, 행복'이다. 이를 위해 미션과 주민평의회, 조합운동 등의 '사회 공공성' 정책을 펼치는 것이다. 국유화의 전단계도 아니고 배제된 빈곤층에 대한 시혜적 사회보장 정책도 아니다. 그러므로 차베스혁명은 처음부터 20세기 소련에서 있었던 국가 중심적이고 권위주의적 형식이 아니라 파리 코뮌적인 자기-통치적 경험을 중시한다. 마르크스의 저작을 비정통적으로 독해한다면 전 방위적 개발을 위한 인간의 요구의 만족은 코뮌주의 개념의 핵심임을 알 수 있다(Wilpert 2006; Lebowitz 2005, Burbach & Piñeiro 2007, 183 재인용).

코뮌주의의 관계야말로 협업과 공생적 삶을 지향하는 '여성적' 활동방식이다. 생산을 잉여가치를 추구하는 상품노동에 제한하지 않고 다양한 종류의 문화적·사회적 표현까지 포함한다. 심광현은 "개인들이 지식·권력의 복합적 네트워크에 능동적·자율적으로 참여할 수 있도록 정치제도와 조직을 탈 권위주의화하고 최대한 개방적으로 만들고 다양한 영역·지역에서 직접민주주의를 활성화시키는 것"으로 코뮌주의를 이해한다(심광현 2006, 171 각주 11, 권용선 2007, 178-179 재인용). 베네수엘라 혁명은 글로벌한 자본주의(신자유주의) 체제에 대해 반대하고 대안적 사회주의를 추구하는 것은 분명하다.

구체적인 경로는 두 갈래이다. 하나는 앞에서 본 것처럼 의회, 정당민주주의의 한계를 넘어 대중이 "주인공으로 참여하는" 주민평의회이고 다른 하나는 조합운동과 노동자 공동경영과 "노동자평의회"를 통한 코뮌주의 혁명이다. 차베스 정부의 정책은 20세기 현실사회주의 또는 마르크스주의의 국유화 방식이 아니라 사회적 소유제를 점진적으로 늘리는 것이다.

네그리에 의하면 공동체적 과정의 사회의식의 점유를 통해 즉, 사회운동을 통해 사회 전체가 일하는 것 이것이 유일한 경제성장 또는 발전의 원동력이다. 조합운동, 자주경영, 기본소득의 보장, 교육의 보편적 접근 등이 소중하다. 이 같은 비전은 국가와 시장보다 사회를 중시하는 점에서 슬라보예 지젝의 시각과 상응한다. "좌, 우, 자본주의, 사회주의 이데올로기의 오랜 딜레마를 버리도록 만드는 제2의 근대성에 대해 무슨 이야기가 나오고 있다 하더라도, 중요한 결론은 공공의 정치적 통제를 받지 않는 사기업들이 우리의 모든 것, 우리의 생존까지도 위협할 수 있는 결정을 내리고 있는 현재의 세계화된 상황에서 유일한 대안은 일종의 생산과정의 직접적 사회화에 있다(Zizek 2001, 373)." 국가, 시장, 사회의 관계에서 사회가 우위에 선다. 다시 말해 베네수엘라 혁명은 신자유주의와 자본주의체제, 즉 시장의 독점적 우위에 반대한다. 그렇다고 사유재산을 완전히 철폐하고 국유화하여 계급불평등 자체를 급진적으로 극복하고자 하는 20세기 현실사회주의혁명도 반대한다. 즉, 국가의 우위에 반대한다. 이제 남은 것은 사회가 우위에 서는 공동체적 조합운동이 상징하는 코뮌주의이다. 그러나 김창근(2010, 175)은 베네수엘라 혁명이 아직도 국유화를 광범하게 추진하지 못하여 진정한 사회주의혁명이 되지 못한다고 생각한다. 전면적 국유화는 아니지만 이미 핵심적인 부문 예를 들어 전기통신과 전력사업은 1990년대 초에 민영화된 것을 재국유화했다(Robinson 2008, 335). Nakatani와 Herrera도 "사적 활동에 압도적인 비중이 주어진 가운데 국가의 역할이 시장경제 내에 포위되어 있으므로 신헌법은 사회주의 프로젝트가 아니라(2008, 12)"고 지적한다. 이런 시각은 베네수엘라 사회에서 가장 소외, 배제된 사람들이 변혁의 주체가 되는 사회운동이 국가와 함께 체제를 변혁시키는 차베스혁명의 성격을 충분히 이해하고 있지 못하기 때문이다. 사회운동을 국가와 대립되는 것으로만 인식하기 때문이다. 그리고 현재의 차베스혁명을 국가가 주도하는 것으로만 인식하는 것이다. 왜냐면 부르주아 민주국가에서 사회주의혁명의 단계로 넘어가는 과도기적 과정에 베네수엘라가 있는 것으로 착각하기 때문이다. 국가 엘리트 정치 조직이 전위가 되어 혁명을 급진적으로 견인해야 한다는 이미 역사적으로 있었던 레닌주의적 과정만을 혁명 과정으로 무의식적으로 받아들이는 것이다. 과거의 경우 이 엘리트 조직은 공산당이었을 것이다. 한마디로 새롭고 다양한 경로에 대한 인식이 부족하다. 무엇보다 1990년대 이후 라틴아메리카 기층대중에 의해 신자유주의체제를 급진적 또는 온건하게 변혁시키는 사회운동이 들불처럼 일어난 것은 정당정치의 외곽에서(거리에서) 일어난 것임을 충분히 인식하지 못하기 때문이다. 즉, 정치 조직이 만든 변혁이 아닌 것이다.

특히 차베스가 등장하기 전 약 40여 년에 걸친 정당민주주의 체제가 아주 모범적으로 베네수엘라에서 작동되었어도 신자유주의체제 하에서 정당정치가 무력화된 맥락을 이해한다면 아무리 전위적 정당이라고 해도 의회주의 틀 안에서 할 수 있는 일이 별로 없다는 점을 인식해야 한다. 하지만 위의 시각을 가진 많은 전문가들은 그들이 생각하는 경로의 혁명의 가능성 말고는 마르크스주의적 사회주의로의 경로가 없다고 생각한다. 그러므로 차베스 개인에 의해 대중의 현실적 요구에 따라가는 현실주의 정치임을 지적한다. 그렇다면 이런 현실주의 정치는 차베스 개인의 의도에 의해 얼마든지 우경화될 수도 있다고 본다.

이런 혼선에 대해 조희연(2009, 232)은 "남미 특유의 '좌파적 민중주의'적 성격에 의한 독특한 양상으로 해석한다. 대중의 요구를 중시하는 포퓰리즘에 대해서는 앞에서 일차적 논의를 했다. 조희연은 급진적 변혁의 주체가 되는 대중에 의한 "대중운동의 현실적 역동성"에 주목해야 한다고 한다. 바로 조합운동 및 노동자 공동경영, 노동자평의회, 주민평의회를 이끄는 베네수엘라 대중의 코뮌주의 운동을 주목해야 할 것이다. 과거에는 국가권력이 독재적일 때 이를 민주화시킴으로써 민주주의를 진전시킬 수 있었다. 이제는 자본(시장)권력을 규제하고 규범화시켜야만 민주주의를 지킬 수 있다. 이를 "재민주화"라고 부를 수 있을 것이다. 어떻게 보면 베네수엘라 혁명은 역사상 처음으로 자본과 기업권력을 민주화시키려는 실험을 하는 중이다. 중요한 것은 급진적 민주주의의 시각과 자유주의의 시각이 서로 다르다는 점이다. 자유주의는 시민으로서의 개인들이 자기 스스로 입법을 원하며 대중에 의한 지배는 무책임하고 정치권력이 집중되는 위험을 견제해야 한다는 가정에 기초한다. 자유주의가 이렇게 대중의 지배를 무책임하다고 생각하는 맥락은 대중에게 직접 권력을 주면 무정부주의적이 된다고 생각하기 때문이다. 그러나 본질상 대중의 통치인 민주주의는 무정부주의적인 무언가를 내포한다.

필자가 생각하기에 베네수엘라 혁명이 이런 대중의 무정부주의적 속성을 보여주는 제도를 가지고 있다. 그 예로 대중이 통치자를 소환할 수 있는 국민소환 주민투표제를 들 수 있다. 베네수엘라 혁명이 무언가를 추구하는 목적이 있는 것 같은데 그것이 애매하고 불안하기까지 한 것은 민주주의를 이렇게 개방적으로 인식하기 때문이다.

민주주의가 무엇인가 가치 있는 것을 목적론적으로 지향한다고 생각하게 된 것은 칸트 이래의 선험적 목적론적 근대성 때문이다. 이에 비해 베네수엘라 혁명은 탈근대적 실험을 진행 중이다. 그리고 코뮌주의의 지향이 진정한 민주주의라는 주장은 민주주의가 모든 것에 열려 있는 개방된 실존임을 고백하는 것이다. 그러므로 자유주의적 시각은 베네수엘라 혁명이 대중에 의한 "주인공적 참여"를 장려하고 차베스에 정치권력이 과도하게 집중되는 것을 견제해야 한다는 의미에서 베네수엘라 혁명을 급진적 민주주의로 호명하는 것에 동의하지 못한다. 마르쿠제가 이미 지적했듯이 인류가 자유에 대한 책임과 용기를 가지기를 원하지 않는다면 자유주의의 민주주의의 담보는 불완전하고 파시즘에 쉽게 유혹당할 것이다. 베네수엘라 혁명은 신자유주의 파시즘에 대한 방파제가 되려는 실험이다. 그리고 베네수엘라 혁명과 같이 자유주의가 무시하는 대중이 직접민주주의의 주체가 되기 위해서는 진정한 혁명이 필요하다. 몫 없는 이들에게 그 동안의 몫을 나누던 방식을 변경하는 것이 민주주의이기 때문이다.

예를 들어, 주민평의회는 대중이 자기-입법하기 위해 권력에 직접적으로 접근할 수 있는 통로를 열어놓고 있다. 그리고 극소수의 부재지주들이 유휴농지를 엄청나게 가지고 있는 것을 유상 국유화하여 이를 소농들에게 분배하였다. 이런 의미에서 베네수엘라 혁명과 라틴아메리카의 많은 사회운동들이 형식적 민주주의가 사회경제적 민주주의를 위협할 때 여기에 순응하지 않고 저항한 것은 매우 중요한 역사적 가치를 가진다. 여태까지 체험하지 못한 새로운 민주주의, 즉 코뮌주의 체제를 실험하게 만들고 있기 때문이다. 많은 사람들이 코뮌주의라는 유토피아적 비전의 추구를 실현하기 힘든 몽상적 유토피아라고 비판할 것이다. 그러나 신자유주의라는 비현실적인 또 다른 유토피아에 대해 대안적 비전을 보여주는 코뮌적 사회주의도 유토피아적일 수밖에 없다. 왜냐하면 탐욕과 경쟁에 기초하는 자본주의체제가 강하게 유지되는 한 모든 사람의 현실적 행복을 담보할 수는 없기 때문이다. 그러므로 사회적 연대를 육체에 각인하고 있는 대중을 중심으로 주민평의회와 조합운동을 통해 코뮌적 사회주의를 서서히 학습하면서 자본주의를 극복할 때에만 이룰 수 있는 아주 '느린' 유토피아이다.

그러나 그 실현을 긍정적으로 기대할 수 있는 것은 라틴아메리카에서 사회운동이 가장 뜨겁게 일어난 나라가 베네수엘라이기 때문이다. 대표적인 사례로 2002년 4월의 반차베스 쿠데타 당시 수백만의 대중이 도심으로 나와 대규모 시위를 벌인 것을 들 수 있다. 또한 베네수엘라는 우파와 극우파의 사회운동도 매우 활발한 나라이다. 정치적으로 주민평의회를 통해 대중의 '주인공적 참여민주주의'가 제도화되어 있다. 경제적으로 연대와 평등성을 중시하는 사회적 경제, 연대경제의 실천이 조합운동을 통해 이루어지고 있다.

조합운동은 자본주의적·가부장적·위계서열적·식민적 맥락을 거부하는 코뮌주의의 인식과 맞닿아 있다. 그러나 실제 추진과정에서 현실적 문제들이 많이 있다. 절반 이상이 파산했거나 제대로 운영되고 있지 못하다(Wilpert 2007; Ellner 2010). 조합원들이 조합을 운영할 능력이 부족하거나 아예 돈을 횡령하기 때문이다. 이렇게 된 맥락은 조합운동을 기획하고 관리, 감독하는 행정부의 관료들의 무능과 부패를 지적할 수 있고 또한 조합원들이 아직 사회주의적 연대성과 공공적 이익을 지키는 가치에 대해 제대로 교육받지 못했기 때문이다. 조합운동만이 아니라 일부 '미션' 사업에서도 횡령 등의 부정부패와 부족한 회계능력이 발견되고 있다. 그리하여 오랫동안 차베스체제를 지지하는 기층대중도 정부부처의 관료들, 주지사 및 시장 등에 대한 강한 비판의식을 보이고 있다. 왜냐면 일부 선출직 공무원들은 차베스 정부의 적극적인 사회정책 집행을 자신들의 정치적 이익과 교환하려는 연고주의의 관행을 지속하기 때문이다. 이 같은 문제를 극복하기 위해서는 지나치게 작은 규모의 조합에 대한 지원보다는 중간규모 이상의 공장에서의 노동자평의회와 조합운동에 대한 지원이 강화되어야 할 것이다. 예를 들어, 1만 5천 개의 조립식 주택을 지은 공기업의 지원이 좋은 예가 될 것이다. 변혁적 정책들 중에서 시동은 일찍 걸었지만 성과가 가장 늦게 그리고 힘들게 진행되고 있는 것이 노동자 공동경영이다. 2005년 이후 시작된 노동자 공동경영이 차베스 정부 내의 중도적 현실주의적 가치관을 가진 고위 관료 세력이 제대로 협조하지 않고 동시에 트로츠키 주의자 등의 급진적 혁명세력은 온건한 차베스의 정책노선을 비판하는 등 혼선이 생기면서 기대한 것만큼 성과가 나오지 않자 차베스는 2008년 철강회사(SIDOR)의 국유화 이후 "노동자 공동경영"을 노동자들이 주인공이 되는 "노동자평의회"로 변화시키려고 한다. 이 같은 정책변화가 가지는 가치와 의미를 현실적인 국유화의 진전에만 시선을 보내면서 자본주의에 대항하는 사회주의적 정책으로 인식하는 것은 절반 정도의 해석에 그치는 것이다. 중요한 것은 대중의 주인공적 참여의 흐름을 노동현장에서도 노동자들의 자율적 조합운동을 통해 추구하려는 코뮌주의적 변혁을 주목해야 한다.

최근 차베스의 질병으로 인한 정치적 불안감 해소와 노동자 공동 경영을 두고 오래 시일을 끈 정치적 혼선을 해결하기 위함인지 새로운 흐름이 나타나고 있다. 예를 들어, 2011년 7월 26일, 약 2천 명의 노동자들에 의해 "사회주의 노동자평의회"를 위한 법률과 "새롭고 혁명적인" 노동법 제정을 청원하는 대규모 시위의 가두행진이 있었다. 전자는 공장에서 노조와 별도로 노동자 공동 경영이 더욱 급진화되는 계기를 가지게 되고 친차베스 진영의 헤게모니 강화를 도모할 것이다. 후자는 노동자들의 고용안정을 더욱 보장할 것이다. 1999년 이후 오랜 시간이 흐르면서 차베스 정부가 여러 정치적 위기를 맞이했어도 이를 잘 극복할 수 있었던 힘은 차베스 정부 내의 엘리트들 덕분이 아니라 기층 노동자와 대중의 사회주의혁명의 급진적 대의에 대한 변함없는 충성 때문이라고 할 수 있다. 또한 뒤집어서 해석하면 베네수엘라 혁명이 10여 년이 지났지만 새로운 노동법 하나도 제대로 추진하지 못하는 것은 반차베스 진영의 자본가 세력은 물론이고 차베스 진영 내의 현실주의적 성향의 국가기구 관료들과 노동운동의 지도부와 극좌적 혁명을 추구하는 엘리트주의적·이상주의적 진영 내부의 반대세력 때문임을 알 수 있다. 베네수엘라 혁명은 석유국가의 본질적 구조에서 축적된 국가 관료의 힘이 크다. 그러므로 국가관료 중심의 사회주의를 지향하려는 힘이 강하다. 장기적으로 베네수엘라가 자신의 석유자원에만 의존하는 종속적 구조의 경제에서 탈피하여 신자유주의체제에 의존하지 않고 자율적인 경제구조와 번영을 이룰 수 있느냐의 여부는 현재의 베네수엘라 혁명이 석유산업 외에 경제를 다양화하고 일반대중이 깊숙이 반신자유주의적 정치, 문화의 제도화를 이룰 수 있는가에 달려 있다. 아직 베네수엘라 경제는 매우 취약하다. 예를 들어 대중의 빈곤률은 약 70%에 이른다. 그리고 비공식 노동에 속하는 인구가 52.7%에 이를 정도로 문제가 많다. 여기서 석유산업 외에 국내 시장 위주의 산업의 다양화를 "내발적 발전" 전략으로 구체화하고 있다. 그런데 타이밍은 맞는 것 같다. 현재 석유생산은 정점에 이르러 몇 년 내에 하강곡선을 그리기 시작할 것이기 때문이다. 문화적으로 자기 자신의 이익만이 아니라 '타자'를 배려하는 문화를 말한다. 이런 맥락에서 차베스가 장기 집권을 노리고 있다. 내년 2012년 재선에 도전하는 데 재선의 한계를 무제한으로 하는 헌법개정이 이루어졌으므로 제도적 제약은 없다. 그리고 베네수엘라 정부의 '미션'사업 등은 기존의 자유주의적 인권의 개념에서 여러 걸음 앞으로 나아가 개인적 인권의 수준이 아닌 "사회적 인권"의 개념을 구체화하고 있다. 이런 변혁의 방향은 안토니오 네그리가 지적하고 있다. "항상적인 실험을 통해 사회의 가장 아래에 있는 사람들의 참여를 강조하고 있으므로 이 시각에서 보면 자유주의적 정치지형의 사회에서 흔히 말하는 "참여민주주의"의 방식은 매우 비효율적이다. 주민평의회와 읍·면의 행정조직이 주민들에 의해서 또는 정부에 의해서 이런 적극적 형식의 실험의 영토가 되고 있다. 이런 공간을 중심으로 공공적 가치를 중심으로 여러 힘이 한데 모이고 있어 아주 효율적이며 동시에 집단적 거버넌스 형식이 되고 있다. 결국 개인적 노동과 개인적 인권 대신에 사회적 노동과 "코뮌적 인권"이 구성되고 있는 것이다(Negri 2006, 243)."

조합운동으로 상징되는 베네수엘라 혁명이 코뮌적 사회주의를 지향한다면 "내발적 발전철학"은 그 전략이 될 것이다. 내발적 발전철학은 가장 가난한 기층대중의 생존권을 중시하는 풀뿌리 민주주의의 철학이라고 할 수 있다. 내발적 발전철학은 사회의 코뮌주의적 변혁이라는 이데올로기적 성격 이외에도 주민평의회가 실질적인 주민들의 경제적 삶의 향상에 기여토록 하는 가이드라인 구실을 하고 있다. 왜냐하면 조합운동과 달리 주민평의회는 자신의 직장이나 사업이 바쁜 사람들은 적극 참여할 수 없어 주로 경제활동과 거리가 먼 여성들과 노인들이 참여하기가 쉽기 때문이다. 그리하여 주민평의회는 시행 초기에 주로 도로와 주택의 건설과 보수에 치중하였다. 그러나 시간이 가면서 예를 들어, 2008년 이후 소규모 생산과 서비스 활동의 경제적 성격과 주민 발의적 성격이 합쳐지고 있다. 즉, 주민평의회와 조합운동이 서로 겹쳐지고 있는 것이다. 예를 들어, 카라카소 교외의 카티아에는 "내발적 발전 센터"가 있는데 그곳에서는 동네의 노동자계급 여성들이 조합을 형성하고 있다. 그녀들은 봉제공장에서 체 게바라 이미지가 들어 있는 티셔츠를 만들고 있다. 직업이 없어 놀고 있는 여성들이 주민평의회를 통해 구체적인 경제활동에 참여하도록 하는 것은 바로 내발적 발전 철학의 구현이 된다. 지금은 작은 규모이지만 이런 사업이 성공적으로 수행되면 지원규모도 늘리고 사업을 확장하여 지방의 중요한 기업으로 성장할 수도 있다. 농촌의 경우, 식품 가공업은 유망한 업종 중의 하나이다. 또한 이 같은 활동은 개인적 인권의 보호수준을 넘는 "사회적 인권"의 목표를 이루는 것이다. 이를 위해서는 두 개의 정치적 행위자의 실천이 결정적이다. 하나는 국가가 나서서 주민의 "권력화"를 가능하게 하는 것이고 다른 하나는 주민 자신이 조직 구성과 참여를 통해 사회적 연대의 가치를 실현하기 위한 정치적·경제적 주체로 변혁되는 것이다(Lopez Maya 2005, 347). 이렇게 국가와 주민이 공동의 권력을 누린다는 의미에서 20세기 러시아에서 실험했다가 실패한 현실사회주의와 결정적으로 다른 맥락을 가진다.

사회적 공공성의 문제에 국가와 주민의 이 같은 공동의 참여는 대중문화의 수준에서 소비자가 열광적으로 좋아하는 문화 프로그램에 팬으로써 직접 참여하여 동시에 생산자가 되기도 하는 현대 대중문화의 복합적 문화적 흐름과도 상응하고 고급문화이론의 작가와 독자의 공동 창작의 흐름과도 상응한다고 보여 매우 흥미롭다. 또한 직관적 수준에서 생각할 때 소규모 도시국가(Polis)들이 직접적 시민 공동체를 형성한 고대 그리스의 민주주의의 형식을 현재에 재현하고 있는지도 모르겠다. 고대 그리스의 폴리스에서도 시민 공동체가 중요했지 국가가 중요한 것은 아니었기 때문이다. 미래에 주민평의회의 활동이 비약적으로 활성화되면 상대적으로 정당의 활동은 수축될지도 모른다. 국가가 지배자로 기능하는 것이 아니라 권력을 가진 주민을 위한 "협조자, 또는 동반자"가 되는 것이다. 이런 의미에서 "공공적 사안에 대한 대중의 주인공적 참여가 개인과 집단의 '완전한 발전'을 보장하고 이의 실현을 위해 국가와 사회는 가장 적합한 조건의 창출에 의무를 가진다"는 내용의 헌법 제62조가 매우 중요하다. 이 헌법 조항의 핵심적인 내용인 "개인과 집단의 완전한 발전"이 바로 코뮌적 사회주의의 이념을 가리킨다. 바로 길거리 행상 등 비공식 노동자들에게 정부가 공적 자금을 지원하여 조합운동을 일으킨 것이 그것의 실천이다. 물론 조합운동은 현실적 추진과정에서 시행착오와 오류로 인해 실패의 경험이 있다고 하더라도 그 취지가 가지는 변혁적 가치가 줄어들지는 않을 것이다. 예를 들어, 신자유주의체제하의 정부들은 가난한 사람들에 대해 복지정책을 시행하더라도 그들에 대해 동정하고 시혜를 베푸는 식의 보상적 성격의 복지정책을 펼친다. 라틴 아메리카의 정부들 중에는 현재 멕시코의 경우가 대표적이다. 이에 비해 베네수엘라 정부의 사회정책은 총체적 성격을 가진다. 이 경우 가난한 사람들의 사회적 배제를 구조적 항상적 요인으로 파악하여 경제 모델에 대해 사회 공공성을 대폭 적용한다. 즉, 시장만능주의의 개인의 경쟁구조로만 경제를 이해하지 않는 것이다. 그리고 경제만이 아니라 문화적 수준, 국제적 수준에서도 동시에 사회공공성의 확대를 최우선적 과제로 여기는 것이다. 이런 모델의 국가를 "사회 국가"로 부를 수 있다. 국가와 민주주의의 재구성의 최고의 가치를 "사회적 배제"의 극복에 두는 모델이다. 베네수엘라는 민간기업의 비중이 더 큰 부르주아 시장경제체제를 가지고 있다. 2006년 현재 국영기업과 민간 기업이 국내총생산에서 차지하는 비중이 각각 31%, 69%이다. 그러나 국영기업인 석유회사가 베네수엘라 경제를 좌우한다고 해도 과언이 아니다. 다시 말해 시장과 국가의 관계에서 국가의 힘이 전통적으로 크다고 할 수 있다. 이 점에서 다른 대부분의 중남미 국가들과 다르고, 사회주의 정책을 펼칠 수 있는 기반이 된다고 본다. "개인과 집단의 완전한 발전"이라는 코뮌주의적 이념은 단지 물질적 차원에서만 작동되는 것이 아니라 문화적 차원의 변화도 불러오고 있다.

예를 들어, 2005년 봄에 니카라과의 시인이자 전직 문화부 장관을 역임한 에르네스토 까르데날 등을 초청한 "세계 시 포럼"이 열렸을

때 사람들이 너무 많이 행사장에 찾아와 야외 가설무대를 만들 정도
였다. 이 당시 까르데날은 베네수엘라 대중의 시에 대한 뜨거운 열정
은 베네수엘라 혁명 때문인 것 같다고 하였다. 차베스체제는 사회주
의를 내걸고 자본주의를 직접 대결하려는 것이 아니다. 자본주의체제
를 상당 기간 지속하면서 그 내부에서부터 점진적으로 '연대와 평등
성'의 코뮌적 사회주의의 가치 실현의 '영토화'로 나아가려 한다. 그
런 정치적 방향으로 나아가게 된 것은 여러 가지 맥락이 있지만 대부
분의 대중이 그것도 차베스를 열렬히 지지하는 여당인 "베네수엘라
통합사회주의당(PSUV)"의 약 5백만 기초당원들의 대부분도 사회주
의에 대한 인식을 제대로 하지 못하고 있기 때문이다(Petras &
Veltmeyer 2009, 99). 과거 러시아의 경험과 같이 이런 문제를 해결하
기 위한 급진적 수단으로 소수 엘리트의 공산당 지배체제를 도입하
지 않으려는 것이다. 이미 실패한 실험이기 때문이다. 그리하여 천천
히 자본주의를 우회하여 넘어서려는 것이다. 인식론적 다양성에 근거
한 새로운 대안적 사회관계의 형식이 실험되고 있는 것이다(Sousa
Santos 2007, xix). 자본주의체제에 반대한다고 해서 곧바로 20세기 현
실사회주의 또는 정통 마르크스주의만을 상상하는 것이야말로 유럽
중심적 인식론에 갇혀 있는 것이다.

차베스 정부의 문제는 복합적이다. 우선 야당과 민간 미디어 매체
등 반차베스 진영의 담론 공격과 여론조작이 가장 큰 적대전선이다.
이 외에 차베스 진영 안에서도 주지사, 시장 외 차베스의 측근 등 고
위 관료를 중심으로 한 중도파 또는 현실주의자들이 있고 기층대중
의 지지를 중심으로 한 급진적 좌파들 사이의 갈등과 분열이 있다.
이 같은 갈등의 예로 현재 베네수엘라의 대표적 노동조직인 UNT 안

에도 노조의 완전독립을 주장하며 차베스를 비판하는 세력과 차베스를 적극 지지하는 세력의 갈등이 있다. 그러나 양 그룹 모두 가난한 노동자들의 비공식·비정규 노동을 철폐하지는 못하고 있다. 그리고 농민운동 조직 "에세키엘 사모라"의 농지개혁운동도 지주들이 고용한 암살단에 의한 농민운동 지도자에 대한 암살의 비극이 있다. 여기에다가 극좌파의 강한 차베스 비판세력이 있다. 급진좌파들은 2003년 이후 헤게모니를 가져왔지만 2007년 12월의 국민투표 패배는 중도파에 유리하게 되었다. 양측의 갈등의 결정적 계기는 2007년 12월의 차베스의 무기한 재선을 위한 국민투표 부결상황이었다. 이 국면 이후 중도파는 한 걸음 더 부르주아에 가까이 다가갔다. 문제의 고리는 즉, 차베스 정부의 아킬레스건은 기초식품을 중심으로 한 공급부족과 이로 인한 인플레였다. 반차베스 기득권층은 경제문제를 정치적 계산을 통해 더욱 악화시켜왔다.

그러나 차베스 정부도 사회적 공공성 지출 책이 장기적으로 생산적 투자에 향하지 않고 단기적 포퓰리즘적 계획들에 지출되어 인플레를 유발할 수 있음을 인식해야 한다. 이에 대해 고위 관료가 중심인 현실주의적 중도파는 가격통제의 정부 조치를 철회시켜 인플레가 다시 유발되는 내재적 모순을 이용하여 사회적 변혁을 지연시키고 있다. 인플레로 인해 우파와 극좌파는 차베스 정부를 강하게 비판할 수 있었고 대중의 헤게모니를 많이 빼앗아갔다. 인플레 문제 해결의 구조적 전략은 공급능력의 확보에 있다. 그러나 투자, 고용, 생산, 금융, 유통 등을 잡고 있는 것은 부르주아 우파이므로 문제 해결이 쉽지 않은 것은 당연하다. 그러나 인플레 문제해결은 우파와 극좌파의 공격과 미국의 개입을 막을 수 있는 중요한 전선이다. 그러므로 더 날카로운 정책 집행능력을 보여야 할 것이다. 예를 들어, 조립식 주택과 비료회사에 대한 새로운 정부투자와 식량공급의 증대를 위한 정책들이 그것이다. 그리고 전면적 국유화는 아니더라도 전략적 산업의 국유화를 늘릴 수밖에 없다. 실제로 시장에 그렇게까지 상품공급의 부족이 없었음에도 불구하고 우파의 민영 미디어(예를 들어 일간지 "엘 우니베르살")는 이를 과장했다. 또한 지나치게 낙관적으로 차베스 정부가 정책 목표를 높게 잡는 것도 문제이다.

예를 들어, 2008년 초 공공지출을 통해 실업률이 8.5%로 줄었지만 정부는 2009년 현재 실업률을 5.5%로 잡고 있는데 이는 세계경제의 지속적 위축을 고려할 때 지나친 것이다. 또한 중도파는 2007년 말의 국민투표 실패 이후 "좌파의 숙청"을 통해 차베스 인근의 보좌관들과 핵심 포스트의 장관들을 교체시키는 데 성공한다. 이같이 고위 관료의 혁명에 대한 인식부족 때문에 생기는 문제들은 많다. 예를 들어, 2008년 초 다국적 철강회사인 SIDOR의 노동자들이 노예적 노동조건에 항의하여 파업을 하는 것에 대해 노동부 장관은 기업의 편에 서서 볼리바르주의 주지사가 파업을 해산시키기 위해 군 병력(국가경비대)을 부르도록 했다. 이들 군 병력은 파업을 폭력적으로 진압했다. 여기서 드러나는 것은 국가 경비대가 오랫동안 노동자에 대한 차별의식과 기업가에 대한 호의적 태도를 지녀왔다는 점이다. 결국, 차베스는 국유화 조치를 취한 후 "노동자평의회"가 효율적으로 사회주의적 회사경영을 하도록 하였다.

하지만 불안한 상황의 징후는 한 번 더 있었다. 작년 2010년 9월의 총선에서 차베스 진영은 승리했지만 그 차이가 적어졌기 때문이다. 최근 2011년 이런 정치적으로 민감한 흐름에 대해 베네수엘라의 저명한 지식인인 에드가르도 란데르는 말하고 있다. "베네수엘라 혁명은 수직적(관료적) 의사결정과 권력의 집중을 가져오는 경향에 맞서 민주적 참여의 대중적 요구에 기초해야 하는 서로 모순적이고 역동적인 상황에 있다. 그런데 2010년 12월부터 새로운 정치지형이 만들어지고 있다. 대통령의 권한을 강화시키는 새로운 수권법의 통과로 의회 권력이 약화되고 있고 이는 정치적 논쟁과 공공영역의 축소를 가져오고 있다. 그리고 2010년 9월의 총선에서도 차베스 지지세력이었다가 현재는 야당이 된 '모든 이를 위한 나라당'(PPT)의 득표를 감안하면 실질적으로 야당 세력이 투표의 52%를 얻은 것이나 마찬가지다. 차베스가 실질적으로 진 것이다. 또한 2009년의 선거법이 비례대표와 소수 세력의 대의를 제약했고 선거구도 수정했다. 그 결과 여당인 '베네수엘라 통합 사회주의당'(PSUV)이 의회 다수를 점하고 있어도 카라카소 시장은 야당에게 돌아갔다.

그러나 더 큰 문제는 야당은 제쳐두고 오랫동안 차베스를 지지했던 사회세력도 현재의 정치 상황이 악화되고 있다는 인상과 불안감을 가지고 있다는 점이다. 그리고 야당이 일부 기층대중에게 지지를 넓혀가고 있다. 2010년 12월의 여당 핵심부의 내부 문건에 의하면 가장 큰 문제는 집단적 리더십의 부족과 토론과 논쟁의 부재를 지적하고 있다. 야당은 갈수록 힘을 얻고 있고 그들이 외부적으로는 정책 프로그램이 없다고 하지만 실제로는 베네수엘라를 다시 신자유주의 체제로 끌고 가려는 계획을 가지고 있다. 급진적 민주주의는 실제로 여러 방향으로 분산되는 것이 당연하다. 그러므로 더욱 더 참여폭의 확대와 논쟁의 개방과 제안의 복수성이 담보되어야 하는데 실제로는 수직적(관료적) 의사결정과 권력집중의 방향으로 가고 있다(Lander

2011, 1)." 라틴아메리카의 좌파적 변혁에 대해 우호적 시각을 가진 지식인들도 깊은 우려를 보여주고 있는 중요한 지적은 집권한 차베스 세력의 정치적 행보 또는 전개가 기층대중의 사회운동의 퇴조와 함께 하고 있으며 집권세력 내의 집단적 토론과 논쟁이 활발하지 않고 계급권력이 재부상 한다는 것이다.

란데르는 차베스 개인의 리더십이 아니라 정부 여당 전체에 의한 집단적 리더십이 필요하다고 주장한다. 그리고 이를 위해서는 차베스 진영 내부의 이견을 치열한 내부 토론을 통해 해결해야 함을 역설하고 있다. 또한 정부 내의 고위 의사결정 그룹들이 좀 더 이익이 서로 충돌하는 사회 부문들의 갈등 조정의 역할을 더 세심하게 할 필요가 있음을 강조하고 있다. 일부 극좌파들은 차베스 개인의 지나친 권력 집중을 비판하며 "보나파르티즘"이라고 하지만 이는 차베스의 분명한 사회주의 노선을 알면서도 극우적 흐름으로 해석하고 비판하는 것으로 설득력이 없다. 하지만 차베스 진영 내의 급진파들도 '21세기 사회주의혁명'의 수사적 언술이 화려하여 소위 말하는 '공중전'에는 능력이 있는지 모르지만 이 혁명노선을 구체적으로 가난한 도시 노동자들의 요구에 연계시키는 데는 부족한 것 같다. 이런 틈새를 노려 우파는 인플레와 소비재 부족을 더욱 부추겨 가난한 노동자들의 구매력 저하를 가져왔고 이로 인해 많은 노동자들이 2007년 12월의 국민투표에 기권하게 만든 것이다. 차베스 진영은 인플레를 고리로 한 반차베스진영의 공격(2007년 12월의 국민투표 부결)에 대해 2008년 3월 정치적 반격으로 "베네수엘라 통합사회주의당(PSUV)"을 새롭게 창당한다. 그러나 차베스 진영의 가장 강력한 정치적 무기는 '주민평의회'에 있다. 차베스 정부의 조합운동 등 '사회경제' 정책방향은 유럽과 라틴아메리카 여러 나라들에서 이루어지고 있는 자본주의체제 안에서의 '연대경제' 또는 '사회경제'의 움직임과도 아주 긴밀한 상응성을 가진다. 그러나 이들 '연대경제' 즉, 새로운 협동조합운동은 나라에 따라 다양한 편차를 보이지만 베네수엘라 혁명과의 차이점은 베네수엘라 혁명은 조합운동 그 자체가 중요한 것이 아니라 이를 통해 점진적으로 자본주의를 넘어서려는 사회주의 비전을 가지고 있다는 점이다. 그러므로 베네수엘라 혁명과 '연대경제' 기획과 친화성을 가지는 것에 동의하지만 이를 코뮌적 사회주의혁명으로 호명하는 것이 현재와 미래의 구조적 변혁의 의미를 더 잘 표현한다고 생각한다.

라틴아메리카의 급진적 사회적 변혁을 설명하는 도구로 마르크시즘을 포함하여 유럽 중심적 지식에 의존하는 경우가 보통이다. 그것은 유럽 중심적 지식이 보편성을 가지고 있기 때문일 것이다. 그러나 라틴아메리카의 맥락에서는 원주민 문화가 가지는 '공동생산' 그리고 '공동소유'의 문화적 전통이 있음을 놓쳐서는 안 될 것이다. 현재의 국제정치, 경제지형은 베네수엘라가 급진적 민주주의와 코뮌적 사회주의혁명을 수행하기에 좋은 조건이 진행되고 있다. 미국의 경제위기가 지속되고 있고 전 세계적으로 자본주의 또는 신자유주의의 한계가 뚜렷해지고 있어 베네수엘라의 혁명이 가지는 대안적 실험의 가치가 주목되고 있다. 그리고 미국의 국력이 쇠퇴하고 경기침체에서 제대로 벗어나고 있지 않아 베네수엘라에 대한 과격한 조치를 감행하기가 쉽지 않은 여건이다. 그리고 미국의 달러화 위상의 하락과 함께 세계적으로 다극의 경제질서를 모색하는 상황에서 중국과의 긴밀한 협력과 베네수엘라가 가지고 있는 엄청난 매장량의 석유는 커다란 자원이 되고 있다. 그리고 그동안 석유에 국가 경제가 전적으로 의존하며 제대로 발전시키지 않았던 농업에 대해 차베스 정부가 적극적인 정책적 관심을 기울이고 있는 것도 장기적으로 베네수엘라 경제에 큰 힘이 될 것이다. 농사를 짓고 싶어도 일을 할 수 없었던 토지 없는 가난한 농민들이 많고 콜롬비아의 정치적 폭력에 휘둘려 베네수엘라를 찾은 난민들도 많아 적극적이고 효율적인 정책집행이 있을 경우에 농업이 발전할 수 있는 여건은 마련되어 있는 셈이다. 특히 많은 거대 지주의 유휴농지를 정부가 국유화하고 있고 현재 유기농업을 지향하고 있으므로 더욱 전망이 밝다. 농업의 발전은 차베스 정부의 골칫거리인 기본식품의 인플레를 해결할 수 있다. 또한 차베스 정부는 원유가가 높아지는 경우 외국의 메이저 석유회사들로부터 로열티로 받는 정부 수입의 비율을 대폭 올려놓았다.

예를 들어, 배럴당 70달러가 넘는 경우 50%, 100달러가 넘는 경우 해당 석유회사의 이익의 60%를 수령할 수 있다. 이를 통해 전략적 산업 부문의 국유화에 쓸 자금이 충분한 것이다. 이 같은 요소들은 현재의 글로벌위기가 금융위기, 에너지위기 그리고 식량위기 때문이다. 그리고 아직까지 차베스는 광범한 대중의 지지를 받고 있고 특히 군부의 안정적 지지를 받고 있다. 투표권자의 약 65%의 지지를 받고 있고 거의 50%의 베네수엘라인들이 사회주의체제로의 변혁에 찬성하고 있다. 차베스 정부는 매년 4만~10만 개의 주택을 국가가 공급할 계획이고 비공식부문의 노동(행상 등)을 줄이고 새로운 노동법 시행과 함께 노조조직률을 80%로 높일 계획이다. 주민평의회의 강화를 통한 국가, 지방 공무원의 부정부패를 줄이려는 전략도 추진 중이다. 차베스 혁명이 추진해야 할 과제는 너무 많다. 예를 들어, 전체 국민이 혜택을 받는 의료보험을 설립해야 한다. 그리고 치안문제의 해결도 시급하다.

| 참고문헌

강내희(2007), 「코뮌주의와 문화사회」, 『문화 · 과학』, 제50호, 2007년 여름, pp.50-74.

권용선(2의 연구007), 「생태적 문화사회와 여성의 새로운 삶?」, 『코뮌주의와 문화사회』, 문화 · 과학, 제50호, 2007 여름, 문화과학사, pp.169-184.

김창근(2010), 「베네수엘라 볼리바리안 혁명의 21세기 사회주의 건설운동」, 『마르크스주』, 19, 제7권 제3호, 한울, pp.138-181.

심광현(2007), 「맑스적 코뮌주의의 '문화사회적' 성격과 이행의 쟁점」, 『코뮌주의와 문화 사회』, 문화 · 과학, 제50호, 2007 여름, 문화과학사, pp.23-49.

이진경·고병권(2008), 『코뮌주의 선언』, 교양인.

이매누엘 월러스타인(1993), 『역사적 자본주의, 자본주의 문명』, 나종일·백영경 역, 창작과 비평사.

정성진(2006), 『마르크스와 트로츠키』, 한울.

조희연(2009), 「환호와 위기 속에서 전개되는 베네수엘라 혁명, 그 성격과 함의」, 『진보평론』, 제39호, 2009년 봄호, pp.213-244.

_____(2010), "급진민주주의론의 정립을 위한 한 탐색", 『마르크스주의 연구』, 제7권 제3호, 2010년 가을호, 한울, pp.273-307.

피에르 클라스트르(2009), 『국가에 대항하는 사회』, 홍성흡 역, 이학사.

칼 폴라니(2010), 『거대한 전환』, 홍기빈 역, 길.

Bruce, Iain(2008), The Real Venezuela, London: Pluto Press.

Burbach, Roger and Piñeiro, Camila(2007), "Venezuela's Participatory Socialism", Socialism and Democracy, Vol.21, No.3, pp.181-200.

Ellner, Steve(2010), "The Long-Standing Debate over Social Movements and SocialPrograms played out in Venezuela", 5 · 18민중항쟁 30주년 기념 국제학술대회, 5 · 18기념재단, 2010. 5. 26-28, pp.255-271.

_____(2011), "Venezuela's social-based Democratic Model: Innovations and Limitations", Journal of Latin American Studies, no.44, http://venezuelanalysis.com, pp.1-13.

Harnecker, Marta (2005), Los desafios de la cogestión, Caracas: La Burbuja

Lander, Edgardo(2011), "Interview: The Path for Venezuela can not be Neoliberalism or Stalinism", http://venezuelanalysis.com/print/6117, pp.1-3,

(2011. 4. 8. 출력).

Lebowitz, Michael A.(2009), "The Path to Human Development- Capitalism or Socialism?", Monthly Review, Feb. 2009, Special Supplement, pp.41- 63.

Lopez Maya, Margarita (2005), Del viernes negro al referendo revocatorio, Caracas:Alfadil.

Molina, Ernesto Molina(2007), En busca de una teoría crítica, Caracas: el perro y larana.

Nakatani, Paulo and Herrera, Remy(2008), "Structural Changes and Planning of the Economy in Revolutionary Venezuela", Review of Radical Political Economics,http://rrp.sagepub.com/content/40/3/292, pp.292-299.

Negri, Antonio & Cocco, Giuseppe(2006), GlobAL, Buenos Aires: Paidós.

Petras, James & Veltmeyer, Henry(2009), Espejismos de la izquierda en AméricaLatina, Buenos Aires: Lumen.

Robinson, William I.(2008), Latin America and Global Capitalism, Baltimore: Johns Hopkins Univ. Press.

Sousa Santos, Boaventura De & Avritzer, Leonardo(2005), "Introducción: para ampliar el canon democrático", in Democratizar la democracia, México: Cfe, _____(2007), "Opening Up the Canon of Knowledge and Recognition of Difference", Another Knowledge is possible, New York: Verso.

Vich, Victor(2005), "Las políticas culturales en debate : lo intercultural, lo subalterno y la dimensión universalista",El estado está de vuelta :desigualdad, diversidad y democracia, Lima: IEP.

Wilpert, Gregory(2007), Changing Venezuela by taking power, London: Verso.

Zizek, Slavoj(2001), El espinoso sujeto, Buenos Aires: Paidós.

<인터넷 매체>
http://www.aporrea.org
http://www.rebelion.org
http://venezuelanalysis.com

07.
ALBA: 탈식민적 라틴아메리카 통합운동

차베스와
베네수엘라
혁명

　남미 독립의 영웅 시몬 볼리바르는 1783년 카라카소에서 태어났다. 시몬 볼리바르는 두 가지 점에서 차베스혁명의 뿌리가 되고 있다. 하나는 국내적으로 가장 가난한 사람을 포용하려는 사회정의와 형평성 추구의 철학을 실천한 점이다. 볼리바르는 1819년의 앙고스뚜라 연설에서 "가장 완전한 정부체제는 가능한 한 가장 큰 행복과 사회보장과 정치적 안정을 만들어내는 데 있다"고 하였다. 다른 하나는 국제적으로 북쪽에 있는 미국이라는 강대국에 꿀리지 않는 중남미 대통합의 비전을 정력적으로 추진한 점이다.

　볼리바르는 1815년 자신이 쓴 『자메이카의 편지』에서 "미국이 하나의 연방으로 커가고 있는데 이에 대항하여 중남미도 하나로 합쳐야 한다"고 하였고, "……전체가 하나의 연방국가로 되는 것이 불가능하다면…… 강력한 자유주의 국가들을 건설한 뒤 이들 국가 간의 연합을 이룰 것"을 역설했다.

　라틴아메리카에서는 현재 '일국 안에서의 사회주의 건설'이라든지 단순히 몇 나라에서의 '좌파정부로의 선회'를 넘어 역사상 초유의 라틴아메리카 통합의 상호 의존적 과정이 열리고 있다. 아르헨티나, 브라질, 베네수엘라에 의해 정치, 경제 그리고 인프라의 통합이 추진되고 있다. 비록 아직 초기단계이지만 '남미 가스관 공사' 또는 '남미은행' 프로젝트 그리고 브라질과 아르헨티나가 IMF와 합의한 외채의 전액 상환 등에서 이와 같은 새로운 남미 건설의 물질적 기초가 나타나고 있다. 또한 각국 일반대중이 구체적인 삶의 사회경제적 권리를 보장하기 위한 급진적 민주주의를 지향하고 있다. 이 두 가지 성격은 미국 주도의 기본구도인 '워싱턴 컨센서스'의 약화를 의미한다.

네그리에 의하면, "현재의 라틴아메리카의 통합 운동은 고립주의적인 반제국주의적·배타적 옛 구도로의 복귀를 의미하는 게 아니라 라틴아메리카의 통합을 시작으로 전 세계 지역과 블록 시장들과의 통합을 전개하는 기초 전략'으로 이해해야 한다. 네그리는 지적하길 "우리는 지금 역사적으로 왕권의 권력위기를 살고 있다. 마치 중세에서 근대로의 이행에서 나타났던 특징과 같이 주권적 권력의 위기가 나타나고 있다. 그러므로 모든 개념적 또는 현실적 주장에 대해 열린 자세를 요구받는 과도기에 있다"고 한다. 매우 통찰력 있는 지적이라고 본다. 이 글로벌한 위기에 맨 먼저 적극적인 대응을 펼치는 지역이 바로 라틴아메리카이다. 베네수엘라는 독립 영웅 시몬 볼리바르를 배출한 국가이다. 운명적으로 볼리바르의 유산을 달성하지 않으면 안 된다. 즉, 라틴아메리카의 통합이다. 그런데 베네수엘라 정부의 여러 가지 정책들 중에서 가장 워싱턴과 각을 세우는 것이 바로 탈식민적 라틴아메리카 통합운동이다. 1990년대 초부터 미국은 나프타를 통한 멕시코와의 자유무역협정 외에 칠레와 쌍방 자유무역협정을 맺었고 최근 콜롬비아와 파나마와의 자유무역협정 비준에 공을 들이고 있기 때문이다. 이런 흐름을 깨트리는 베네수엘라 정부의 움직임을 미국이 좋아할 리가 없다. 탈식민적 성격의 라틴아메리카의 통합운동이 출현하게 된 맥락은 베네수엘라와 쿠바의 긴밀한 협력 때문이다. 베네수엘라와 쿠바 사이에는 스페인의 정복과 학살, 노예제도와 무엇보다 인종주의와 식민주의에 대한 투쟁에서 역사적 공감대가 많다. 특히 베네수엘라의 시몬 볼리바르와 쿠바의 호세 마르티에 대한 두 나라 대중의 공감대는 아주 크다. 그리고 두 나라의 상호 교차적 비전 제시는 양국의 민중에게 환영받을 수도 있다.

차베스가 처음 쿠바를 방문한 것은 1994년 12월이다. 차베스가 카스트로를 아바나 공항에서 만났을 때 극진한 환영에 감사하지만 나중에 다시 이런 환영을 받고 싶다고 언급했다. 이 당시 차베스는 그의 강한 정치적 의지를 보인 것이다. 그 후 정확히 10년 뒤인 2004년 12월 차베스는 다시 쿠바를 방문한다. 이 당시 환영연설에서 카스트로는 차베스와 사이에 "미주 민중을 위한 볼리바르 대안협정(ALBA)"을 서명하게 되었음을 발표한다. 차베스와 카스트로의 강한 연대의 기초는 수백 년 동안 지속된 '북'의 야망에 맞서 라틴아메리카의 독립을 지키기 위해 하나로 통합된 볼리바르와 호세 마르티의 꿈이 담긴 라틴아메리카의 이미지이다. 카스트로는 차베스가 펼치는 정책을 지지하며 21세기가 "대중이 주인이 되는 세기"임을 강조한다. 베네수엘라 혁명은 혁명 초기부터 쿠바와 상호 실질적 도움을 주고받고 있다. 그중의 하나로 라틴아메리카의 가난한 대중의 이익을 위한 라틴아메리카 통합운동인 ALBA에 쿠바의 의사와 교사들의 도움이 절대적이다. 쿠바는 1990년대 초 소련의 몰락 이후 위기를 맞았으나 특히 중국의 전폭적인 투자 및 무역지원, 차베스체제와의 협조, 쿠바출신 미국인의 달러 송금, 쿠바의 전 세계적 관광지로의 부상 등의 요인으로 위기가 완화되고 있다. 특히 ALBA는 물물교환 방식으로 차베스 정부는 쿠바에 원유를 특별가격으로 공급하고 쿠바는 의사 등의 서비스로 결제하도록 하고 있다. 신자유주의체제는 많은 하위계급의 대중을 소외, 배제하고 있다. 이 같은 자본주의의 세계화흐름에 맞서 대안적 세계화의 흐름으로 차베스 정부의 주도로 2004년 12월에 출범한 새로운 성격의 라틴아메리카 통합운동이 ALBA이다. 핵심적 가치는 대중, 주권 그리고 비-자본주의적 연대 경제이고 지향하는 최종목표는 라틴아메리카 대중의 정치적 통합이다. 기존의 역내 자유무역협정 또는 공동시장 협정이 역내의 무역 및 투자의 증진을 통한 경제발전을 목표로 하여 역내 국가들의 기업의 이익을 추구하는 것과 본질적으로 가치지향이 다르다. 가치들 중에서 가장 중요한 것은 '대중'이다. 라틴아메리카를 이해할 때는 소수의 과두적 엘리트계급과 수많은 대중계급으로 나누어 보는 것이 정치사회적 맥락에 적합하다. 그런 의미에서 오랫동안 대중의 실질적 이익을 중시하지 않는 라틴아메리카 지역통합 운동은 실패할 수밖에 없었다. ALBA의 가치는 바로 대중의 이익을 중시한다는 데 있다.

ALBA는 현재 8개국이 참여하고 있다. 현재 회원국은 안티구아-바르부다, 볼리비아, 쿠바, 도미니카, 에콰도르, 니카라과, 산 비센트-그라나다니스, 베네수엘라로 8개국이다. ALBA는 19세기 이래의 근대적 국민국가의 틀을 넘어 가난과 사회적 배제와 싸우며 대중의 이익을 지키기 위해 상호연대를 강조한다. 국가 사이의 협력을 '기브 앤 테이크'의 합리적 근대성의 시각이 아니라 라틴아메리카의 전통적 가치인 "함께 나누는 이익"의 추구에 기초하는 것이다. 바로 ALBA가 기여하는 새로운 것이 이것이다. 가난과 싸우기 위해 "협력된 또는 함께 나누는 이익"의 추구이다. "함께 나누는 이익"이란 의미는 이들 대중의 이익의 차원에서 각국은 그들의 자연적·사회적 이익을 나누기 위해 협력하는 것이다. 그리고 라틴아메리카 지역의 경제적 독립을 목적으로 한다. 두 가지 점이 강조되어야 한다. 첫째는 근대국가의 기본 프레임은 각국의 주권자인 시민의 복지와 안전을 보장하는 것이라면 ALBA는 이 근대국가의 틀을 넘어 다른 나라의 대중의 복지를 위해서도 서로 협력하고 이익을 나눈다는 탈근대의 의미를 가진다. 둘째는 이런 철학을 현실화시키기 위해서는 신자유주의체제가 끼치는 유·무형의 종속의 압력으로부터 경제적 독립을 가져야 되는데 가장 좋은 전략이 라틴아메리카 통합운동이다. 즉, '선물주기'의 철학을 실험하려는 것이다. 물론 현실적으로 여러 가지 장애도 많고 이질적 요소도 많아 얼마만큼 이 실험이 성공할지에 대한 평가는 아직 애매한 점이 많다. 그리고 ALBA는 기존의 협정과 달리 꼼꼼히 문서로 규정하는 협정이라기보다 큰 원칙을 선언하는 성격의 협정이고 그 추진속도도 매우 느리고 비효율적이기까지 하다. 그러므로 보는 시각에 따라서는 문제가 많은 것으로 보일 수 있다.

하지만, 중요한 것은 ALBA는 인식론적으로 비유럽적 '인식론적 다양성(Coronil 2007, 205)'의 세계관에 기초한 대안적 질서를 추구한다는 점이다. ALBA는 회원국들 사이에도 위계서열적 차별 대신에 수평적 연대를 중시하고 가장 가난한 대중에 대한 교육과 의료 등의 연대성을 중시한다. 즉, 비-자본주의적, 탈식민적 성격을 가진다. 이는 단순히 과거의 인종차별주의 또는 식민주의로부터의 이탈을 뜻하는 것이 아니다. 식민주의와 달리 식민성은 대중의 일상생활뿐 아니라 국가 사이의 관계의 모든 차원, 모든 장, 모든 수준에서 작동되기 때문이다. 그러므로 신자유주의를 넘어서려는 변혁운동도 또한 모든 차원, 모든 장에서 작동되어야 한다. 바로 베네수엘라와 볼리비아, 에콰도르, 쿠바 등 ALBA 가맹국들의 국경을 넘어서는 대중에 대한 의료와 교육서비스의 확대와 국제적 협력의 연대성은 베네수엘라 국내의 '미션'사업과 조합운동 등의 연대성이 확대된 것으로 이해할 수 있다. 동시에, ALBA는 유럽 중심적 개인주의, 합리주의 철학의 핵심적 가치로 구현된 '역사는 진보와 발전의 길로 나아가지 않으면 안 된다'는 보편적·계몽적 명제로부터의 이탈이다. 유럽 중심성으로부터의 이탈은 개인주의와 일국발전주의를 뛰어넘는 운동이다. 왜냐하면, 유럽 중심적 근대성은 발전과 진보에 모든 인류의 역사를 도구화시키기 때문이다. ALBA는 개인주의와 합리주의적 등가성을 넘어 자본주의체제를 유지하면서도 점진적으로 비자본주의적 거래방식인 '선물주기' 철학을 중시하는 운동이다. 폴라니(2009)는 개인주의적 가치와 사회적 삶의 가치의 발견을 통해 공동체적 삶 안에서 인간을 총체적으로 파악하며 시장경제 너머의 상호문화성을 주장한다. 그러므로 ALBA의 이익은 기업이 아니라 그 철학에 동참하는 지역국가들의 대중에게 돌아간다. 1990년대 이후 라틴아메리카 통합운동을 이끈 사회운동의 주체는 엘리트 지식인이 아니라 '몫 없는 사람들'이다.

랑시에르는 "지배가 자신의 정당성의 감각적 확실성을 부과하기 위해 쓰는 감각적인 것의 나눔(몫의 나눔)을 불일치하게 재편성하는 정치, 권력을 행사할 자격을 갖지 않은 자들의 역설적 권력인 민주주의(2008, 18-19)"의 존재를 강조하고 있는데 실제로 존재함에도 불구하고 그들의 목소리가 들리지 않게 되어 아예 몫이 나누어지지 않는 사람들을 지칭한다. 여기서 몫은 일자리, 주택, 교육, 건강 등을 들 수 있다. 예를 들어, 비정규직 노동자, 외국의 이주노동자 등의 비인권적 상황을 연상하면 쉽게 이해가 된다. 1990년대 이후의 라틴아메리카에서 대중의 강력한 민주주의의 흐름은 그들의 삶을 억누르는 신자유주의체제를 반대하는 운동으로 나타난다. 그러므로 지역 통합운동을 바라볼 때 이것이 대중을 위한 것인가? 또는 기득권층을 위한 것인가?의 문제의식이 필요하다.

미국이 주도한 라틴아메리카 전체의 신자유주의 모델에 기초한 통합 프로젝트인 ALCA(범 미주 자유무역협정)는 2004년 말까지 협상을 끝내고 2005년 1월 1일부터 발효시킬 구상이었다(Lander 2004). 오스발도 꼬이홀라에 의하면 이 당시 미국의 대 중남미 정책은 일본과 유럽에 대항하여 중심부 세계의 내부적, 독점적 경쟁에서 결정적 무기로 사용하기 위해 라틴아메리카 대륙에 대한 정치적 헤게모니를 강화하고 경제적 식민화를 심화시킬 조치들을 추진하고 있었다. 그러나 라틴아메리카의 사회운동세력은 이미 1990년대부터 브라질을 중심으로 하여 1994년에 출발한 "나프타" 모델을 확장시키려는 ALCA 구상에 반대를 하고 있었다. 브라질에서는 2002년에 ALCA에 대해 주민들이 자치적으로 찬반투표를 행해 1천만 명 이상이 참여했고 95% 이상이 ALCA에 반대했다. ALCA가 통과되면 미국이 주도하는 경제위원회에 모든 통상, 경제, 투자정책이 이관되어 공기업의 민영화정책이 추진되리라는 것을 알 수 있었기 때문이다. 1997년에 ALCA 준비를 위한 각료회의와 병행하여 브라질의 베요 오리손테에서 ALCA 반대를 위한 모임을 가졌고 그 결과 1998년에 칠레의 산티아고에서 제1차 '미주 민중정상회의'가 개최되었다(Petras 2004, 145-146).

1994년의 사파티스타 운동도 라틴아메리카의 통합을 강조하고 있었다. 그런데 2003년 초부터 정치지형이 바뀐다. 2003년 2월에 미국의 이라크 침공이 있었고 2003년 9월에는 칸쿤 WTO회의가 협상붕괴로 이어졌고 2003년 12월 마이애미 ALCA협상도 붕괴된다. 2003년 5월에 집권한 키치네르 대통령이 IMF의 지도에 무조건 순응하지 않으며 주요 공공서비스의 재국유화를 단행한다. 즉, 메르코수르의 변화가 있었다. 아르헨티나의 경제위기 이후 대중에 의한 정권 교체를 통해 신자유주의 추종노선과 거리를 두는 키치네르의 개혁정책이 2003년부터 실시된 것이다.

차베스가 처음으로 '라틴아메리카와 카리브 국가연합'에 대한 생각을 비공식적으로 밝힌 것은 1998년 12월에 당선자 자격으로 브라질을 방문했을 때였다. 그리고 2001년 12월 베네수엘라의 마르가리타 섬에서 개최된 카리브 국가연합 정상회담에서 차베스 대통령은 '미주 볼리바르 대안'을 공식적으로 제안한다. 그리고 2003년 8월의 '라틴아메리카 통합 연맹(ALADI)'의 포럼에서 ALCA에 반대하는 ALBA 구상을 밝힌다. 라틴아메리카 사회운동단체들의 반신자유주의 구상을 앞에서 대변한 것이다. 이때부터 카리스마 있는 차베스와 라틴아메리카 대중의 강력한 요구가 서로 결합하는 결정적 계기가 된다 (Torre 2009, 205). 2003년이 결정적인 해이다. 베네수엘라 국내에서도 차베스혁명의 상징이 되어 있는 미션과 조합운동의 시동이 걸린 것도 2003년이었다. ALBA는 초국적 자본의 이익을 따르지 않고 상품, 서비스, 투자 교역의 무차별적 개방도 거부한다. 그 대신, 가난과 사회적 배제에 대한 싸움에 중점을 둔다. 따라서 라틴아메리카와 카리브 지역의 대중이 자신들의 삶의 취약함을 극복하도록 돕는 것을 중시한다. 그리하여 협정 가입국 정부 들은 다양한 공공정책의 수행에 큰 관심을 가진다. 기존의 라틴아메리카 지역통합운동의 경제적 모델의 패러다임의 단절을 의미한다(Fermin & Eudis 2009, 361). 기존의 라틴아메리카 통합의 경제적 모델과 단절할 수 있었던 원인은 기존 모델의 중심적 행위자인 기업과 거대 노조 대신에 국가와 사회운동 세력(대중)이 힘을 합쳤기 때문이다.

차베스는 기존의 라틴아메리카 통합운동의 맥락과 철학에 근본적인 변혁과 단절을 주장한다. 그 결과로 나타난 것이 2004년 12월 쿠바와 베네수엘라가 체결한 탈신자유주의 동맹체제인 ALBA협정이다. 안데스 공동체(CAN)의 회원국이었던 베네수엘라가 탈퇴한 뒤 2006년에 메르코수르에 가입한다. 그리고 같은 해에 안데스 공동체의 회원국인 에콰도르, 볼리비아가 ALBA에 가입한다. 이로써 차베스가 집권 전에 가졌던 라틴아메리카 통합 구상이 구체화된다. 라틴아메리카 통합운동의 이념은 베네수엘라 헌법 제153조에도 규정되어 있다. 또한 차베스 정부의 장기 국가발전전략인 2001~2007년 계획과 2007~2013년 계획에도 인간적·사회적 의미를 강조하는 다극의 새로운 국제질서를 위한 라틴아메리카 통합 비전을 담고 있다. 그 이념은 ALBA가 국가기구와 자본가들의 이익을 위한 통합이 아니라 가난하고 사회적 배제를 당하는 대중을 위한 '공공적 공간의 통합'을 통해 인간적 사회를 만드는 것이다. 2004년의 "미주 민중을 위한 볼리바르 대안 협정"의 기본원칙을 살펴보면 아래와 같다.

1) 통상과 투자는 그것 자체가 목적이 아니다. 정의롭고 지속가능한 발전을 이루기 위한 도구일 뿐이다. 그러므로 진정한 라틴아메리

카 통합은 시장논리의 맹목적 추종이 아니다. 그리고 통상을 증진하면서 외부적 시장을 확대하기 위한 단순한 전략도 아니다.

2) 다양한 나라의 경제규모와 발전 수준을 고려하여 모든 나라들이 통합의 이익을 보장받기 위해 차별적이고 특별한 대우를 실천한다.

3) 경제협력의 상호보완적 통합을 겨냥하며 특히 가난의 퇴치와 각 민중의 문화적 정체성의 보존을 중시한다.

4) 역내에서 가장 발전이 더딘 나라들을 특별 대우하여 협력하며 문맹퇴치, 무료진료, 사회경제적 기여가 큰 분야에 대한 지역 차원의 장학금 수여를 실천한다.

5) 긴급 사회구조를 위한 기금을 조성한다.

6) 도로, 철도, 해운, 항공, 정보통신 등의 통신 및 교통의 통합발전을 도모한다.

7) 환경을 보존하고 과잉소비를 지양하고 자원의 합리적 사용을 위한 발전의 지속가능성을 추구한다.

8) Petroamerica 사업을 통한 예와 같이 라틴아메리카의 사회에 이익을 주는 방향에서 지역의 에너지 통합을 추구한다.

9) 외국자본이 아닌 라틴아메리카 역내 자본의 투자를 증진한다. 이를 위해 기금을 조성하고 남미은행을 설립하고 상호협력을 강화한다.

10) 자주적인 원주민들의 문화를 존중하고 문화적 정체성을 지킨다. 텔레수르 방송을 설립한다.

11) 다국적기업이 아니라 라틴아메리카의 자산을 보호하는 방향의 지적재산권의 규범을 성립시킨다.

12) 다국적 협상과 다른 지역의 국가들과의 협상에서 공통의 입장을 견지한다.

2006년 4월에 베네수엘라, 쿠바, 볼리비아로 확대된다. 기존의 통상적인 자유무역협정이 상품, 서비스, 자본투자의 개방을 중시한다면 이 협정은 라틴아메리카의 대중의 가난과 사회적 배제를 극복하기 위한 협정이다. ALBA가 전략적으로 중요한 것은 정부차원의 협력과 동일한 수준에서 사회운동세력의 협력이 함께 이루어진다는 점이다. ALBA로 인해 회원국들의 문맹퇴치에 큰 효과를 거두었다. 쿠바와 베네수엘라의 지원에 비해 다른 회원국들의 반대급부는 미약하다. 자본주의적 방식이 아닌 비대칭적 상품, 기술, 재정지원의 사회적 공공성의 '선물주기' 방식이기 때문이다.

니카라과에 대한 지원도 비대칭적이다. 특히 의료분야와 의약품공급 및 식품공급의 분야에서 협력을 강화하고 있다(Hart-Landsberg 2010, 422-424). ALBA는 라틴아메리카의 사회, 문화적 맥락 안에서 유럽문화와 원주민과 흑인의 하위 주체적 문화 사이의 식민성을 극복하려는 것이다. 즉, 탈식민적 동력을 가진다. 왜냐하면 라틴아메리카의 전통적인 엘리트계급 또는 기득권층은 유럽으로부터의 후손들 즉, 크리오요들이었고 대다수의 대중은 메스티소와 원주민, 흑인으로 이루어졌는데 항상 의식적 또는 무의식적으로 대중의 문화적 열등성 또는 위계서열적 차별성을 함의하는 체제였기 때문이다. 이에 대해 ALBA는 기층대중의 이익과 문화를 정면으로 우선시한다. 그러므로 ALBA를 현실적으로 이를 추진하는 좌파 성향의 정부들의 통합노력으로만 바라보고 개별적 원주민운동 또는 흑인운동의 하위 주체적 운동과 분리시켜보는 시각은 라틴아메리카 통합운동을 제대로 이해하는 시각이 아니다. 양자 사이에 통합적으로 유기적 관련이 있음을 이해해야 한다. 사회적 양극화로 인한 빈곤이 만드는 차이들이 권력의 위계서열을 만들지 않는 사회적 비전을 실현하려는 것이다. 즉, 19세기 중반의 프랑스 제2제정 시기에 호명된 유럽 중심적, 백인 크리오요 중심의 '라틴' 아메리카의 라틴성을 벗어나려는 것이다.

이런 의미에서, 안토니오 네그리는, 19세기 크리오요·메스티소의 의식에 들어 있는 라틴성의 의미를 탈각시키고 원주민적 가치가 부상되지 않는 한 라틴아메리카의 진정한 통합은 이루어질 수 없다고 주장한다. 라틴아메리카 통합운동의 핵심적 역할은 에콰도르와 볼리비아라고 할 수 있다. 그와 같은 라틴아메리카 통합운동은 당연히 소외되고 '몫이 없던' 원주민, 농민, 가난한 대중의 요구를 수용하는 급진성을 가질 수밖에 없다. 그렇지 않을 경우, 라틴아메리카 통합운동은 그 추진동력이 약화되기 때문이다. 그러므로 현재 ALBA가 베네수엘라, 에콰도르, 볼리비아 등 급진적 민주주의를 실험하는 정부들에 의해 주도되고 있음을 이해할 수 있다. 급진적 민주주의의 의미는 '라틴성'을 기초로 하여 백인 끄리오요에 의해 형성된 '라틴' 아메리카의 개별적 근대 국가체제와 원주민과 흑인을 억압하는 내부적 식민성, 이 둘을 동시에 뛰어넘으려는 것을 의미한다. 이는 필연적으로 근대성이 상정하는 '발전의 개념적 틀'에 대한 회의적, 비판적 시각이 작동하고 있는 것이다. 현재의 신자유주의체제의 위기가 주변부 국가들로 하여금 과거의 근대 국민 국가적 '발전'의 틀에서 벗어나 연대와 우애의 통합운동으로 나아가도록 만든 것이다. 19~20세기의 라틴아메리카 좌파의 평등성의 주장은 유럽중심주의적 근대성의 틀 안에 서었다. 그러므로 좌파적 종속이론의 문제제기도 국가(저)발전의 프레임에서 벗어나지 못한 것이었다. 근대성은 사실 유럽 안에서 자체적으로 생산된 것이 아니라 중심부와 식민지 사이의 초문화적 교류와 위계서열 즉, 식민성에서 나온 결과였다. 다시 말해 식민지의 폭력적 희생과 억압에서부터 근대성이 발현된 것이다. 그러므로 ALBA가 보여주는 역내 국가의 가장 가난한 대중에 대한 배려의 평등성은 새로운 맥락의 평등성으로 유럽중심의 틀을 벗어나 서로 다른 문화 사이의 위계서열이 없는 '차이들의 평등성'을 철학으로 한 것이다.

19세기와 20세기에 유럽적 패턴 안에서의 평등성이 좌파의 중심목표였다면 오늘날의 평등성은 유럽적 패턴을 벗어나 아니, 유럽 밖에서 문제제기되고 있다. 즉, 모든 종류의 문화와 하위문화들 사이의 '차이들의 평등성'을 주장하는 것이다. 유럽 중심의 위계서열적 인식론이 아닌 이와 다른 '선물주기'의 원주민의 철학과 인식론체계를 내세워 '차이들의 비양극화'를 보여주는 것이다. 현재의 신자유주의 세계화를 라틴아메리카를 무대로 16세기부터 시작한 억압과 약탈의 자본주의 역사의 오랜 발전 과정의 정점으로 바라보는 것이다. ALBA 국가들 사이에도 다양성이 아주 크다. 예를 들어, 베네수엘라와 니카라과 또는 카리브 해의 소국과는 경제, 산업적 규모와 일인당 국민소득 면에서도 차이가 매우 크다. 그러나 이들 차이가 위계서열적 차별과 그로 인한 자본의 이득 증대로 나아가지 않고 상호협력과 연대성을 중심으로 통합하려는 것이다. 즉, 비-자본주의적으로 비대칭적 차이를 연대와 협력으로 채우는 것이다. 그러므로 기존의 가치관과 전혀 다른 흐름을 보인다. ALBA가 대중이 주체가 되는 조합운동과 소농, 소기업을 중시하는 통합운동으로 나아가는 것도 우연이 아니다. 이같이 라틴아메리카의 최근의 신자유주의체제에 대한 저항의 밑바탕에는 유럽 중심적 사고에서 벗어나려는 인식론적 다양성에 근거한 새로운 대안적 사회관계-경쟁보다는 연대를 중시하는-의 출현이 있음을 주목해야 한다. 근대성에 기초한 시각은 유럽중심부와 비유럽의 주변부로 세계체제를 '단일-보편화'시킨다. 그러므로 유럽 중심적 지배체제에 오랫동안 훈육되지 않으면서 소외되어왔던 라틴아메리카의 원주민과 흑인 세력, 가난한 대중만이 식민성의 근본뿌리를 제대로 조망할 수 있게 된 것이다.

최근의 제10차 ALBA정상회의에서 발표된 공동선언에서도 원주민, 흑인 운동단체의 목소리가 함께하고 있다. ALBA는 소농과 원주민 등의 건강과 교육을 보장하는 프로젝트를 통해, 지방의 고유한 장소를 지키고 그들의 인간다운 삶을 지키고 고유한 인식론과 사회구조를 지키는 데 기여하고 있다. 폴라니의 철학에 대해서는 원시부족의 인류학적 행태인 사회적 연대를 강조하는 담론으로 이해하는 사람들도 많을 것이다. 그러나 폴라니 철학의 핵심은 1776년의 아담 스미스의 국부론 출간 이후 모두가 보편적인 것으로 인식하는 '경제적 인간'이란 개념과 포스트모더니즘 담론의 욕망의 해방과 자유주의 담론이 결합하여 만들어낸 현재의 위기 국면에서 미래의 대안적 비전을 제시한다는 점이다. 오랫동안 인간은 물질적 재화의 소유만을 위해서 행동해온 것이 아니라 사회적 권리, 사회적 자산을 소중히 여겨왔음을 재인식하게 해주기 때문이다. 인간은 물질적 재화의 소유라는 개인적 이해를 지켜내기 위해 행동하는 것이 아니다. 그가 행동하여 지키려는 것은 그의 사회적 지위, 사회적 권리, 사회적 자산이다. 개인에게 자기만의 경제적 이해가 그 개인의 행동에서 으뜸가는 중요성을 가지는 일은 도무지 벌어지지 않는다. 공동체 전체 차원에서 어떤 구성원도 굶는 일이 없도록 해주기 때문이다.

한편, 개인에게 정작 결정적으로 중요한 것은 사회적 연대를 유지하는 일이다. 이러한 태도를 강화해주는 것이 또 빈번하게 벌어지는 공동체 활동들이다. 공동 노동의 관습은 생산물의 기준을 질적으로나 양적으로 그 극대치까지 끌어올리는 경향이 있다. 어떤 사회에서는 모든 교환행위가 상대에게 선물을 일단 거저 주고 난 뒤 상호성의 관계를 통해 보답받기를 기대하는 식으로 수행되는 경우도 있다. 폴라니의 '선물주기' 철학이 잘 드러나는 ALBA의 사업은 예를 들어, 베네수엘라가 카리브의 소국들에게 유리한 가격으로 원유를 공급하는 "페트로 카리베" 프로젝트를 들 수 있다. 이 사업은 ALBA의 맥락에서 2005년 6월 창설되어 카리브 지역의 14개의 소국들에게 베네수엘라가 싼값으로 원유를 공급하는 것을 말한다(Altmann Borbón 2009). ALBA는 역내 국가의 대중의 가난과 불평등과 대결하기 위한 사회, 경제적 발전모델을 지키기 위해서도 지역통합이 필요함을 보여준다. 일국을 넘어서는 연대와 통합이 가능한 것도 라틴아메리카 통합의 주역이 국가나 기업이 아니라 '대중'과 사회운동세력이 통합의 중심이기 때문이다.

1994년의 나프타 발효시기에 맞춘 사파티스타 반군의 출현은 바로 가난한 대중에 의한 라틴아메리카 통합의 신호탄이었다. 그리고 약 10년 뒤인 2004년에 출범한 ALBA는 대중의 이익을 확보하기 위한 역내 국가들의 통합이다. 대중의 이익을 위한 구체적인 예를 들어보면, 니카라과의 경우 2006년 좌파정부가 집권하기 전 건강과 교육 등의 사회적 공공성이 무너져 있었다. 니카라과는 2007년 ALBA 가입 이후 원유수입 가격의 하락 등 전반적인 시스템의 변화가 일어났고 2009년 말까지 무료 개안수술의 혜택을 약 5만 8천 명이 보게 되었다(Capelan 2010). ALBA의 선물로 2009년 현재 약 160만 명의 라틴아메리카인들이 무료 개안수술의 혜택을 입었다(Cabrera 2009). ALBA는 매우 정치적인 통합운동이다. 정치적인 것의 귀환은 곧 '공공적인 것'의 귀환이다. 여기서 공공적인 것은 교육, 건강, 주택, 물, 삼림 등의 접근권을 의미한다. 문맹 퇴치 프로젝트를 통해 쿠바와 베네수엘라가 에콰도르와 볼리비아, 니카라과 등의 문맹퇴치 교육 사업에 적극 협력하고 있다. '공공적인 것'의 귀환은 가난과 사회적 배제와 싸우는 ALBA로 상징된다. 결국 ALBA는 90년대 이후 라틴아메리카에서 신자유주의체제로 인해 배제된 타자들(원주민, 흑인, 여성, 젊은이, 아동, 노인, 장애인 등의 가난한 사람들과 소수자들)에 대한 사회적 포용을 추진하는 사회운동의 발흥과 아주 밀접한 연관이 있다. ALBA의 핵심적 테마인 사회 공공성정책은 근대적·유럽 중심적 의미의 '개인적' 인권이 아니라 '사회적' 또는 '공동적' 인권개념에 기대고 있다. 예를 들어, 라틴아메리카 도시 노동의 50%는 비공식노동이다. 즉, 세금을 안 내는 사람들이다. 하지만 이를 사회적 노동으로 인정하는 독특한 시각을 보여주고 이들에 대한 적극적인 지원(예: 조합운동)을 하고 있는 곳이 라틴아메리카이다. 라틴아메리카의 정의에 대한 새로운 상상력의 원천이 되고 있는 것이다. 서구는 '개인적' 권리를 천부인권으로 하고 시민들로부터 세금을 걷어 이를 재분배하는 것을 통해 사회정의를 추구했다면 '사회적' 또는 '공동적' 인권개념을 통해 공공과 사익의 구분이 무의미하게 만든 것이다(Negri 2006, 243). 유럽의 경우는 철학은 엘리트의 전유물이다. 라틴아메리카에서 대안적 합리성의 존재를 육화된 목소리로 표현하는 사람들은 '대중'이다. 자본주의와 사회주의의 이분법보다 더 중요한 것은 도구적 합리성과 대안적 또는 유토피아적 합리성의 대립이다. 대안적 합리성은 비유럽 중심적 합리성으로 권력의 식민성을 거부할 수 있는 비전이다. 이 유토피아는 오래된 라틴아메리카의 공동체적 연대의 정체성을 몸으로 가지고 있는 가난한 대중이 가지고 있다. 바로 ALBA가 보여주고 있는 비-자본주의적 연대경제의 모습이다. 왜냐하면 유럽적 세계관은 오직 시민사회의 관념적 틀 안에서의 형식적 평등성을 강조함으로써 정치철학과 형식적 과정에서의 폭력성은 사라졌지만 대부분의 대중의 실제 사회적 삶에서-실업, 저임금, 사회적 배제, 인종적, 성적 차별 등-폭력성이 더욱 강화되어왔기 때문이다(Sousa Santos 2006, 3). 따라서 라틴아메리카의 1990년대 이후의 사회운동과 통합운동이 보여주는 저항은 20세기 좌파의 철학과는 관련이 없고 그들의 고유한 역사적, 문화적 정체성에서 나온 것이다. 그리하여, 대중이 중요한 주체로 출현하며 급진적 민주주의의 실험이 나라마다 다른 다양성을 보이지만 그 연결점은 라틴아메리카 각국 사이의 상호의존이 가지는 ALBA와 같은 통합운동의 에너지를 통해서이다. 2009년에는 ALBA의 핵심 국가의 하나인 볼리비아의 에보 모랄레스 대통령에 대한 산타크루스 지방의 기득권 세력에 의한 아일랜드와 크로아티아 용병이 포함된 암살계획이 폭로된 바 있다.

한편 ALBA의 회원국이었던 온두라스는 쿠데타가 일어나 우파정부가 들어서면서 ALBA를 탈퇴한다. 한편, 미국의 베네수엘라에 대한 군사적 개입 가능성에 대해서는 마르타 아르네케르에 의하면 "정복 이래로 라틴아메리카 대륙에 대한 가장 참혹한 학살로 결과될 것"이라 한다. 차베스를 지지하는 베네수엘라 대중의 결단도 그렇지만 다른 라틴아메리카 국가들의 지도자들도 이를 용인하지 않을 것이라는 의미다.

| 참고문헌

송기도(1999), 「시몬 볼리바르: '해방자'의 고뇌」, in 이성형(편), 『라틴아메리카의 역사와 사상』, 까치. pp.143-155.

쟈크 랑시에르(2008), 『정치적인 것의 가장자리에서』, 양창렬 옮김, 길.

칼 폴라니(2009), 『거대한 전환』, 홍기빈 역, 길.

Altmann Borbón, Josette(2009), "El ALBA, Petrocaribe y Centroamérica: ?intereses comunes?", Nueva Sociedad, 219, ene.-feb. 2009, Buenos Aires, pp.127-144.

Cabrera, Angel Guerra(2009), "Haciendo historia: el ALBA", http://www.rebelion.org/noticia.php?id=87606, 1-2.

Capelan,Jorge(2010),"Nicaragua y el ALBA", http://www.rebelion.org/noticia.php?id=106973, 1-8.

Coronil, Fernando(2007), "El estado de América Latina y sus Estados", Nueva Sociedad, 210, Buenos Aires, pp.203-215.

Fermin, T & Eudis, F.(2009), "Alternativa bolivariana para los pueblos de nuestra américa:? la ruptura paradigmática de los modelos de integración?", Espacio Abierto, 18(2), pp.339-365.

Hart-Landsberg, Martin(2010), "ALBA and Cooperative Development", 『마르크스주의 연구』, 7(3), 경상대 사회과학 연구원, 한울, pp.387-426.

Lander, Edgardo(2004), "?Modelos alternativos de integración? ProyectosNeoliberales y Resistencias Populares", Osal, 5(15).

Negri, Antonio y Cocco, Giuseppe(2006), GlobAL, Buenos Aires: Paidós.

Petras, James(et. al.)(2004), América Latina: imperialismo, recolonización y resistencia, Quito: Abya-Yala.

Sousa Santos, Boaventura de(2006), The Rise of the Global Left, London: Zed books.

Torre, Verónica de la(2009), "De las Alternativas para las Américas, De la Alianza Social Continental, a la Alternativa Bolivariana", Argumentos, 22(59), pp.187-214.

<인터넷 매체>
http://aporrea.org
http://www.rebelion.org
http://venezuelanalysis.com

08.
나가는 말

차베스와
베네수엘라
혁명

　라틴아메리카를 처음 연구하는 대학원생들은 "소수의 과두 기득권 체제(Oligarquia)"라는 단어를 자주 접한다. 그렇다면 라틴아메리카의 사회는 유난히 소수 과두 기득권자들이 강한가? 그렇다고 할 수 있다. 그러나 더 중요한 것은 이렇게 라틴아메리카의 사회과학자들이 이런 호명을 강조함으로써 이 체제를 극복하려는 의지와 비전을 학생들에게 심어주는 것을 주목해야 한다. 다시 말해 인문학과 사회과학을 통틀어 유럽의 학문적, 지적 헤게모니에 휘둘리지 않고 라틴아메리카 고유의 호명을 중요시함으로써 일종의 자기 예언적 효과를 발휘하는 것이다. 예를 들어, 문학연구자들은 중남미의 현대소설을 포스트모더니즘이란 호명을 하지 않고 "새로운 소설"이라고 부른다. 그리고 인문학 연구자들은 라틴아메리카의 "정체성 탐구"라는 말을 자주 쓴다. 여기서 정체성을 중요시하는 것은 과거의 역사와 현재의 관계를 탐색하고 유토피아적 비전을 현재에 적용하면서 끊임없이 개혁하려는 의지의 다른 말에 지나지 않는다. 바로 차베스가 주도하는 베네수엘라 혁명도 마찬가지다. "21세기 사회주의혁명"이라는 슬로건을 통해 새로운 체제를 건설하고 유럽 세력의 위계질서의 하부 구조에 종속되지 않으려는 의지를 강화시키는 것이다. 어느 날 갑자기 베네수엘라는 신자유주의 글로벌 헤게모니 체제에 저항하는 첫 번째 나라가 되었다. 그 결정적 계기는 차베스 정부의 등장이 아니다. 그보다 훨씬 앞선 1989년의 '카라카소'로 불리는 기층대중에 의한 과격한 시위이다. 이 시위사건은 리차드 고트에 의하면 라틴아메리카에서 마치 베를린 장벽이 붕괴한 사건과 맞먹는다. 신자유주의체제가 라틴아메리카에서 붕괴되기 시작한 신호탄이 되기 때문이다. 그 신호탄은 좌파 엘리트 지식인 그룹의 지도에 의한 체계적 저항이 아니다. 가난한 대중의 소규모의 '동네평의회적' 분노와 저항이 핵심이다.

인간이 가져온 모든 사상사는 독단주의, 근본주의, 본질주의에 맞서 창의성과 자유로운 사상이 싸워왔다. 이렇게 싸워왔기 때문에 인간이 화석화된 존재가 아니라 살아 있는 역사적 존재가 된다. 어쩌면 베네수엘라 혁명은 현실사회주의를 도그마로 이해하는 사람들과 싸우고 있는지도 모른다. 그리고 자유 민주주의, 의회민주주의만을 민주주의로 이해하고 있는 사람들과 싸우고 있는지 모른다. 또한 포퓰리즘은 무조건 대중을 조작하고 속이는 정치현상이라는 지식인들의 독단과 싸우고 있는지도 모른다.

1999년에 차베스 정부가 출범한 이후 많은 시간이 흘렀다. 라틴아메리카의 여러 나라들 중에서 가장 혁명과는 거리가 멀 것 같은 베네수엘라에서 여태까지 보지 못했던 새로운 급진적 혁명이 진행되고 있는 것은 매우 놀라운 일이다. 현재, 베네수엘라 혁명에 대한 평가는 서로 다르다 못해 약간 혼란스럽기까지 하다. 어느 극좌파의 시각으로는 부패하고 우경화된 사민주의적 관료체제의 지속이라고 보고 자유주의의 시각에서는 지도자 개인의 카리스마에 의존하는 일인지배의 권위주의적, 비민주적 포퓰리즘 체제로 본다. 또한 좌파적 시각에서는 사회주의적 혁명의 성격을 높이 평가하나 국유화 전략이 너무 느린 것을 비판하기도 한다.

그러나 베네수엘라 혁명의 가장 중요한 독창성은 "공동체적 또는 동네평의회적 힘의 폭발"이다. 여태까지 어느 좌파 혁명에서 보지 못하던 성격이다. 그리고 또 한 가지 중요한 것은 자본주의와 근대성이 본격화된 약 200년 만에 처음으로 '북'과 '남'의 위계적 권력관계에 변화를 일으킬 가능성을 보이고 있는 점이다. 핵심은 두 개의 권력 채널을 구성하려는 혁명이다. 기존의 국가구조의 권력에 병행하는 대안적·자율적 권력-주민평의회-의 구성이다. 그런데 매우 흥미로운 것은 공식 국가 부문이 아주 열심히 로컬의 대안권력을 발전시킴으로써 기존의 국가 기구들을 점진적으로 해체하고 있다는 점이다. 예를 들어, 현재 집권여당인 "베네수엘라 통합 사회주의당(PSUV당)"이나 의회는 베네수엘라의 국내외 언론에 거의 그 모습이 나타나지 않고 있다. 베네수엘라의 많은 수의 가난한 대중이 정치적으로 각성된 주체들로 새롭게 출현하리라고 아무도 생각하지 못했다. 물론 조합운동과 주민평의회의 모든 구성원들이 그렇다는 이야기는 아니다. 많은 자유주의적 지식인들은 차베스체제를 거론하면서 시민사회가 더 많은 다양성을 허용하지 못함을 비판한다. 그러나 일부 반차베스 진영이 기회만 있으면 차베스 정부를 전복시키고 싶어 하는 정치지형에서 엉성하게 시민사회의 다양성을 반차베스 진영의 정치적 의도를 가리는 담론으로 이용하는 것은 문제가 있다고 생각한다. 다시 말해 고전적 자유주의 또는 대의민주주의의 선험적 틀을 놓고 연역적으로 차베스체제를 민주주의 또는 권위주의 체제로 호명하는 접근은 별로 설득력이 없다. 그리고 정당체제와 의회의 기능이 상대적으로 약화되었다는 비판도 있으나 베네수엘라 혁명이 지향하는 코뮌적 사회주의 체제는 동네평의회, 인권운동단체, 조합운동들이 자신들의 고유한 정치적 목소리를 내는 것을 중시한다. 그리하여 상대적으로 정당이 가지는 중재적 기능이 상대적으로 줄었다고 생각한다. 그러나 시민들의 능동적 · 적극적 참여를 중시하는 급진 민주주의의 시각에서 볼 때 베네수엘라 혁명은 그동안 시민들의 '시민성'을 높이는 결과를 가져온 것은 확실한 것 같다. 민주주의를 이야기할 때 중요한 것은 민주주의가 결코 어느 시점에 완성된 통합적 체제가 아니라 항상 사회적 소외와 배제를 필연적으로 낳는 체제이므로 항상 지속적으로 개혁을 해야만 한다는 열린 인식만이 민주주의를 제대로 이해하는 것이다. 분명한 것은 차베스 정부는 '혁명'이라는 단어를 수없이 반복해서 강조하고 있지만 어디까지나 지속적인 급진적 '개혁'체제라는 점이다. 그리고 차베스 정부가 의도한 대로 여러 가지 개혁의 정책 수단들이 제대로 진행되지 못한 것도 많다. 유토피아가 사라진 시대, 아니 신자유주의라는 한 가지 유토피아만이 세계를 획일화시킨 지금 베네수엘라 혁명이 가지는 '다른' 유토피아의 의미와 가치는 줄어들지 않는다. 특히 중요한 것은 베네수엘라 혁명이 지속되면서 새롭게 형성된 권력관계와 사회관계에서 사회화된 새로운 세대들이 기층대중으로부터 올라오는 변혁의 에너지를 얼마나 창의적으로 정치구조에 입력시킬 수 있느냐가 관건이다. 이런 시각은 카스트로 이후의 쿠바의 변화에 대해서도 비슷한 이야기를 할 수 있을 것이다. 베네수엘라 혁명을 차베스 개인의 카리스마에 집중하여 차베스혁명으로 부르는 것은 잘못된 것이다. 분명히 베네수엘라의 변혁은 수많은 가난한 기층대중이 만들고 있다. 그리고 베네수엘라 혁명은 단지 사회적 형평성 또는 (재)분배를 강조하는 복지국가를 겨냥하는 것도 아니고 사회 경제적 민주주의 또는 실질적 민주주의의 복원만을 위한 것도 아니다. 베네수엘라 혁명은 가장 가난한 대중이 스스로 자신의 목소리를 내게 하는 '참여적·주인공적 민주주의'를 통해 오랜 자본주의의 구조적인 배제와 소외를 벗어나려는 유토피아적 변혁이다.

들뢰즈는 새로운 방식으로 생각하고 상상하고 이해함을 통해 삶의 새로운 가능성을 건설한다는 철학적 실천이 너무 유토피아적인가라고 물었다. 그러나 "유토피아는 철학과 현재를 접합시키는 것을 의미한다. 유토피아를 통해, 시대의 비판을 극도로 가져오면서 철학은 정치가 된다"는 들뢰즈의 말을 기억한다면, 베네수엘라의 가난한 원주민과 흑인 대중을 역사적 주체로 삼는 실천은 자연과 문화에 대한 새로운 유토피아를 보여주는 것 같다. 약 5백년 역사의 자본주의체제를 넘어서기 위한 비정통 마르크스주의적 변혁을 베네수엘라만이 아니라 라틴아메리카 전체에서 실현할 수 있도록 하려는 것이다.

베네수엘라 혁명을 제대로 이해하기 위해서는 비마르크스주의적 변혁의 비전이 가져온 베네수엘라의 사회관계의 문화적·정치적 변혁의 의미를 차분하게 분석할 필요가 있을 것이다. 왜냐하면 시야를 넓게 가져보면 차베스혁명은 베네수엘라의 경제구조를 크게 바꾼 것은 아니기 때문이다. 마르크스가 이야기한 대로 경제구조가 바뀌면 이에 따라 정치, 문화 등 상부구조가 바뀌는 것이 아니라 그 반대의 경로를 현재 베네수엘라 혁명이 보여주고 있는지도 모르겠다. 오히려 이 경로가 이미 실패로 끝난 마르크스주의의 실험보다 더 나은 자본주의 극복의 길이 될지도 모른다. 차베스는 경제구조의 급진적 변혁

이전에 엘리트 위주의 정치적·사회적 지형 자체를 대중이 주인공이 되게 바꾸고 있다. 이런 의미에서 1970년에 사회주의적 이념을 칠레에서 실현하려 한 아옌데도 기층대중의 중요성을 차베스만큼 충분히 인식하지 못한 것 같다. 대의민주주의와 양당민주주의만이 민주주의가 아니라 대중이 주인공이 되어 참여하는 민주주의의 급진적 재구성을 실험하고 있다. 그러나 그 실험은 매우 천천히 진행되고 있다. 이 같은 민주주의의 재구성의 의미는 고대 그리스 도시국가에서 시작된 민주주의에 대한 오랜 담론을 다시 재정의하고 재실천하려는 것인지도 모른다. 자본주의를 당장 무너뜨리려는 것이 아니다. 이미 경직된 도그마가 된 현실 마르크스주의가 아니라 마르크스의 원래의 유토피아인 '코뮌적 사회주의'혁명을 지향하고 있는 것이다.

안태환

한국외국어대학교 스페인어과 및 동 대학원 졸
콜롬비아 하베리아나대학교 대학원 중남미문학박사
현) 부산외국어대학교 중남미지역원 HK연구교수

차베스와
베네수엘라
혁명

초판인쇄 | 2012년 2월 1일
초판발행 | 2012년 2월 1일

지 은 이 | 안태환
펴 낸 이 | 채종준
펴 낸 곳 | 한국학술정보㈜
주   소 | 경기도 파주시 문발동 파주출판문화정보산업단지 513-5
전   화 | 031) 908-3181(대표)
팩   스 | 031) 908-3189
홈페이지 | http://ebook.kstudy.com
E-mail | 출판사업부 publish@kstudy.com
등   록 | 제일산-115호(2000. 6. 19)

ISBN   978-89-268-3090-1 93950 (Paper Book)
        978-89-268-3091-8 98950 (e-Book)

이담 Books 는 한국학술정보(주)의 지식실용서 브랜드입니다.